高等职业教育学前教育专业系列教材

U0740363

# 幼儿园艺术教育活动设计与指导（下）

沈　娇　张　杰　丁春宇　主　编

徐　扬　张　强　邢娜娜　副主编

化学工业出版社

·北京·

**内容简介**

《幼儿园艺术教育活动设计与指导》（下）依据教育部颁布的《幼儿园教师专业标准（试行）》《3～6岁儿童学习与发展指南》《幼儿园教育指导纲要（试行）》中对艺术教育领域的要求而编写。本书包括6章，每章由导学、学习目标、思维导图、案例导入、知识讲解与案例分析、拓展训练、学习总结等构成，理论知识以阐述基本问题为主，以够用、实用为度；专业技能根据实际需要，尽量做到内容全面、要求明确、指导具体、便于操作，方便学生在学习过程中理论联系实际，融"教、学、做"于一体。

本教材为高等职业教育学前教育专业教材，也可作为幼儿园教师继续教育和进修的参考教材。

**图书在版编目（CIP）数据**

幼儿园艺术教育活动设计与指导．下／沈娇，张杰，丁春宇主编．-- 北京：化学工业出版社，2025．2．
ISBN 978-7-122-46954-0

Ⅰ．G613.5

中国国家版本馆 CIP 数据核字第 2025LK0896 号

---

责任编辑：王　可　石　磊　　　文字编辑：沙　静　张瑞霞
责任校对：宋　玮　　　　　　　　装帧设计：张　辉

---

出版发行：化学工业出版社
　　　　　（北京市东城区青年湖南街13号　邮政编码100011）
印　　装：河北延风印务有限公司
787mm×1092mm　1/16　印张17　字数411千字
2025年6月北京第1版第1次印刷

---

购书咨询：010-64518888　　　　　售后服务：010-64518899
网　　址：http://www.cip.com.cn
凡购买本书，如有缺损质量问题，本社销售中心负责调换。

---

定　　价：54.00元　　　　　　　　版权所有　违者必究

# 编写人员名单

**主　编：** 沈　娇　盘锦职业技术学院

　　　　张　杰　盘锦职业技术学院

　　　　丁春宇　盘锦职业技术学院

**副主编：** 徐　扬　盘锦市兴隆台区诺瓦海达思达幼儿园

　　　　张　强　盘锦职业技术学院

　　　　邢娜娜　盘锦市兴隆台区迎宾东方幼儿园

**参　编：** 刘益瑄　盘锦职业技术学院

　　　　蔡雨柔　盘锦市兴隆台区迎宾东方幼儿园

　　　　高凤娇　田家街道枫叶幼儿园

# 前　言

　　幼儿教育是基础教育的基础，幼儿时期是人终身发展的奠基时期，对人一生的发展至关重要。党和政府将提高保教质量作为学前教育改革的重要任务，出台了一系列政策文件，旨在从办园行为规范、保育教育和教师素质提高等方面，提升学前教育质量。高职高专学前教育专业的培养目标是具有优品质、强技能、好习惯的应用型人才，幼儿园五大领域教学活动课程是实现专业培养目标的核心课程，也是保证学生能够快速适应岗位技能，实现"零距离"上岗的关键课程。本书为幼儿园艺术教育活动课程教材，依据《幼儿园教师专业标准（试行）》《3～6岁儿童学习与发展指南》《幼儿园教育指导纲要（试行）》中对艺术教育领域的要求而编写，致力于满足当前学前教育专业学生的需求，也可作为幼儿园教师继续教育和进修的参考教材。

　　本书本着与时俱进、立足当下的精神编写，融"教、学、做"于一体，力求内容新颖、全面实用、结构合理。本书理论部分注重体现幼儿园艺术教育活动的基础知识和基本技能，以够用、实用为度；案例部分邀请长期从事教学及管理工作的幼儿园老师参与编写，每个项目针对学生在实际工作中将会遇到的真实问题和困惑设计典型活动案例，并附有案例评析，具有很强的指导性，让学生能够学以致用。

　　本书由沈娇、张杰、丁春宇担任主编，徐扬、张强、邢娜娜担任副主编，刘益瑄、蔡雨柔、高凤娇参与编写。具体编写分工如下：沈娇编写第一章、第二章第二节，刘益瑄编写第二章第一节，丁春宇编写第三章、第四章，张强编写第五章，张杰编写第六章，徐扬、邢娜娜、蔡雨柔提供部分案例和图片。全书由沈娇统稿，卢云峰审稿。

　　本书编写过程中参考了部分文献资料、研究成果和其他同类教材观点，在此一并表示衷心的感谢！由于编写时间、编写人员能力及水平有限，书中难免有不足之处，我们诚挚地邀请各位读者在使用本书时提出宝贵意见，以便于今后进一步修订和完善。

编者

2024年8月

# 目 录

# 第一章
## 美术活动概述

## 🌱 导学

在本章中你会学习到幼儿园美术教育活动的特点是什么，不同年龄段的美术教育活动目标是什么，幼儿园美术教育活动的内容有哪些，以及幼儿园美术教育活动的指导方法和途径。

## 📋 学习目标

（1）了解幼儿园美术教育活动的特点。

（2）掌握幼儿园美术教育活动的内容。

（3）能够根据不同年龄的幼儿特点选择正确的教学方法。

（4）能运用相关理论对幼儿美术教育活动案例进行理性分析。

（5）体验幼儿园美术教育活动的丰富多彩。

## 🔗 思维导图

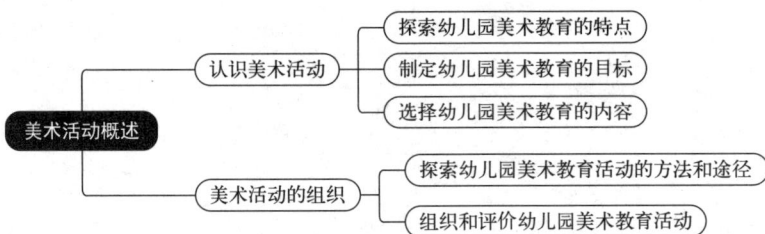

## 第一节

## 认识美术活动

## ✈ 案例导入

### 案例："蔬菜变变变"活动过程

1.教师提问，引出活动主题

（1）教师：你们都喜欢吃蔬菜吗？

（2）教师：老师也很喜欢吃蔬菜，因为它们不仅营养丰富，还能用它们玩"变变变"的游戏。

（3）教师出示蔬菜实物：卷心菜、辣椒等。

2.教师引导幼儿欣赏范例，引发幼儿进行思考

（1）教师播放课件，请幼儿观察范例，说一说范例上的造型是什么，是在什么蔬菜的基础上添画出来的。

（2）教师利用手中的蔬菜实物，引导幼儿进行观察，说一说这种蔬菜的外形或内部构造有什么特征，这个特征和什么事物或动物有相似的地方，可以利用这个特征进行怎样的添画。

3. 鼓励幼儿大胆联想作画

（1）请你选择一种蔬菜先画出它的轮廓。

（2）想一想你怎样组合或添加，让蔬菜变成什么。

4. 幼儿在操作页上绘画，教师指导

5. 交流作品

（1）是用什么蔬菜联想的？

（2）利用蔬菜的什么特点来做的？

（3）用哪些方法来画的？

要求：根据案例分析以下问题。

（1）你认为材料中美术活动与幼儿园其他领域活动相比，最大的特点是什么？

（2）请指出材料中活动的班级阶段，是小班、中班还是大班？

（3）指出班级阶段后，请依据材料内容写出适用于该班级阶段的活动目标。

# ✦ 知识讲解与案例分析

美术是艺术的一个重要门类，幼儿园美术是幼儿生命需求的直接显现，是幼儿认识和把握世界的一种方式，也是幼儿记录生活和表达观念、情感与需求的一种手段，兼具工作和游戏的双重特性。

幼儿园美术活动过程是多种感官共同参与的过程，也是一个不断对话、不断解决问题的过程。本节主要对幼儿园美术教育的特点、目标的取向、制定依据以及内容、方法和途径等方面加以阐述，旨在更好地为设计与实施幼儿园美术教育活动奠定基础。

## 一、探索幼儿园美术教育的特点

### （一）探索幼儿美术教育的特点

#### 1. 幼儿美术的特点

幼儿美术指的是 3～6 岁幼儿所从事的美术造型艺术活动和欣赏活动，它反映了幼儿对周围世界的认识、情感和思想。

幼儿的美术创作和欣赏有其规律和特点，与幼儿整体智慧的发展相联系。

（1）幼儿对美术的感受　幼儿对美的感觉既是幼儿美术的前提，也是幼儿美术的组成部分。幼儿对美的感觉是幼儿对视觉艺术感受与认识的开端。从孩子降生到这个世界，睁开眼睛看到第一缕阳光，吸吮乳汁时接触妈妈温柔的目光，到能够触摸摆弄他们的玩具，观察玩具的颜色与形状，能用彩笔画出一个小人儿或用剪刀剪出一个图案，再到有一天他说"我最喜欢蓝色！"这些都是视觉积累与审美学习，都能构成幼儿对人类视觉艺术的认识，从而形成幼儿自身独特的审美态度与选择，成为幼儿个性化学习与表达的基础。

（2）幼儿操作材料的游戏　当孩子能握住笔时，他们并非把它视为成人心目中的笔来使用，笔如同其他玩具一样，仅是玩法不同。从最初的玩过渡到有意义的绘画活动，再到画出成人能理解与认可的图画常常会经历几年的时间。除了笔以外，黏土、剪刀、纸张、颜料等都是幼儿喜欢尝试与操作的材料,对它们进行探索与游戏不仅满足了幼儿的好奇心,也使他们对艺术语言与材料有了一定的认识与经验,成为其美术创作的技巧储备。幼儿对美术材料的尝试与操作使得他们开始了美术造型活动。

(3)幼儿对周围世界的表达 幼儿运用美术语言所做的表达、表现,促进了他们与世界的沟通、交流,同时也享受这一过程带来的安慰与回应。幼儿的美术创作过程实际上是幼儿借美术语言来表达自己对周围世界的认知情感和思想的过程,这也是幼儿美术中最重要的部分。它的形象性、视觉性比抽象的文字符号更早被幼儿所理解与喜爱,更容易作为幼儿记录与交流的方式。在操作与游戏的过程中,他们逐渐运用线条、形状、色彩和不同的材料描绘所见所感,虽然作品粗陋稚拙,但却如同儿语一般天真可爱,充满有趣的内容与幻想。

### 2. 幼儿园幼儿美术教育的特点

幼儿园美术教育没有直接功利目的,旨在满足幼儿身心发展需要,提高幼儿审美修养和艺术素质,它更加强调幼儿在活动过程中的体验,是以活动过程本身为目的的一种需要的满足。幼儿园美术教育是教育者遵循幼儿教育的总体要求,根据幼儿身心发展的特点和规律,有目的、有计划地通过美术欣赏或美术创作活动来感染幼儿,培养幼儿的艺术审美能力和美术创作能力,最终促进幼儿人格和谐发展的审美教育。

幼儿园美术教育的特点一般有以下几个方面:

(1)情感体验和表达 在进行幼儿园美术教育时,教师应首先考虑幼儿的情感需要。因为幼儿对美术有一种自然的需要,他们喜欢这里涂涂那里画画,不是因为需要一幅作品,而是因为幼儿将美术作为表达他们情感的一种自然途径。幼儿丰富的情感往往是他们参与各种活动的原动力。

幼儿在观察和探究周围世界时,总是容易将自己的情绪情感投射到物体本身,用十分感性的方式来把握和理解世界。例如,幼儿会觉得所有事物都跟自己一样高兴或难过,所以幼儿画中的事物往往都有表情,幼儿也会把天上的太阳当作点亮的灯、把小花当成大地妈妈的宝宝等。正是由于幼儿与周围事物间的这种情感上的共鸣,促使幼儿用绘画的形式将其表达出来。因此,在对幼儿进行美术教育时,教师应当为幼儿创造宽松愉悦的心理环境和充满情感色彩的审美环境。

在让幼儿观察事物时,要注意和幼儿进行情感上的沟通,使他们产生审美愉悦感,从而使幼儿愿意和喜欢通过美术活动来表达自己的情感和想法。同时,教师也要鼓励幼儿将自己的作品与他人进行分享和交流,在这种交流的过程中,幼儿不但沟通了情感,也获得了新的情感体验和满足感。

(2)幼儿的创造性想法和表达 幼儿的一幅随意涂鸦往往要比一幅精美的作品更有价值。幼儿所特有的不受客观世界规则所约束的想象力,使他们具有独特的创造天赋。每个幼儿都有创造的潜力,和成人的创造力不同,幼儿的创造力是指创造出对其个人来说全新的、前所未有的事物的能力。

幼儿美术作品的珍贵之处在于它不受任何规则的限制,不用考虑逻辑和比例,凭他们自己的想象和主观感受来表达自身的情感。教师要保护幼儿的这种创造性,既要有发现幼儿创造的眼光,又要有积极的鼓励行为。幼儿在美术教育活动中,利用物质材料和主观经验加以重新组合,制作出对其个人来说是新颖的、有价值的美术作品。幼儿的创造性想法和表达，往往只是基于他的个人价值，若教师依据自己对于美术作品好坏的标准来衡量，其结果往往会扼杀幼儿的创造性。因此，教师在看待幼儿的美术作品时，要多站在幼儿的角度，用欣赏和发现的眼光去评价。

（3）多种感官的协调活动　幼儿在操作中进行着多种感官的协调活动，从而创造出属于自己的、真正表达自己情感的美术作品。幼儿正是在操作中亲身体验某种情感的发展，体验美术活动的乐趣，进而获得审美感知并进行审美创作的。

幼儿园美术教育活动中的操作包括心理操作和实际操作两个方面。在心理操作过程中，幼儿主要通过多种感官来观察和感知审美对象，用脑去想象、理解和加工审美意向，从而获得审美情感的体验，并在自己和审美对象之间形成一种情感上的共鸣，然后用语言同他人交流自己的这种审美情感。

情绪情感的表达远比单纯的技巧重要且有意义。幼儿通过实际操作，运用美术工具和材料，将自己的想法和情感表现出来。教师需要注意的是，强调操作并不是强调幼儿的美术技巧，也不是强调最后完成的美术作品，而是强调幼儿在操作过程中在多种感官协调下所获得的体验。

## （二）探索幼儿美术教育的意义和任务

幼儿美术教育着眼于教育，以美术作为教育的媒介，通过美术教育，追求一般幼儿教育的价值。幼儿美术教育立足于真、善、美的和谐统一，要求艺术渗透整个教育过程，使幼儿能在尊重其个性的前提下健康成长，最终成为艺术的、完整的人。具体地说，就是通过幼儿美术教育，顺应幼儿的自然发展，保证幼儿身心的健康成长，培养幼儿的道德感、审美情趣、认知能力、意志品质以及创造性。

### 1. 幼儿美术教育的意义

（1）促进幼儿审美能力的发展　适合于幼儿接受水平的绘画、工艺品、雕刻、建筑等美的造型、均匀对称的花纹、丰富而协调的色彩、巧妙精美的构图，都能激发幼儿的审美情感，培养幼儿的审美能力。日常生活中人们的生活起居、言行举止，以及大自然五光十色的景物和多姿多彩的变化都能激发幼儿的审美情感，使他们受到美的陶冶。因此，美术教育就是借助于大自然和社会生活中一切美的事物，通过艺术手段对幼儿进行审美教育。

（2）促进幼儿健全人格的形成　幼儿容易将自己的情绪、情感投射到物体身上，用身心感悟着我们的世界，因此，情感因素在幼儿的发展中有重要的作用。正是幼儿的这种特点，使得美术活动成为幼儿进行情感沟通和获得心理满足的重要途径。一名5岁的幼儿在画《愤怒的娃娃》这幅作品时，用红色来描绘娃娃生气的脸，冲冠的毛发一根根地直竖起来，周围冒着红色的火苗。这名幼儿主要是通过画面色彩表达他对娃娃愤怒的体验。正是这种美术活动为幼儿的紧张或其他某种情绪的体验和释放提供了一条途径，有利于幼儿健康情感和健全人格的形成。

（3）促进幼儿智力的发展　幼儿在留意观察周围事物的基础上，画出的画面不受所观察对象的约束，出现一些在成人看来既可笑又非常可爱的画面，如不合逻辑的构思、不合比例的造型、主观想象的色彩、随意安排的空间结构等，这使他们的想象力和创造力得到了发展，从而在一定程度上促进了幼儿智力的发展。美术活动是一种视觉活动，幼儿在动手之前，总是要通过视觉观察所要表现的对象，如物象的形态、结构、色彩和比例等，使这些因素在头脑中留下较清晰的印象，然后再凭借自己对这些物象的感受和理解去动手表现。

### 2. 幼儿美术教育的任务

（1）保持对美术活动的兴趣　幼儿对什么样的美术活动感兴趣呢？由于幼儿具有探索的欲望，他们总是对新奇的美术活动工具、材料、表现手法充满好奇，愿意尝试、接触它们。如果教师能够满足幼儿的这种愿望，他们就会喜欢。美术活动还要有幼儿表达、操作的空间。对于某种材料、工具，幼儿总是愿意按照自己的愿望去操作，用自己的方式表达，这种自由、宽松的环境是幼儿喜爱的。美术活动的生活化、游戏化，也是使幼儿能够产生兴趣的重要因素。因此，幼儿是否喜爱美术活动，最显著的标志是他们是否愿意参加各种美术活动。

（2）建立初步的审美意识　加强幼儿的美术实践活动，让幼儿参与和接触尽量多的美术类型，欣赏古今中外美术作品，开阔幼儿的审美视野。在满足个体美术活动需要的基础上，在幼儿个体能动的美术创作和表现活动过程中，在根据幼儿实际需要对美术技能适当指导的情况下，帮助幼儿积累更多的审美经验，幼儿由此形成的审美趣味范围和品位将得到扩大与提高。帮助幼儿建立初步的审美意识，美术教育是一个非常重要的途径。

（3）促进幼儿健全人格的形成　美术活动可以帮助幼儿个性情感获得有序释放。美术教育是美育的重要组成部分，它具有陶冶性情的功能。通过美术文化的学习，加强幼儿情感的体验和美术文化的滋润，加深对文化和历史的认识，加深对艺术的社会作用的认识，促进情感、态度、价值观的发展，真正起到培养幼儿人文精神的作用，这是新世纪美术教育的一大特点。从发达国家美术教育的标准来看，特别强调把美术学习从单纯的技能、技巧学习层面提高到美术文化学习的层面。

（4）发展幼儿的创造力和想象力　美术教育除了具备其他学科教育所具有的一般智育功能外，还具有其他学科教育所不具有的智育功能特点，主要表现为给幼儿提供一种有别于抽象思维形式的直觉思维，还表现为引导幼儿对感性形式及其意味的整体把握和领悟，这种引导有益于幼儿想象力等方面能力的培养。

## 🗃 小贴士

绘画是幼儿的一种"语言"，孩子们喜欢借助绘画的形式来表现自己的内心感受和对事物的理解。家长应给幼儿创造良好的环境，让幼儿利用绘画这一手段，表达自己的感受和认识，使他们的情感通过这种正当、积极的方式表现出来，从而使他们发自内心地喜欢美术活动，并在美术活动中提高自我表达和表现的能力。

## 📚 案例分析

材料：画中的爸爸

美术亲子活动中，阳阳拿着笔，看着白纸："妈妈，画什么呀？"妈妈指着不远处的爸爸，"就画爸爸吧。"十多分钟后，阳阳兴致勃勃、迫不及待地举着作品说："妈妈、爸爸，我画好啦！""那是什么呀？乱七八糟，黑乎乎的什么都不像！"爸爸生气地责备起来。阳阳原本兴奋的小脸转而被伤心和失望覆盖了，妈妈赶紧打圆场："我看看，怎么看不到爸爸啊？"儿子委屈地说："爸爸在抽烟，呛死人了，谁也看不见他！"

分析：

1. 孩子有自己的朴素想法

任何人都是用自己的眼睛看世界，孩子们也不例外。只是，他们有着不同于成人的观察方式、思维逻辑。案例中，被烟雾环绕着的人可以视为看不见。

2. 孩子有自己的表达方式

自由涂抹的体验是任何其他体验所不能替代的，哪怕是不屑一顾的作品，也隐藏着孩子宣泄的快乐、注视形象变化的激动和创作的自豪。小班的孩子正处于自由涂鸦期，阳阳用大人认为的乱七八糟的线条、黑乎乎的色调、无拘无束的画面，表达着他对正在吸烟的爸爸的看法。

3. 孩子有自己的活动价值

无论做什么，孩子们在意的是过程中的那份感觉和心情。案例中的阳阳迫不及待地想展示自己的作品，他非常想和大人分享画画的乐趣。

# 二、制定幼儿园美术教育的目标

## （一）幼儿园美术教育的总目标

在美术教育活动中满足幼儿活动与交往的心理需求和情感需要。让幼儿的生活充满美，让美成为幼儿生活中不可或缺的一部分，并延续为终身的需求，最终让幼儿全面、健康、快乐地成长。幼儿园美术教育的总目标，是幼儿阶段美术教育总的任务要求。幼儿园美术教育是为了让幼儿在美术活动中受到美的熏陶，丰富幼儿的心灵。我们在制订幼儿园美术教育活动目标时也应遵循一定的要求，如幼儿园美术发展的规律、幼儿园美术教育领域本身的性质，以及社会文化对幼儿园美术教育的要求等。幼儿园美术教育活动的总目标还是比较笼统的，在实施美术教育活动时，要根据不同的活动（如绘画、手工、欣赏等），以及不同的教育对象，细化成为每种类型活动的年龄阶段目标，甚至细化成为每个教育活动的具体目标，这样才能便于操作。

## （二）幼儿园美术教育各年龄阶段目标

### 1. 绘画活动

（1）小班

① 初步认识绘画的工具和材料。

② 学会辨别红、黄、蓝、绿、橙等几种基本色，并能说出它们的名称。

③ 学会辨别和感受直线、曲线、折线及各种线条的变化。

④ 学会使用蜡笔、水彩笔、棉签等工具进行涂染。

⑤ 能画出直线、曲线、折线，并能表现线条的方向、粗细和疏密。

⑥ 学会用圆形、方形、三角形等简单的图形表现物体的轮廓特征。

⑦ 在涂抹的过程中能把画面涂满。

⑧ 初步学会用图形和线条组合创造各种图式。

⑨ 萌发对绘画活动的兴趣，能愉快大胆地作画。

（2）中班

① 能较准确地把握形状的基本结构，理解形状符号的象征意义。

② 认识常见的固有色，说出它们的名称。

③ 学会运用图形组合的方法，表现物体的基本部分和主要特征。

④ 会选择与物体相似的颜色，初步有目的地涂色、配色。

⑤ 在教师的引导下能围绕主题安排画面，能表现出物体的上下、左右位置。

⑥ 能大胆地按照意愿作画。

⑦ 喜欢用自己独特的绘画语言表达自己的想法和感觉。

（3）大班

① 认识物体的整体结构和各种空间关系。

② 增强配色意识，提高对颜色变化的辨析能力。

③ 知道运用不同的绘画工具和材料能有不同的表现效果。

④ 能较为灵活地表现各种人物、动物的动态。

⑤ 能运用对比色、相似色等多种配色方法，注意色彩的整体感和色彩与内容的联系。

⑥ 能有目的地安排画面，表现一定的情节，并尝试运用多种安排画面的方法。

⑦ 能将图形融合，尝试运用轮廓线创造多种形象，形成自己的图式。

⑧ 综合运用多种绘画工具和材料进行绘画创作。

⑨ 在安排画面的过程中逐步体会均衡、对称、变化等形式美。

## 2. 手工活动

（1）小班

① 初步熟悉泥工、纸工等工具和材料。

② 了解泥的可塑性。

③ 了解纸的性质。

④ 掌握泥工中团圆、搓长、压扁等基本技能。

⑤ 学习撕纸、粘贴，初步撕出简单形状并粘贴成画。

⑥ 初步学会用自然材料（如石子、豆子、树叶等）拼贴造型。

⑦ 学会用印章、纸团、木块等材料，蘸上颜色在纸上敲印。

⑧ 能大胆地运用印章、纸团、木块等材料在纸上按照意愿压印。

⑨ 通过玩泥、撕纸等活动，体验手工活动的快乐。

（2）中班

① 进一步熟悉泥工、纸工及自制玩具的工具和材料。

② 能正确使用剪刀剪出正方形、圆形、三角形及组合形体，并拼贴成画。

③ 掌握折纸的基本技能，能折出简单的玩具。

④ 学习用泥塑造出物体的基本部分和主要特征。

⑤ 掌握撕纸的基本技能，能撕出简单的物体轮廓。

⑥ 能大胆地运用泥，尝试按照意愿塑造。

⑦ 能大胆地用纸按意愿撕、剪出各种物体的轮廓。

⑧ 通过泥工、纸工及自制玩具的活动来积极投入手工作品的创作，并对手工活动感兴趣。

（3）大班

① 了解各种纸张的不同性质，知道不同性质的纸张具有不同的表现效果。

② 对自制玩具的材料加以分类，以获得选择、收集这些材料的经验。

③ 用泥塑造人物、动物等较为复杂结构的形体，能表现出物体的主要特征和细节。

④ 能集体分工合作塑造群像，表现某一主题或场面。

⑤ 能用各种纸张制作立体玩具。

⑥ 能使用无毒、安全的废旧材料制作玩具并加以装饰。

⑦ 能综合运用剪、折、撕、粘等技能，独立设计、制作玩具。

⑧ 体验综合运用不同手工材料制作作品的快乐。

⑨ 喜欢用手工来表达自己的想法和情感。

### 3. 美术欣赏活动

（1）小班

① 知道从自然景物、艺术作品中能享受到视觉艺术的美。

② 初步学会运用线条表现力度感、节奏感。

③ 初步运用动作、表情等表达自己欣赏后的感受。

④ 喜欢观看、欣赏艺术作品。

⑤ 对美术作品、图书中的各种形象感兴趣。

⑥ 对老师及同伴的作品感兴趣。

（2）中班

① 通过欣赏作品，了解作品的主体和基本内容。

② 感受作品的色彩变化和相互关系。

③ 感受作品中形象的鲜明性和象征性，并体验其情感。

④ 感受作品的构成，体验作品的对称、均衡、节奏。

⑤ 通过欣赏，说出自己喜爱或不喜爱作品的理由，并对作品作简单评价。

⑥ 体验作品中线条、形状、色彩、质地等给自己带来的不同感受。

（3）大班

① 通过欣赏，了解作品的形状、色彩、结构等美术要素。

② 了解作品的表现手法、艺术风格和创作意图。

③ 能感受作品的色调、色彩之间关系的变化。

④ 能感受作品中形象的象征性、寓意性。

⑤ 能感受作品中的形式美。

⑥ 在欣赏和评价他人的作品时，能讲述自己独特的观点。

⑦ 喜欢风格不同的美术作品。

## （三）幼儿园美术具体活动目标

幼儿园美术教育活动目标是指某具体的美术教育活动的目标。总目标和年龄阶段目标都需要转化为一个个具体活动的目标，才能落实到幼儿的发展中，真正得以实现。幼儿园美术教育的其他目标最终都要通过教育活动目标才得以落实。因此，教育活动目标要具有操作性。制订活动目标应注意以下两点。

### 1. 关注幼儿的发展

活动目标应适应幼儿已有的发展水平，符合他们美术学习发展的规律和特点；活动目标应把他们在成人的帮助下能达到的水平，即把促进幼儿的发展作为落脚点，要为幼儿创造最近发展区。

### 2. 注意整合性

活动目标要考虑幼儿的认知、情感、技能等多方面的整合；还要考虑美术与其他教育领域的整合。

## 📚 案例分析

材料：小班绘画活动"小蜗牛"目标分析

【活动目标】

① 了解作画的时候要有大小的变化。

② 能顺着一个方向画螺旋线，并尝试画出不同的螺旋线。

③ 热情参与活动，爱护绘画工具并和它们做好朋友。

分析：

活动目标虽然简单，但体现了一次绘画活动具体目标的各个方面。"了解作画的时候要有大小的变化"是感知目标，"能顺着一个方向画螺旋线，并尝试画出不同的螺旋线"是表现与创造目标，"热情参与活动，爱护绘画工具并和它们做好朋友"是情感与态度目标。

# 三、选择幼儿园美术教育的内容

## （一）幼儿园绘画活动

幼儿园绘画活动是教师引导幼儿用各种笔、纸等工具和材料，运用线条、造型、色彩、构图等艺术语言创造出视觉形象，从而表达创作者的思想、情感的一种活动。幼儿园绘画教育主要包括绘画工具和材料的认识及使用、绘画的形式语言、绘画活动常见的类型等。

## （二）幼儿园手工活动

幼儿园手工教育活动是幼儿发挥自己的想象力与创造力，直接用手或简单操作工具，对具有可塑性的各种形态，例如点状、面状、线状、块状等不同形态的物质材料进行加工、改造，制造出占有一定空间的、可视且可触摸的、多种艺术形象的一种教育活动。幼儿园手工教育主要包括手工工具和材料的认识及使用、手工材料的基本制作方法、各年龄段手工教育活动内容的选择等。

## （三）幼儿园美术欣赏活动

幼儿园美术欣赏教育活动是幼儿欣赏周围环境与生活中美好的事物以及美术作品，感受其形式美和内容美，从而丰富自己的美感体验，提高自己的审美情趣和审美能力的教育活动。幼儿园美术欣赏教育活动的内容，包括各种类型的美术作品。

## 案例分析

材料1：幼儿园绘画活动

【活动名称】扫地（涂画）

【活动目标】

（1）学习将笔刷蘸色的方法，增强动手操作能力。

（2）尝试用笔刷在纸上大面积地涂抹颜料。

（3）感受蜡笔线条从水性颜料中显现出来的妙趣，产生好奇心和兴趣。

活动准备：

（1）在日常生活当中，让幼儿观看并尝试扫地，体会怎样手握扫帚一下一下地把地面扫干净。

（2）画纸（教师事先用白色蜡笔或油画棒在纸上画好简单图案）每个幼儿1份；笔刷（大号的油画笔或小号的板刷）每个幼儿1份；广告色（在瓶或碗中调得稀一些）每组1份。

【活动过程】

（1）教师演示，激发幼儿的兴趣 教师对幼儿说："小朋友，你还记得怎样扫地吗？请你也试一试。把笔刷蘸上颜料，像扫地那样把画纸涂满颜料，美丽的地板就会显现出来。"

（2）幼儿涂色，教师指导 幼儿像扫地那样在画纸上涂颜料，笔到之处，颜料覆盖住画纸，但蜡笔的痕迹却不会被颜料所覆盖，事先画好的图案这时从颜料中显现出来。

在活动中，教师要注意指导幼儿握笔刷、蘸颜料和涂抹动作，并与幼儿交流想法，鼓励幼儿大胆涂抹，分享涂抹的乐趣。

（3）分享展示作品 涂色结束后，将大家的作品拼在一起，看看像不像美丽的大地板。

【活动评价】

（1）这是一个有"意外之喜"的活动，教师在活动开始时，要适当制造一点神秘感。在幼儿涂出图案时，教师要表现出意外和惊讶。

（2）在涂抹颜料时，受已有涂色经验的影响，有的幼儿不相信颜料不能覆盖住蜡笔痕迹。他们会反复在蜡痕上涂抹，试图把蜡痕覆盖住。幼儿这是在探索和尝试，同时也促使他们不断涂色，达到练习的目的。因此，教师要给予幼儿充分的探索空间，不要轻易地打断他们的活动。只有当幼儿希望教师解答疑惑时，教师再告诉他们蜡痕是覆盖不住的，并根据幼儿的知识经验水平和理解力，告诉他们其中的道理。

材料2：幼儿园手工活动

【活动名称】彩链（纸造型）

【活动目标】

（1）观察节日的环境布置，感受节日的欢乐气氛。

（2）学习将纸条环扣粘贴制作彩链拉花技能，参与美化环境，培养幼儿的动手操作能力和美化生活的能力。

（3）学习与他人合作完成任务。

【活动准备】

（1）教师组织幼儿观察、欣赏周围环境的节日装饰，感受节庆的气氛。

（2）各色彩纸，裁成宽10厘米、长15厘米的纸条，按颜色分放在筐中，糨糊若干。

【活动过程】

（1）教师与幼儿谈话，激起幼儿的回忆　教师："小朋友，你们注意过节日时悬挂的那些美丽拉花吗？你们都见过什么样子的拉花呢？"

幼儿描述自己见过的拉花，教师帮助其回忆和整理印象。

（2）教师演示彩链的做法　教师："小朋友记得那么多美丽的拉花，有一种拉花像链子一样，叫作彩链，我们来做一条彩链吧。"如图1-1所示。

教师演示，方法步骤如下：

① 教师从筐中取出彩色纸条，把纸条的两端相对重合，黏成纸环。

② 教师再取同样颜色的纸条，从粘好的纸环中穿过，黏合成与第一个纸环相环扣的新纸环。

③ 教师手持其中一个纸环，请一名幼儿按照上述的方法，在另一个纸环上串联个新纸环。然后教师在自己手持纸环上也串联上一个新的纸环。

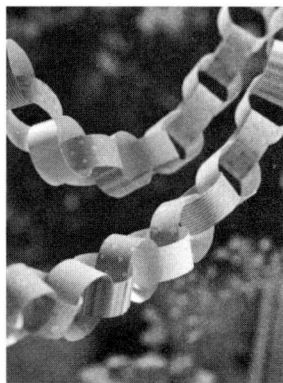

图1-1　纸环彩链

④ 当几个纸环相连，形成一条短的彩链时，教师对幼儿说："彩链粘出来了，我们怎样才能把它粘得很长很长呢？"像老师刚才那样，在彩链两头最后的一个纸环上，接着串联上新的纸环。教师请两个幼儿为大家演示，在教师做的彩链的两端，分别继续串联上新的纸环。教师将准备好的材料和工具分放在各组幼儿的桌上，将幼儿组织成两两一对，让一个幼儿先像老师那样，粘好两个相环扣的纸环；然后，两个幼儿各持一纸环，由此开始，一个接一个地，在每个末端的纸环上面串联上新的纸环，使彩链向两个方向不断延伸加长。

（3）分享、展示作品

① 当每组幼儿粘出的彩链有了一定长度时，教师提议："小朋友，把我们大家做的彩链连接起来，做成一条长长的彩链，好不好？"

② 幼儿表示赞同时，教师选两组孩子做的彩链两段，取一个纸条，将纸条从每段彩链末端的一个纸环中穿过，然后黏合，使两段短的彩链连接成一条更长的彩链。

③ 当幼儿产生兴趣时，教师把黏合好的长彩链还给这两组幼儿，让他们去寻找接下来愿意把彩链黏合在一起的小朋友。当他们找到了下一组小朋友的时候，就把彩链交给他们，由下一组小朋友把自己的彩链连接在上面。依此类推，将所有的彩链连接成一两条长长的彩链。

④ 当彩链连接完毕后，教师和幼儿们一起将长彩链托起，分享制作的成果；然后，教师将彩链挂起和幼儿们一起在稍远处观赏，并畅谈感想。

【活动评价】

（1）把纸条从粘好的纸环中穿过再黏合，是彩链制作中的难点，教师要加以重点指导。

（2）在幼儿对彩链制作的程序和技能较熟悉后，教师可适时加入新的元素，如有规律地变化彩链的色彩。可以这样对幼儿说："小朋友，把不同颜色的纸条搭配来粘，粘出的拉花更美丽呢。想一想，怎样搭配色彩，粘出美丽的拉花？"开始时，可在角区个别试做，之后扩大到全班，集体做出有色彩变化的彩链。

材料3：幼儿园美术欣赏活动

【活动名称】与梵高相遇——好多旋涡转呀转（中班）

【设计意图】

梵高的名作《向日葵》是幼儿园孩子喜欢的作品。如何引导幼儿欣赏，帮助他们理解画面的笔触和情绪的关系是教师教学的关键。在对名作赏析中，可以用绘本《梵高和向日葵》等辅助，让幼儿通过绘本优美易懂的语言和形象鲜明的画面，理解梵高《向日葵》的寓意和内涵。教师引导幼儿深入赏析，使幼儿明白笔触和技法等方法都是为了表达画家的思想情感。教师将抽象的思想寓于形象的教学中，引导幼儿自己运用水粉颜料自由涂抹。

【活动目标】

（1）认知目标：让幼儿欣赏梵高的《向日葵》。

（2）情感目标：激发幼儿对旋涡状向日葵的情感体验。

（3）技能目标：让幼儿能够使用梵高作品中"旋涡"纹的画法。

【活动准备】

多媒体课件、梵高的《向日葵》作品、水粉笔、水粉颜料、卡纸。

【活动重点】

重点引导幼儿运用旋涡状的笔触表现向日葵的形象。

【活动过程】

（1）情境导入

①播放幻灯片——向日葵图片，如图1-2所示，引导幼儿观察向日葵。

师：请小朋友们看看，这是什么花？

幼：向日葵，也叫太阳花。

师：向日葵，是一朵面向太阳而开放的花朵。当花瓣落下后，就慢慢成长为我们爱吃的葵花籽，就是瓜子。

图1-2　向日葵

图1-3　梵高《向日葵》

② 引导幼儿欣赏梵高的《向日葵》。如图 1-3 所示。

师：在梵高的画面中，向日葵是什么样子的？

师：与我们见到的向日葵有什么不同？

（2）理解体验

① 引入绘本《梵高和向日葵》，了解向日葵的笔触和颜色。

师：梵高创作的向日葵有什么特点？

师：你在画面中看到向日葵，想到了什么？

② 引导幼儿对作品的局部细节和整体造型进行观察。

师：向日葵有多少朵？什么颜色最多？

师：画面中的向日葵形状像什么？（好多旋涡转呀转。）

③ 理解梵高的《向日葵》的用笔方法，尤其是旋涡状的笔触。

引导幼儿欣赏《星空》等作品，寻找类似的笔触与画法，加深印象。

师：什么是旋涡状的呢？（动作示范。）

小结：梵高画了很多向日葵，他用各种花姿来表现自我，有时甚至把自己比拟成向日葵。

（3）自由创作

① 教师发放材料水粉笔和纸张，引导幼儿画出自己感受到的花的样子。

② 教师引导幼儿与同伴交流。

③ 教师巡回指导。

【活动延伸】

梵高的《向日葵》运用旋涡状的笔触表现情感。同样的花卉题材，安迪·沃霍尔却是另外一种表现。教师引导幼儿欣赏版画《花卉》，让幼儿创作"胶片画"，通过胶片复制进行创作活动。

## ✿ 拓展训练

训练一

材料：

恭喜小朋友们顺利升入了中班！今天我们一起来想一想老虎是什么样子的呀？老师手里有各种各样的纸张，比如宣纸、卡纸、牛皮纸、瓦楞纸等等。请小朋友们思考一下：这些不同的纸张表现效果一样吗？那就请小朋友们一起运用不同的纸张制作出自己心中的小老虎吧！

训练要求：

请思考材料中的目标设置是否合理？不论"是、否"都请说明理由，如果"否"请予以改正。

训练二

请依据美术教育目标的制定与内容的选择，设计出"幼儿园中班绘画活动案例"，要求包括活动名称、设计意图、活动目标、活动准备、活动过程、活动延伸，并在案例后附上该绘画活动的绘画样本。

# 第二节
# 美术活动的组织

## ✈ 案例导入

### "开心魔法帽"活动过程
#### ——幼儿园中班美术手工活动

1.引起幼儿的兴趣

教师头戴"开心帽"、手持"仙女棒",说:"大家好,我是快乐仙子。我每天都快乐,小朋友们知道这是为什么吗?"

教师:"因为我有一样宝贝,它能带给我快乐,还能带给别人快乐,你们想知道这宝贝是什么吗?听完了故事,我相信聪明的小朋友一定能猜出来!"

2.教师讲述故事

(1)教师:我的宝贝是什么?它是怎么给人带来快乐的?

(2)教师:小朋友们想不想也试试这一顶神奇的开心帽呢?

3.引导幼儿想办法,让每个人都有开心帽

(1)教师:这么多小朋友都想戴开心帽,可是老师只有一顶,不够分呀!这该怎么办呢?

(2)教师:小朋友们的想法可真是太棒了!现在老师就建一个开心工厂,让更多的人都能戴上开心帽。现在工厂建好了,可是缺少工人,这该怎么办呀!

4.开心帽制作

(1)教师:那我现在就带小小工人们参观工厂,了解开心帽子的制作工艺。

① 教师:看,这是我的一车间,里面有好多方便面空碗,动动聪明的小脑筋,怎么样才能让它变成开心帽呢?

② 教师:这是我的二车间,我为小小工人们准备了好多手帕和方形布,相信厉害的你们一定可以很快完成生产任务。

③ 教师:在第三车间里,我准备了好多彩色纸、报纸等,想请我们的小朋友用自己能干的小手,做出一项开心帽,你们能完成吗?

(2)引导幼儿根据自己的喜好,选择桌上的材料进行制作,教师指导。

幼儿自由选择并制作,教师巡回观察指导,特别加强对能力弱的幼儿的指导。

5.学说一句让人感到快乐的话

(1)教师:三个车间都生产出来了优秀的、各式各样的帽子,现在我们距离魔法快乐帽还有一点点距离,小朋友们想想,还差什么呢?

幼儿:魔法!

(2)引导幼儿学说一句让人听到后会感到快乐的话。

要求:根据案例分析以下问题。

(1)材料中教师运用了什么美术教育方法?

(2)你认为材料中的美术教育方法有何需要改进之处?

## 知识讲解与案例分析

# 一、探索幼儿园美术教育活动的方法和途径

## （一）幼儿美术教育的方法

### 1. 语言传递类

在幼儿美术教育活动中，语言是教师与幼儿之间进行信息、情感交流的主要媒介。语言传递类方法主要包括讲授法、讨论法和谈话法。

（1）讲授法　讲授法是教师通过语言描述、说明和解释向幼儿传授美术知识与技法的教学方式。它是教师进行教学的重要方法，能使幼儿在较短的时间内获得较多的系统知识，是幼儿领会造型技法、获得系统知识、产生正确审美观的重要途径。

美术教学中主要包括讲述、讲解和讲评等指导方法。教师在教学时，可将讲授法与其他教学方法有机地结合使用。

运用讲授法时应注意以下 3 点：

① 内容的科学性、思想性和艺术性。教师在讲授时要使用文明用语，讲授内容要有益于幼儿身心健康的发展，还要注意运用艺术性的语言，如文学作品、儿歌、故事、谜语等进行富有感情的讲授，进而提高幼儿的注意力和记忆力，启发幼儿的形象思维，激发幼儿创作的愿望。因为幼儿的分析能力较弱，他们接受知识的特点是以人的讲授为主，所以教师对相关美术概念、原理等的解释要准确。

② 易于幼儿理解和接受。在讲述技法和制作步骤时，教师的声音要洪亮，条理要清晰，语言通俗易懂，内容符合幼儿年龄特点，并用适当的手势、神态及站立、移动等体态语辅助讲解，传递无声的视觉信息，以此引起幼儿的注意，调动他们的情绪。教师可以适当重述教学的重点和难点，以便幼儿记忆遗漏的内容。在重述时，教师要注意前后用语的一致性。

③ 注意启发性讲解。教师更要经常使用启发性讲解的方法，多引导他们进行积极的思考，确定所要描绘的内容。运用讲授法进行教学时，教师易于控制自己所讲的内容，但幼儿却常处于被动接受的状态，容易产生疲倦感。因此，教师要以感性事物为基础，启发、引导幼儿朝着正确的方向积极地进行思考，让他们自己去确定构思、构图，找到解决问题的途径，不断地丰富作品的内容，尽量避免问答或是直接告知问题的答案，限制幼儿想象力和创造力的发展。

（2）讨论法　讨论法是指幼儿在教师的指导下，为认识、解决、探究某一问题而进行讨论，通过讨论获得知识的方法。讨论法能充分调动幼儿参与美术活动的积极性和主动性，为幼儿提出问题、发表意见、自己得出结论提供机会。讨论的过程不仅能使幼儿表达自己的真实想法，提高辨别是非的能力，对获得的知识加深认识，还可以锻炼其思维能力和艺术想象力。运用讨论法时，讨论的时间可长可短，讨论的形式也可多种多样，全班讨论、小组讨论均可。

运用讨论法时应注意以下两点：

① 启发、引导。教师要创设宽松的心理环境，鼓励幼儿结合自己的生活经验发表不同的看法，给幼儿提供思考的空间，并在适当的时候给他们提供线索，帮助幼儿找出问题

与他们已知事物之间的联系。

② 及时总结。在讨论结束后，教师要概括幼儿讨论的内容，及时进行小结。教师在进行小结时，要考虑到美术学科的特殊性，讨论结果可能是多元的、开放的或不确定的，不需要有一致的标准答案。

（3）谈话法　谈话法是指教师根据幼儿已有的知识经验，向幼儿提出问题，引导他们思考、讨论，同时要求幼儿回答或是幼儿提出问题要求教师解答，并通过解答使幼儿获得新知识、提升经验的教学方法。

谈话法不仅能培养和提高幼儿运用已有知识和经验获得新知识、解决新问题的能力，同时也能提高他们的注意力和语言表达能力，促进其独立思考的能力。

教师在运用谈话法时应注意以下几点：

① 增强有效性和启发性。教师要根据画面的内容，提出开放性的问题，问题要明确、清楚具体，符合幼儿的理解能力，并围绕活动内容和目标，引起幼儿的思考，避免提出幼儿不假思索就能齐声回答的封闭性问题，如"能不能""是不是""好不好"等。例如，在欣赏人物时，教师可以设计"你们在画中看到了什么""桌上有什么""小朋友在做什么"等问题，启发幼儿边看边思考，并发表自己与众不同的想法，从而提高幼儿分析、记忆、绘制表现作品的能力。

② 引导幼儿提问。对于教师回答不了的问题，教师在让其他幼儿回答的同时自己也要去寻找答案并给予回答，切忌敷衍幼儿，造成错误的理解。

## 2. 直接感知类

教师通过直观的形象传递信息给幼儿，这就是以直接感知为主的方法。这类方法主要包括观察法和演示法，在幼儿园美术教学指导中占有极大的比重，也最能体现美术直观形象性的学科特点。

（1）观察法　观察法是在教师的指导下，幼儿积极、有意识、有目的地通过视觉器官感知和认识观察物象的形状、颜色、结构及事物间的空间位置、相互关系等，从而在头脑中形成鲜明的表象，获得感性认识的一种方法。因此，观察法是幼儿美术教学的最基本方法。美术是视觉艺术，没有观察便没有视觉的感知和认识，更谈不上对物象的绘制表现。运用观察法时，由于观察对象直观鲜明，不仅能激发幼儿学习的兴趣，还有利于培养他们的观察能力和形象思维能力。

观察可以分为直接观察和间接观察。直接观察是教师为了让幼儿获得对周围生活的丰富印象，借助与事物直接接触来观察事物的方法。直接观察有助于打破幼儿的概念化画法，使幼儿能够更深层次地发掘、认识事物，培养其探索精神。教师可以根据幼儿对教材的熟悉情况和教材的难易程度，恰当地运用图片、示范画、模型和标本来满足幼儿的视觉直观感受和好奇心。由于季节和条件的限制，当教师不能及时做到让幼儿对实际物体进行观察时，可选择符合教学要求的玩具、模型、图片、标本、示范画或多媒体等，供幼儿分析、比较所要描绘物象的基本特征，这种观察方式就叫作间接观察。幼儿有着极强的模仿能力，图片或示范画的图式往往容易成为他们临摹的对象。

运用观察法时要注意以下3个方面：

① 观察目的明确。在教学时，教师要明确引导幼儿观察的目的。教师在指导他们观察时，事先要让幼儿了解观察的内容，并组织和帮助他们进行有目的、有计划地观察。由于幼儿知识、经验贫乏，认识能力和概括能力有限，在观察中往往凭兴趣出发，注意力不稳定、不持久，不会自觉、有意识地观察事物，观察也往往不全面。

② 整体观察法。整体观察法是指幼儿在观察事物时，首先应观察事物的整体，获得对事物的整体印象，然后再观察细小部分，以便更好地反映整体。这种观察法是整体—局部—整体的辩证观察法。幼儿注意力不稳定，形象知觉水平较低，看东西往往一掠而过。整体观察法不仅能使幼儿在美术活动中了解内容丰富的感性材料，还能让幼儿运用自己的感性知觉更好地认识客观事物。

③ 运用多种观察方法。对生活中一些不易观察到的事物，教师可以用图片、绘画的复制品、标本和多媒体等来代替。教师要根据观察的目的、幼儿的年龄特点和实际情况灵活地运用各种观察方法。有时可以先讲解后观察；有时可以先观察后讲解；有时可以边观察边讲解边组织幼儿实践。表 1-1 为幼儿园美工区活动观察记录表。

### 表1-1　幼儿园美工区活动观察记录表

观察日期：　　　　　　　　　　　　　　　　　　观察对象：

| 评价项目 | 评价标准 | | | 表现 | 调整分析 |
|---|---|---|---|---|---|
| 兴趣 | 绘画 | | 积极主动参与并选择 | | |
| | | | 比较被动，目的性强 | | |
| | 粘贴 | | 积极主动参与并选择 | | |
| | | | 比较被动，目的性强 | | |
| | 泥工 | | 积极主动参与并选择 | | |
| | | | 比较被动，目的性强 | | |
| 能力 | 绘画 | 造型 | 形象较逼真 | | |
| | | | 有初步形象 | | |
| | | | 线条阶段 | | |
| | | 用色 | 有目的用色且较丰富 | | |
| | | | 有目的用色但比较单调 | | |
| | | | 无目的一用到底 | | |
| | | 创造性 | 构思较独特 | | |
| | | | 模仿他人 | | |
| | 粘贴 | | 能粘贴出简单画面 | | |
| | | | 能粘贴出简单形象 | | |
| | | | 对操作感兴趣，无目的地粘贴 | | |
| | 泥工 | | 能借助工具捏出简单物体 | | |
| | | | 利用模具印出物体 | | |
| | | | 对操作感兴趣，无目的地随意摆弄 | | |
| 品质 | 遵守规则 | | 能自觉遵守规则 | | |
| | | | 需要成人提醒 | | |
| | 合作性 | | 共同使用材料，能与人合作 | | |
| | | | 独自操作，不与人交流 | | |
| | 持久性 | | 能较专心地坚持始终 | | |
| | | | 有始无终，频繁更换 | | |

（2）演示法　演示法是教师配合讲解，向幼儿展示直观教具，示范绘画、制作等过程，使幼儿获得对事物现象感性认识的教学方式。演示时，教师配合语言进行讲解，幼儿能更直接地接受新的知识和技法。演示用的教学媒体有实物、挂图、录像、标本、投影等。美术教学活动中的许多知识、技法问题仅用语言讲授是不够的，需要借助演示使幼儿获得直观感受，并在幼儿的大脑中形成对教师制作、绘画过程的一系列表象，才能使幼儿获得深刻的印象。

演示法直观、生动，能使幼儿获得丰富的感性材料，加深对事物的印象，调动幼儿学习的积极性。幼儿在对演示内容进行观察和分析的过程中，观察能力和思考能力得到了提高。在观察的过程中，教师要促使幼儿积极思考，提出问题。

按演示的步骤，第一，整体演示，教师完整、连续地向幼儿示范如何表现物体形象。第二，分段演示，教师将所表现的物体形象的过程分成若干段进行演示。第三，分步演示，教师将所表现的物体形象的过程分成若干步骤进行演示。演示按准备情况可分为有准备的演示和随机演示；按观看对象的多少可分为整体演示、分组演示和个别演示；按教学内容可分为绘画演示、制作步骤演示、工具性能和技法特点演示等。

运用演示法时要注意以下两点：

第一，演示的准备工作要充分，组织要周密。演示用的教学录像、幻灯片、多媒体资料等在活动前要试放，工具材料在课前要准备齐全并安排好展示的顺序。

第二，在演示时，教师要运用明确、简练的语言讲解，同时把演示的内容与观察有机地结合起来，启发幼儿进行思考，进而理解和接受。教师在演示中还应一边讲解和提问一边演示，这样可使幼儿理解得更快，记忆得更深，效果更好。

### 3. 以指导练习为主的教学方法

练习法，就是幼儿在教师的指导下，进行各种形式的绘画或制作等练习，从而熟练掌握各种美术知识与技能的方法。练习是幼儿将头脑中的艺术构思用美术的方式表现出来的实际操作过程。根据创造成分的多少，练习可以分为技能练习、模仿练习和创造练习3种。从操作的步骤上划分，练习又分为整体练习、分段练习、分步练习；从人数上划分，练习分为个人练习、分组练习、集体练习；从时间上划分，练习又可分为课内练习和课外练习。

下面以创造成分的多少为划分标准来详细介绍：

（1）模仿练习　模仿练习是依照范例或教师的示范所做的练习，如幼儿根据教师折纸的分步示范进行折纸练习等。

（2）技能练习　技能练习是运用工具简单地表现技能的练习，如执笔、运笔、涂色、折纸、剪贴、团泥、捏泥等。

（3）创造练习　创造练习是让幼儿对已有的表象、材料进行加工、改造、制作、独立构思和表现的创作活动，目的是加深幼儿对美术的理解和提高其对美术的表现能力，如意愿画、意愿塑造、意愿剪贴、自由美术活动等。

在美术教学中，教师应根据幼儿的能力和美术活动内容的需要单独或综合运用，以技能练习为基础，以创造练习为目的，以模仿练习为辅助过渡手段，合理安排各种练习的比例。教师可以根据教学要求和幼儿的实际情况，灵活运用各种练习，适当地使用多样化的练习方式，不仅有助于培养幼儿的兴趣，集中他们学习的注意力，还有助于培养幼儿在实践中灵活运用知识和技能的能力。

教师在运用练习法时要注意：

第一，练习要有目的性。教师在每次练习前要向幼儿明确练习的要求、操作的方法和步骤，培养幼儿操作练习的自觉性，使他们目的明确，能按步骤进行练习。例如，添画和涂色对于初学者来说是好方法，预先在纸上画出主要形象，然后让幼儿在画面上继续增添情节，最后涂色。

第二，要多采用生动有趣的游戏和竞赛等方式。教师要增加幼儿练习的趣味性，将练习与游戏、竞赛结合起来，激发他们练习的欲望，使他们达到熟练掌握技能的目的。

第三，要求幼儿发挥一定程度的创造性。在练习中，教师要注意让幼儿不要把练习当成机械地模仿或重复，要发挥他们的主动性和创造性，给幼儿一定的自由空间，让他们根据自己的想象自由表达。

第四，教师的巡视和指导要有计划性和目的性。教师在巡视和指导时首先应着眼于全体，及时发现所有幼儿出现的共性问题和多数幼儿的共性问题，及时运用讲述、演示等方法予以解决。对个别幼儿出现的问题，应通过个别辅导及时解决。

### 4. 以欣赏活动为主的教学方法

以欣赏活动为主的教学方法主要是对话法。对话法是指在幼儿美术欣赏教育中，教师、幼儿与美术作品三者之间的相互作用与相互交流。以欣赏活动为主的教学方法是让幼儿通过对美术作品、自然景物、社会生活中美好事物的欣赏，获得美的感受，从而提高表现能力、审美能力的教学方法。

对话法是针对长期以来美术欣赏活动中采用的灌输法提出的。灌输法以教师为中心，幼儿缺乏自身的感知与体验，教师将自己掌握的有关美术作品的知识无条件地灌输给幼儿，幼儿没有直接与美术作品对话的机会。长此以往，幼儿会丧失自我感受、主动创造的能力，最终导致审美素质的下降。在美术欣赏教育中运用协同合作式的对话法，使教师、幼儿与艺术作品之间不再是一种灌输与被灌输的关系，而是一种平等的、对话式的、双向交流式的关系。幼儿不再是被动接受，而是积极参与。他们在不断地对话碰撞中得到新生和成长。

在艺术活动中，艺术家有一种向亲密的人倾诉自己的深切感受的愿望；欣赏者则是从自己的心灵世界出发，与艺术家、艺术作品进行独特的对话活动。因此，欣赏者与艺术作品的对话是主体间的相互交流，即艺术作品对欣赏者说话，欣赏者对艺术作品说话。因此，对话法的主要特征是主体与主体之间相互交流。

由于作为欣赏者的幼儿的心理发展、生活经验、艺术经验有限，教师的启发和提问要符合幼儿的认知发展水平。在幼儿园美术欣赏教学活动中实施对话法时，教师作为幼儿与艺术作品的中介，一般通过启发的方式、提问题的形式给幼儿以线索启迪，引导和帮助幼儿与美术作品进行对话。在幼儿美术欣赏过程中，如果作品是写实的，就要指出作品包含哪些形象，如作品中所包含的人物、动物、景物、物品等；如果作品是抽象的，则要指出主要的形状、色彩及其运动的趋向，如欣赏梵高的作品时，教师可以用"画面上画了哪些景物""画面上有哪些图形""线条是什么样子的""想怎么表达"等问题启发、引导幼儿与作品进行对话。

在实施对话法时，教师应注意：

（1）尊重幼儿对美术作品的感受　幼儿由于经验、认知能力有限，有些看法看起来可能是幼稚的，但只要是在他们对作品感知和体验基础上产生的，教师都应给予尊重和认可，不能强求幼儿接受某一权威的结论或教师自己对美术作品的看法。教师也应该阐述自己的观点，还要引导和鼓励幼儿用各种方式大胆地表达自己的审美感受。

（2）多种感官感受　参与感受的感官越多，幼儿对作品的感受和体验就越深刻。在美术欣赏活动中教师常采用倾听音乐或用动作、语言表达等方式帮助幼儿感知、理解与表达美术作品。

### 5. 以引导探究为主的方法

探究法是在教师指导下由幼儿自己发现问题、探索问题并解决问题，从而获取知识并发展能力的教学方法。在美术教学活动中运用探究法，教师往往不把相关的美术技能直接教给幼儿，而是提供有关范例，让幼儿通过尝试和思考，增加体验，丰富感受，激发想象，在不断地试验、操作中发现问题、分析问题，直至找到解决问题的方法。对幼儿来说，玩是他们的天性，而探索就是玩。幼儿是依靠感官进行学习的，他们认识事物大多依赖于直接经验。

在运用探究法时，教师应注意：

（1）允许幼儿在探究过程中出现错误　在操作性较强的美术活动中，教师要允许幼儿对学习任务经过几次错误的尝试，这是一种培养幼儿思维能力和探索精神的好方法。经过努力才找到正确答案，这一过程不仅能丰富幼儿的感受，还能增加他们的体验，增强自信心，获得成功的愉悦。

（2）引导幼儿探索　在美术活动中，当表现制作的难度不大或有一定难度但经过幼儿的努力能够解决时，教师可以先让幼儿尝试练习；当学习任务有一定难度而幼儿当时没有意识到困难时，教师可以让幼儿先尝试某一局部、某一步骤；当问题显露出来且幼儿久攻不下时，教师可进行适当的点拨；对于幼儿实在解决不了并带有普遍性的问题，教师还应提供必要的讲解。

教师需要针对幼儿所遇到的具体情况进行个别指导。教学方法是活动过程中教法与学法的统一体。教学方法的运用受到美术活动的课业类型及美术活动目标和内容的限制。俗语说："教学有法，教无定法，贵在得法。"教师要根据实际情况灵活、综合地运用各种教学方法，并在教学实践中不断总结，从而创造出新的、行之有效的教学模式。

## （二）探索幼儿美术教育的途径

幼儿园美术教育活动可通过正规的美术教育活动和非正规的美术教育活动来进行。

### 1. 正规的美术教育活动

幼儿园美术学科或领域的教育根据教育内容的不同，可以分为绘画教育、手工教育、美术欣赏教育。正规的美术教育活动，可以通过幼儿园课程中与美术直接有关的学科或领域进行，也可以通过课程设置中的其他学科或领域进行。

活动可以以集体教学的形式来组织，也可以以小组合作的形式来进行，还可以以幼儿自发的探索为主。其他各学科或领域中的美术活动，是指渗透在幼儿园的语言、科学、社会、健康等学科或领域中的美术活动。在美术学科或领域的教育活动中，这些内容往往是综合在一起的，活动可以围绕某一具体的艺术作品而展开，也可以围绕某专门的美术技能或美术知识而展开，还可以围绕某个特定的主题展开。

### 2. 非正规的美术教育活动

幼儿园中的非正规的美术教育，主要是通过幼儿在活动区的自由活动、幼儿园美术环境的创设，以及教师对幼儿随机进行的集体或个体的美术指导等方式进行。

（1）幼儿园环境布置　幼儿是环境创设中不可缺少的参与者。幼儿参与幼儿园环境的规划和设计，可使他们对所处的环境做出最好的探究和了解，也有利于幼儿主动、自发地参与活动。幼儿参与环境的设计和布置，可从活动区、彩绘墙饰、种植饲养等方面着手。例如，在布置教室环境时，教师可通过相关主题活动，如儿童节、端午节、中秋节等，与幼儿一起布置。幼儿的参与，不仅仅是作品的展出，教师还应有目的、有计划地遵循幼儿的年龄特点来组织幼儿参与设计、收集和准备材料、布置和管理等活动，并充分发挥幼儿在环境创设中的主体作用。

（2）美术区角和美术室活动　美术区角的开设，主要是为了满足那些对美术有兴趣的幼儿的需要。美术区角材料的投放要多样化，以满足不同幼儿的需要。美术室的设置要根据幼儿园的实际条件而定，可以是专门的活动室，如泥工活动室、绘画活动室；也可以是综合的活动室，如把美术室划分为绘画区、手工区和欣赏区。美术室的开放需要全园统筹安排，并由教师进行指导。所需材料可发动幼儿、家长、教师共同来收集，并分门别类地摆放，便于幼儿拿取。美术区角活动内容应根据各年龄班的基本美术教育活动的目标和内容定期更新。

（3）随机的美术指导　教师可抓住每一个机会对幼儿进行随机的美术教育。例如，带幼儿在园内散步，和幼儿谈论花草树木，随机欣赏天边出现的彩虹、路过的小动物，以及幼儿的服装、玩具等。

## 🧰 小贴士

我们不能以像不像来评价幼儿的作品，幼儿的作品中想象成分的多少很大程度上取决于教师的评价。教师如果这次以像不像为标准，下次孩子们的画就会丧失了想象力，孩子的想象力也就被抹杀了。教师在绘画活动中，可尝试提出疑问让幼儿改变思路，肯定幼儿的想象，以避免形成一种僵化、固定不变的思维模式。如果教师肯定孩子的想象部分，孩子就一定会想象得更加夸张。所以在绘画活动中教师应多提问、多肯定幼儿，引导他们将现实的物象任意夸张、错位、变形、组合、打乱、改动，从而萌发每个孩子的想象意识。

## 📚 案例分析

材料：

模仿学习周二下午的美术活动，这次的内容是折青蛙。每个小朋友一张手工纸，活动开始，老师先示范完整的青蛙折法，小朋友们观察。在示范的过程中，不时有孩子窃窃私语："好难啊！"有几个调皮的孩子开始嬉哈逗乐。"要看清楚哟，现在不看清楚，等会儿你就不会折了。"边折边提醒不认真听的孩子。不一会儿，一只青蛙就折好了，"学会了吗？现在老师再折一次，这次你们跟着我一起来折。"每个孩子分到一张长方形纸，"先把长方形变成双正方形"，孩子们顺利地完成了第一步，"然后把双正方形变成两个三角形"，一半的孩子搞不清楚三角形怎么变出来的，于是再教这些孩子折一遍，"现在翻过来从后面折下"，这一回孩子们开始嚷嚷："我不会，我不会。"有的孩子索性拿给老师帮忙。

分析：

学习折纸是教的人把纸对折，学的人也把纸对折，教的人折一步，学的人跟一步。在这一次的学习活动中老师也是这样来教班上的孩子们，但结果是孩子们折了几步就跟不下去了，因为折纸时很难掌握前后左右上下的方向。心理学理论认为，模仿是动物界一种最基本的学习方式，也是人类的一种重要的学习手段。

幼儿正是在学习、成长、尝试、发现和模仿阶段，好奇心强，模仿性强，可塑性强。然而由于心理还很不成熟，辨别是非能力很低，所以往往不能分辨哪些值得模仿，哪些不值得模仿。模仿得好，对他们的成长和学习会带来很大好处；模仿不当，则会给他们带来坏处，甚至带来危害。所以应该跟小朋友讲清楚哪些可以模仿，哪些不可以。

# 二、组织和评价幼儿园美术教育活动

## （一）幼儿美术教育活动的组织

### 1. 幼儿美术教育组织的一般环节

（1）目标制定　教师首先要从本班幼儿美术能力发展的实际水平与需求出发，依据《幼儿园教育指导纲要（试行）》（以下简称《纲要》）中的大目标，同时深入细致地分析所选择的活动内容的特点。在此基础上，从认知目标、情感目标、技能目标几方面来表述。根据具体的内容，每次活动可能综合以上各项目标，也可能侧重于某几个目标的达成，在制定时要根据具体的活动灵活取舍与兼顾。

要懂得目标是预定的，而幼儿的活动是生动鲜活的，要解决好目标与实际情况不符的矛盾，不要拘泥于短时效果，要着眼于幼儿的发展，注重幼儿整体的成长。因此，在活动中可以根据实际需要做合理的调整与变通。

（2）内容选择　幼儿美术活动的内容，有的来自教师的选择，有的从幼儿的各项活动中派生，还有的在幼儿的需要中生成。教师应放松心态，降低位置，与幼儿共同学习艺术表达的方式与技巧，以多种方式帮助、鼓励幼儿，将幼儿的需要转化成他们技巧水平的内容。教师选择的内容，要有科学性和合理性；做到内容有趣，贴近幼儿生活，符合幼儿需要与接受水平，而且要因时因地制宜；要考虑内容之间知识、技能的连贯性。在幼儿需要中生成的内容，因为幼儿有较强的需要与体验，往往幼儿较有热情地去学习和完成。这样的内容，由于教师没有预先准备，如何完成此内容的技巧支持，也就成为教师较大的难题。

（3）活动准备　活动准备包括经验准备和物质准备。经验准备即幼儿完成此项内容所需具备的经验，包括认知、操作、心理、情感等多方面准备。物质准备即完成此次美术活动所需要的各种物质材料，包括教师使用的材料和幼儿操作的材料。教师只有在具备一定的经验水平的情况下，才能支持幼儿愉快、顺利地完成新的学习，即将教学的内容设计在幼儿的最近发展区内。

（4）活动组织

① 创设情境。这是活动的开始部分，主要任务是激活幼儿的思维，激发幼儿参与活动的兴趣，调动起幼儿创作的情感。这一步要简洁、明确，时间不要过长。采取的方法没有固定的模式，需要教师灵活处理。可以讲述故事、展示教具让幼儿观察感受、回忆经验、联想想象等。

② 感知体验。幼儿欣赏和感受的对象，可以是适合幼儿欣赏的大师的经典作品，也

可以是童趣十足的优秀幼儿作品；可以是可视的美术作品，也可以是相应的音乐作品或文学作品；可以是课堂上组织的通过图片、影片等手段对艺术作品的欣赏与感知活动，也可以是幼儿对日常事务的观察和感受，或对经验的回忆和体验。探索与发现阶段是幼儿初步尝试与操作材料接触，引发幼儿产生创作意图和愿望，并将自己的意图逐步明朗和实现的过程，这对幼儿以后的创作与表现兴趣及动力的激发具有重要的作用。这一环节是指在教师的引导下，幼儿通过对自然、社会生活中美的事物和艺术作品的欣赏、感受，获得内在体验，吸收和拓展相关经验，积累视觉语言和符号，并探索发现美术操作技法或各种工具材料特性及使用方法，学习相应的美术技能。

③ 自由表达。幼儿将感知体验、探索发现环节获得的艺术语言、符号及习得的相应的美术技能要求，吸收内化到自己的头脑中，迁移运用到自己的美术创作中，自由表达自己的经验、想法或情绪情感。此时的环境气氛很重要，需要营造一种积极又宽松的氛围，让幼儿在有鼓励、没压力的环境下构思与创作。

④ 展示作品。幼儿对自己和同伴作品的欣赏、评价过程。教师要为幼儿提供作品展示的空间，如绘画张贴或手工作品摆设的地点，以便幼儿能够展示自己的作品，为欣赏做好准备。传统的评价多是由教师选择幼儿的作品一一出示进行点评，这是一种以成人为中心的评价方式。评价应以幼儿的自我介绍及幼儿间的互相评说和欣赏为主，充分发挥幼儿的主体性，引导幼儿大胆表达自己的想法。

（5）分析与反思　效果分析与反思是在活动后对活动实施效果进行分析与反思，用以检验活动设计的科学性、合理性，记录在活动中随机出现的、有价值的案例，从而积累教学经验，作为今后教育实践的依据，有效地促进教师教育能力增长。

**2. 幼儿美术教育实施的指导原则**

（1）重兴趣轻技能　幼儿美术活动中的自由创造与表现虽然重要，但是只鼓励自由表现，没有表现方法的学习，幼儿在美术创作时就会出现眼高手低的现象，严重影响他们的创作自信和表现质量。幼儿在进行美术创造活动时，内心都会产生需要他人帮助的愿望，虽然幼儿对此可能没有明确的表示。如果置幼儿的需要于不顾，没有一定的指导，就是不负责任地放任，也会使幼儿失去操作的兴趣。因此，教师要对幼儿的操作进行方法上的指导，让他们学习一些基本的、简单的操作技能，为幼儿自由地创造、表现奠定基础。

（2）结合生活、游戏　幼儿的美术教育活动是综合的，融游戏、生活、美术于一体的，甚至游戏、生活地位更为显著的美术活动。一些幼儿美术活动缺乏游戏成分，缺少生活化，使美术活动成为单纯的技巧训练，很难满足《纲要》中提出的重视幼儿在活动过程中的情感体验和态度的要求。单纯依靠美术技巧的训练是不能完成审美教育任务的；生活和游戏也都蕴藏着审美教育的因素，把生活和游戏融入美术活动中，美术教育的效果会更好。

（3）强调创造因素的作用　幼儿在发展的过程中对世界有着独特的认识与理解，他们在美术活动中运用自己的符号系统反映对生活的印象，表达思想认识，宣泄情感体验。他们这种表达事物的符号系统是幼儿自己的发明创造，是自己想象的结果。这些创造的背后隐藏着幼儿认知、情感的发展，表面上看是一幅图画，实际上画里表现了幼儿纯真的心灵、严肃的思考、强烈的需求、情感的平衡。这些创造来源于幼儿潜意识的表现，其价值在于满足幼儿的心理平衡，使幼儿人格健全发展。应该说，美术教育中的这种对想象力与创造力的开发是核心力量，创造是美术活动最重要的、最具有教育价值的因素，没有了幼儿的这种创造与想象，幼儿美术将黯然失色，美术活动在完善幼儿心智方面的作用会消失。教师应该了解美术活动的这种特性，注重透过幼儿的作品了解幼儿的内心世界，正确地看待幼儿的自由表现，尊重幼儿带有个性色彩的创造行为，保护幼儿的这种原创力，使美术活动能够发挥其促进人格的协调平衡的教育功能。因此，美术是幼儿发展过程中自我表现的一种方式。

## （二）幼儿美术教育活动的评价

### 1. 幼儿园美术教育活动评价的作用

（1）反馈作用　教师通过对幼儿园美术教育活动的评价，可以及时而敏锐地发现新问题、新情况，判断每一个环节是否有效，验证活动目标、内容、方法、环境是否与幼儿的年龄特点、认知特点以及经验水平相适应。幼儿园美术教育活动评价的重要作用之一是反馈，将美术教育教学活动的信息及时而有效地反馈给教师，从而调整和改进美术教育教学过程。

（2）诊断作用　通过评价，幼儿园美术教育活动可以"诊断"幼儿的现状和差异，而且还能够指出造成现状和产生差异的原因，从而给幼儿园美术教育活动带来真正的诊断和改进的效果。

（3）促进作用　教育管理层、教育研究者和教师若把幼儿园美术教育活动的评价作为一种持之以恒的自觉行为，就能够在对不同幼儿园美术教育活动形式和方法的评定、比较中，探讨不同教育模式的价值和优势，以便更好地促进幼儿园美术教育的发展。经常性的评价也能够作为一种积累，为幼儿园及同行间的交流提供丰富而实用的参考信息，进而影响和促进幼儿园课程的发展、应用和推广。教师若能够在幼儿园美术教育活动的每一次实施中都从教师、幼儿、环境和材料等方面做出一定的评价，并以此为基础进行下一层次美术教育活动的设计和实施，使美术教育活动产生最优化的效益。

### 2. 幼儿园美术教育活动评价的原则

（1）计划性原则　无论是上级行政部门的评价、教育同行间的评价，还是教师的自我评价，其最终目的都是总结经验，找出问题和确定改进的方向。幼儿园美术教育活动评价的目的是更好地推动和促进幼儿园美术教育活动。评价需要有明确的目的和计划，要使幼儿园美术教育活动在教师的自我调节和控制中，不断地向更加科学、更加完善的方向发展。

（2）针对性原则　评价可以围绕当前美术教育活动中存在的主要问题，也可以针对某个具体的美术教育内容，还可以针对某个活动对象，且是以促进问题的解决和改善为目的的。对幼儿园美术教育活动的评价要有针对性。即评价需要是针对一定的具体问题或课题而展开的。

（3）全面性原则　在教育实践的动态发展过程中，美术教育评价需要连续不断地对幼儿园美术教育活动的各个组成部分和各个构成要素进行全面的评价。作为评价者，既要对幼儿学习和发展的情况进行评价，又要对教师的教学和指导做出评价；既要对幼儿在美术教育活动中的行为和表现进行评价，又要对幼儿在日常环境中的表现进行观察和评价；既要对幼儿在活动中的能力、兴趣、情感等方面的表现做出一般的、整体的评价，又要承认幼儿在学习上的差异性，对个别幼儿做出特殊的评价；既要对美术教育活动的目标、内容以及环境和材料的选择、利用进行评价，又要对美术教育活动的形式、方法以及活动中教师与幼儿的互动关系进行评价；既要对静态的活动要素进行评价，又要对动态的活动过程进行评价；既要使评价能够及时地发挥诊断的作用，又要保证评价不能挫伤幼儿的自尊心和降低其心理安全感。

（4）客观性原则　公正、科学、实事求是的态度。特别是涉及每一个评价对象时，要坚持以客观、公正为基本原则。客观性原则是指在进行幼儿园美术教育活动的评价时应客观，确定了科学而合理的评价标准就不能随意地更改或变动。这样才能促进幼儿园美术教育活动的深入开展和不断改进、完善，才能真正发挥评价的功能和作用。

### 3. 幼儿园美术教育活动评价的内容

（1）美术活动目标的评价　美术活动目标确定要全面、具体，符合幼儿的"最近发展区"。首先，评价美术活动目标与幼儿园教育的总目标、年龄阶段目标以及单元目标是否有紧密的联系；其次，评价活动目标是否涵盖了认知、情感与态度、动作与技能三个方面；最后，评价活动目标是否与幼儿的实际情况相适应。

（2）美术活动内容的评价　美术活动内容是实现活动目标的中介。活动内容符合幼儿身心发展的特点、美术学习的特点和经验水平，围绕目标选择内容。

第一，要评价美术活动内容是否与幼儿园美术教育目标相一致；是否与幼儿园美术教育所涉及的范围相一致；是否与幼儿的能力水平相一致。

第二，要评价美术活动内容的设计和组织，评价在一个具体的幼儿园美术教育活动中各部分内容间的比例关系是否合理；评价美术活动内容与活动形式是否相适应；评价美术活动内容的组织安排是否突出了重点、难点；评价美术活动内容各个部分之间的过渡衔接是否流畅等等。

第三，活动内容要符合幼儿身心发展的特点、美术学习的特点和经验水平，围绕目标选择内容。

（3）美术活动方法的评价　美术活动方法是实现活动目标的手段和途径。它既包括教师主动的引导和教学的方法，也包括幼儿主体的探索和操作的方法。评价美术活动的方法主要体现在以下几个方面：

第一，评价方法的选择和运用是否与活动的目标和内容相呼应；

第二，评价方法的选择和运用是否顾及了幼儿的年龄特点和接受水平；

第三，评价方法是否强调并体现了幼儿的自主性和主体性；

第四，评价方法是否注意到了与美术教育活动环境和有关设备相联系。

（4）美术活动过程的评价

① 教师的行为评价。评价者可以观察教师在活动中的教态是否亲切自然、精神饱满；是否能正确而清晰地示范讲解；是否善于调动幼儿的积极性；能否巧妙、熟练地运用角色的变化引导幼儿学习；能否设置一定的提问以有效地激发幼儿的独立思考等等。主要是指对教师在活动过程中的教态、精神面貌做出一定的评价。

② 师幼互动情况评价。主要是分析与评价教师在活动中是否注意到了为幼儿创设适宜的活动环境，来引发幼儿的主动学习；是否注意到了在活动中与幼儿的情感交流以及为幼儿之间的情感交流创设机会和条件；是否注意到了在活动过程中充分地激发幼儿的兴趣、意志、自信、独立等良好的心理品质，等等。

③ 组织形式评价。主要是分析和评价在教育活动的展开过程中，教师是否适当地采用了集体活动、合作活动以及个别活动等多种形式的变化；是否注意到了不同组织形式中

幼儿的人际交往；活动过程是否有利于幼儿主动参与、操作、表现和创造；是否在活动过程中体现了因材施教，等等。

④ 结构安排评价。主要是评价活动的结构安排是否紧凑、有序；是否注意到了每一个环节和步骤之间的层次性、系列性、递进性；是否体现了结构安排上的动静交替，等等。

⑤ 环境和材料评价。创设丰富、合理、富有感情的审美环境和心理环境，准备充足的、富有美术表现力的材料供幼儿使用。例如，在美术教育活动的评价体系中也包含着对活动环境和材料的评价。评价活动过程中环境和材料是否得到了最大限度的开发和利用，即是否充分地发挥了作用。评价环境和材料的选择与设计是否能体现幼儿园教育活动目标的达成和与教育活动内容相适应；评价环境和材料的选择与设计是否能适合幼儿的实际需要及能力；评价活动的材料或道具是否适合教育活动的展开，如提供的材料和道具具有一定的艺术性和表现性，能够在数量上有所保证，等等。

⑥ 活动效果评价。从幼儿方面反映出来的教育结果来看，评价幼儿在活动过程中的参与度和学习态度，注意力是否集中，表现是否积极、主动等；评价幼儿在活动过程中的情绪、情感反应、精神是否饱满，情绪是否愉快、轻松等；评价活动预期目标是否达成。

表1-2是幼儿园教育活动评价表，请谈谈此表的优点、缺点，并尝试改进和完善此表。

表1-2　幼儿园教育活动评价表

| 评价维度 | 评价要点 | 情况记录 |
| --- | --- | --- |
| 幼儿园教育活动目标 | 目标的年龄适宜性；<br>目标表述的一致性；<br>目标表述的针对性；<br>目标表述的系统性；<br>目标的达成度 | |
| 幼儿园教育活动内容 | 内容选择与目标的一致性；<br>内容选择的年龄适宜性；<br>内容选择的生活性；<br>内容选择的科学性；<br>相匹配环境、材料、活动区的适宜性；<br>内容的实际完成情况 | |
| 幼儿园教育活动实施 | 实施过程与目标、内容的一致性；<br>实施过程中是否根据幼儿的兴趣与需要进行适当的调整；<br>实施过程中是否体现幼儿的主体性、主动性、积极性；<br>实施过程中是否因材施教；<br>实施过程中是否随机处理突发事件；<br>教师的教态仪表；<br>教师的教学语言；<br>教师的教育智慧 | - |
| 幼儿园教育活动的成效 | 幼儿参与活动的程度；<br>幼儿的互动机会；<br>幼儿面临的挑战；<br>幼儿的学习习惯；<br>幼儿的行为技能；<br>幼儿的认知水平；<br>幼儿的情感态度；<br>教师教学策略的适宜性；<br>教师对幼儿的关注 | |

⑦ 幼儿美术作品的评价。幼儿的美术作品是幼儿美术学习的结果，它清晰地反映出幼儿美术能力的水平与特点。对于幼儿美术作品的评价，由于评价者的视角不同，有不同的评价方法和标准。

我国台湾地区资深的美术教育工作者潘元石在其著作《幼儿画教学艺术》中从以下五个方面来评价幼儿的美术作品。

第一，美术作品的表现要符合幼儿身心的发展。只有幼儿的绘画能力配合他的身心发展，二者才得以平衡发展。

第二，美术作品要能表达出内心感受，并能宣泄个人的情感。美术作品的生命在于表达绘画者内心的感受，以及宣泄情感。例如，幼儿将自己内心的恐惧、害怕的感受通过绘画明确而强烈地表现出来。

第三，美术作品要能发挥幼儿的个性，要有自我的表现。美术作品对幼儿而言是一种按照自己的个性，表现自我、主张自我的手段。因此，只要是幼儿自己的感受，对幼儿自身来说都是有意义的，而且都值得重视。

第四，美术作品要能表现出美术材料的特性。各种美术材料都有不同的用法和特性，要能够把握其特性，充分地利用它，创作出生动的美术作品。

第五，幼儿的美术作品要和空间的大小相称，这样才会令人感觉舒适。例如，幼儿在较大画纸的角落描画出较小的形象，或把整个形象描绘得连上下左右的空白都没有的话，是不会令人感觉舒适的。

⑧ 幼儿在活动中表现的评价。对幼儿在活动中表现的评价主要从构思、兴趣、主动性、专注性、独立性、创造性、操作的熟练性、自我感觉和习惯等方面进行。

### 4.幼儿园美术教育活动常用的评价方式

（1）终结性评价

① 终结性评价的概念。终结性评价是在一段时间的学习后为把握教学效果而进行的评价，其目的是用于评定幼儿对一个学期、一个学年或某个学习课题的目标达成的程度，判断教师用的教学方法是否有效，并全面评价幼儿的学习效果。

② 终结性评价的特点。首先，评价的标准清晰。终结性评价的对象是一些可被测量的行为，有一定的评价标准，并且评价标准很清晰、具体，可操作性相对比较强。因此，该评价方式非常利于教师操作。当前，很多幼儿园教师仍然沿用终结性评价方式对幼儿的发展进行量化评价。例如，一个幼儿园教师想评价幼儿的手眼协调能力，便组织一次比赛，比赛的内容是让幼儿在短时间内用筷子夹豆子，谁夹得多，谁的手眼协调能力就越强。

其次，过于关注行为结果。终结性评价的视角集中于清晰的行为目标，并用前测确定幼儿的发展水平，用后测考查教育的效益，可供课程决策人员制订计划时参考，但容易导致操作者只关注行为结果，忽略在过程中彰显出的各种内隐的价值。例如，一些幼儿园为迎合家长的错误需求，以识字量的多少、运算速度等为评价标准，结果，幼儿在成长、学习过程中所彰显的意志品质、耐心、学习方法、情感态度都被显性的评价掩盖。

最后，具有一定的滞后性。教育这个领域最大的特点就在于具有滞后性，教育的成效无法及时通过评价有效获得，对评价的内容解读也需要较长的时间。因此，教育活动实施后采取的改进策略也具有相对的滞后性，难以及时、有效地调整教育评价方式或标准。

（2）形成性评价

① 形成性评价的概念。形成性评价是在课程发展过程中收集各个要素的相关资料，加以科学分析和判断，以此调整和改进课程的方法。

② 形成性评价的特点。首先，关注学习过程。形成性评价关注学生在学习过程中的学习方式，通过对学习方式的评价，将学生的学习方式引导到深层次的方向上。比如，形成性评价中的学生自评、互评的方法，可以使学生逐步掌握正确的学习方式，树立正确的学习动机，掌握适合自己的学习策略，从而真正提高学习的质量与效果。

其次，重视非预期结果。形成性评价将评价的视野投向学生的整个学习经验领域，认为凡是有价值的学习结果都应当得到肯定的评价，而不管这些学习结果是否在预定的目标范围内。其结果是，学生的学习积极性大幅提高，学习经验的丰富性大幅增强。这是现代教学所期待的最终目标。

再次，贯穿始终。形成性评价贯穿学习的始终，在学习之前、之中、之后都不间断地进行着。不仅有利于评价的开展，还有利于学生逐步形成可持续的评价观念，逐步掌握正确的评价方法，逐步将评价融为自己的学习生活的一部分，成为促进自己终身学习和终身发展的重要手段。

最后，所收集的资料和判断的标准可能都会因时而变、因人而异。如果形成性评价采用的是质性的方法，如开放式或表现式的评价，其标准无法做到统一，其评价的过程和程序无法做到规范，选择的材料也会因为时间、地点的变化而变化。

## 案例分析

材料：

中班美术教育活动方案：有趣的表情脸

【活动目标】

① 认知目标：观察人的面孔，了解五官位置的变化引起表情的差异。

② 情感目标：体验人物内心的喜怒哀乐，在活动中建立关心他人的情感态度。

③ 技能目标：学会运用不同材料表现人物的情感变化。

【活动准备】

① 教师准备各种颜色的卡纸、黏土、彩笔、毛线、扭扭棒、即时贴、剪刀、玻璃胶等。

② 教师准备些不同味道的食物和不同的漫画表情图片。

【活动重点】

教师引导幼儿利用味觉器官感受酸、甜、苦、辣的味道，观察人物表情的变化与特征，并运用颜色和形象大胆地画出富有情感色彩的脸。

【活动过程】

（1）感知游戏——尝味道，做表情。

师：小朋友们，今天老师给你们带来酸、甜、苦、辣四种食物，请你们来尝一尝，然后用表情告诉大家尝到的是什么味道的食物。

① 教师将幼儿分组，一组尝味道，一组猜。重点观察酸、甜、苦、辣等味道引起的表情的变化。

第一组幼儿尝味道，并做出相应的表情。

第二组幼儿根据表情猜猜第一组幼儿吃的是什么味道的食物。

幼：你知道我尝的是什么味道吗？你是怎么看出来的？我的眼睛有什么变化？我的嘴巴呢？

② 教师提问：你们吃过辣椒吗？吃辣椒的时候，表情是什么样子的？做出来让老师看看吧。

（2）观察体验——观察表情，猜猜心情。

① 教师给幼儿提供镜子，观看镜子里的他们自己，让他们用自己的语言向别人描述，并用手比画出来。

第一组幼儿照镜子，拉拉嘴角，皱皱眉毛，做一个笑脸，观察自己五官的变化。

第二组幼儿通过观察第一组幼儿的表情猜猜他们的心情是什么样子的。教师引导幼儿通过尝味道、观察表情变化推测幼儿心情的变化。

② 教师展示漫画表情图片，让幼儿仔细观察高兴、伤心、无奈、生气的表情。

③ 幼儿上台进行模仿表情秀，自由表演，教师提问。

师：这个小朋友怎么了？他很高兴啊，我们从哪里看出来的呢？（嘴角向上翘、眼睛眯成线、眉毛弯又弯。）

师：这个小朋友怎么了？他生气啦，你从哪里看出来的呢？（嘴角向上嘟、眉毛皱一团。）

④ 同伴分享交流：你喜欢画哪种表情？为什么？

（3）想象创作——自选材料，根据经验作画。

① 教师引导幼儿自己选择喜欢的绘画工具及材料。

② 探索表情的表现方法。教师引导幼儿选择喜欢的表情后，让幼儿照照镜子画出来。

师：镜子里面出现一张小脸蛋，用笔把它表现出来吧。

教师提示幼儿，将纸张当作镜面，将脸蛋画上去。教师还可以巧妙地提醒幼儿注意构图布局等。

③ 教师重点引导幼儿把注意力放在五官的表现上，其他的部位让幼儿自由进行发挥。

【活动延伸】

幼儿与家人十分亲密，家人通过"有趣的表情脸"活动，可以帮助幼儿了解不同的心情会使人的五官有多种变化。家人引导幼儿想想自己妈妈有什么特点，"我的好妈妈"活动由此开展。"满脸皱纹的爷爷""快乐一家人"等系列活动引导幼儿观察全家每个人的独特之处，爸爸与妈妈有什么不同，爷爷和爸爸有什么不同，然后让幼儿画一张全家福。帮助幼儿表现并区分不同人物的年龄、性别、发型和服饰等差别。

【分析】

从情感发展的角度看，中班幼儿逐渐从小班"自我为中心"过渡到"关注他人"，课程设计以"有趣的表情脸"为主题，为幼儿传递一种情趣化、生动化、真实化的人物表现方式。中班幼儿处于象征期，其绘画喜欢运用夸张的手法表达印象深刻的人物表情而忽略细节。教师应重点引导中班幼儿对面部表情的把握，课程设计应凸显幼儿的情感体验。

## 🗄 小贴士

### 巧用儿歌助握笔

水墨画是我国的艺术瑰宝，它的用笔、用色变化多端，深受幼儿喜爱。但是，它的握笔姿势较专业，幼儿较难掌握，而且幼儿在绘画过程中常常会不自觉地使用握蜡笔、铅笔等的姿势。为了让幼儿掌握毛笔正确的握笔姿势，在实践过程中，教师可以利用儿歌法这种幼儿容易理解且简单易行的方法来教学。其方法如下：

首先，幼儿必须认识 10 个手指，并能熟练地说出各个手指的名称。在此基础上，按以下步骤进行：

1. 准备动作

毛笔笔尖朝下，拿在左手，右手握拳。

2. 儿歌配合动作

第一句：大拇指、食指来捏住。

动作：右拳伸出大拇指、食指，捏住左手送来的毛笔（注意用指肚捏住）。

第二句：中指来勾住。

动作：右手中指伸出勾住毛笔（位置是中指的第一、第二节处）。

第三句：无名指、小指来垫住。

动作：毛笔靠在无名指弯曲的第二节。

朗朗上口的儿歌利用 3 个"来×住"，使幼儿能很快理解，且学起来非常有兴趣，就连小班的幼儿也很容易掌握。在绘画过程中，只要提醒幼儿注意"捏住、勾住、垫住"，幼儿就能心领神会地马上纠正，为掌握水墨画的一些基本技巧打下基础。

## ⚙ 拓展训练

训练一：

依据幼儿园大班幼儿的美术作品《我喜爱的水果》呈现内容与所学知识评析该次美术活动。

温馨提示：可参考《3~6岁儿童学习与发展指南》（以下简称《指南》）。

训练二：

活动主题：大班美术活动"我心中的 2023"

活动目标：

（1）学会点、线、圆形与方形的绘画方法。

（2）在活动过程中乐于使用多种绘画工具。

（3）愿意大胆表达自己的情感与想象，分享创造的快乐。

训练要求一：请依据材料中所提供的活动主题、活动目标与幼儿活动作品来分析并评价该活动目标制定是否合理、活动结果是否达成了预设目标。

训练要求二：你认为活动中有哪些地方可以改进，使活动更加优秀？

## 📄 学习总结

　　本章以《指南》中的幼儿美术教育活动为出发点，阐述了幼儿园美术教育活动的特点、目标和内容等基础知识，以及幼儿园美术教育活动的方法和途径、组织与评价的实用知识，并提供了操作技能指导。其中重点是了解幼儿园各年龄班不同的教育目标，能够根据不同年龄的幼儿特点选择正确的教学方法，能运用相关理论对幼儿美术教育活动案例进行理性分析，掌握幼儿园美术教育活动的方法和途径。

# 第二章
## 幼儿绘画活动的设计与指导

## 🌱 导学

绘画是幼儿美术教育活动中最重要的内容，对于发展幼儿的感知能力，培养幼儿的观察力、思维力和想象力都有着非常重要的作用。本章着重阐述了幼儿绘画活动的阶段表现、目标和内容，并介绍了绘画活动的设计与指导策略，从而为幼儿教师组织和指导各类绘画活动提供参考。

## 📋 学习目标

（1）了解幼儿绘画能力的发展。
（2）掌握幼儿绘画教育年龄阶段目标。
（3）了解幼儿绘画活动的常见种类。
（4）了解绘画活动的一般环节。
（5）能够根据不同年龄选择绘画活动的内容。
（6）掌握不同类型的幼儿绘画活动的设计要求。
（7）掌握幼儿绘画活动的指导要点。
（8）能够设计和指导不同类型的幼儿绘画活动。

## ⚛ 思维导图

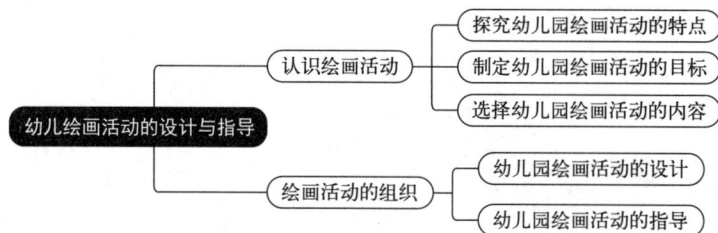

## 第一节

# 认识绘画活动

## ✈ 案例导入

### 案例：幼儿园小班"彩色的树"绘画活动过程

1. 欣赏"彩色的树"

教师出示范例。

教师：呀！好漂亮呀！这是什么？它的树叶与我们平常见到的有什么不同？

2. 幼儿尝试空手练习画圆圈

教师在黑板上画出大树的树干和树冠。请幼儿伸出手指在桌子上画。教师在树冠添画，师生共同画圆圈的树叶。教师可以用口诀帮助幼儿用正确的方法画树叶："画画画，画出一个圆树叶；画画画，画出一个圆树叶"。

3. 幼儿实战练习画“彩色的树”

（1）教师提出绘画要求。教师启发幼儿给大树画上漂亮树叶，引导幼儿在树冠上画圆圆的树叶，鼓励幼儿选择鲜艳的色彩表现树叶。完成绘画后，提醒幼儿画完后把自己的东西收拾好，放在桌子上。

（2）幼儿进行绘画活动。教师在幼儿绘画过程中，鼓励大家使用多种颜色的蜡笔进行绘画。

4. 活动评价

幼儿将自己的作品放在桌子上，教师与幼儿共同观摩作品，说说自己喜欢的大树。

要求：请依据上述材料思考以下问题。

（1）材料中小班幼儿物体画的内容选择是否合适？

（2）思考一下材料中的绘画活动有什么特点。

（3）你认为有哪些地方应该改进？怎么改进？

## 知识讲解与案例分析

绘画是心灵的创造性活动，对于画家如此，对于幼儿也是如此。当幼儿反复感知和多次观察周围的事物，并在头脑中形成事物的表象之后，其便想通过绘画等美术活动把头脑中形成的事物表象表达出来。当幼儿创作出的图画使他认识到了自己的创造性潜力，成功感便会充溢他们的心中。由于对幼儿美术能力发展研究大都集中于绘画活动，因此，本项目也将重点置于绘画活动。

## 一、探究幼儿园绘画活动的特点

### （一）幼儿绘画活动的概念、意义

#### 1. 幼儿绘画活动的概念

绘画是通过线条、造型、色彩、构图等美术语言来塑造艺术形象的一种艺术形式。幼儿绘画活动是幼儿在教师的教育和引导下，学习使用各种笔、纸、颜料等绘画工具和材料，运用线条、造型、色彩、构图等美术语言创造出视觉形象，从而表达幼儿对周围生活的认识和情感的造型艺术活动。绘画活动材料方便易得，受场地和时间的限制少，因此在幼儿园开展得很频繁。它是幼儿园美术活动中最主要的活动形式之一。

按照不同的标准，可以把幼儿绘画活动分成不同的种类。从所使用的工具材料上区分，幼儿绘画活动可分为常规材料绘画和综合材料绘画；从教师是否命题上区分，可分为命题画和意愿画；从绘画内容上区分，可分为实物画、情节画和图案画。

#### 2. 幼儿绘画活动的意义

幼儿绘画活动可以增长幼儿的见识，发展幼儿的感知力、观察力、想象力和创造力，培养幼儿观察生活的习惯，能够热爱自然、走进自然、认识自然，提高幼儿的动手能力，锻炼手指的灵活度，提高动作协调性，使幼儿掌握简单的绘画技能。此外，绘画活动对幼儿形成良好的个性心理品质和审美情趣有重要的意义。

## （二）幼儿绘画能力的发展阶段

最早对婴幼儿绘画能力的发展做出阶段划分的学者是德国的克申施泰纳。他花了 7 年的时间，在分析了近 6 万名幼儿的 30 万张图画之后，写了《幼儿绘画能力的发展》一书。在该书中，他提出了幼儿绘画能力发展的阶段。在他之后又有众多学者将幼儿绘画能力的发展划分为不同的阶段，虽然说法不一，但历程是一致的。

绘画活动需要手、眼、脑的协调一致。幼儿的绘画行为是他们手的动作发展到一定程度后产生的。随着其身心发展，幼儿绘画能力发展一般经历涂鸦期（1.5～3.5 岁）、象征期（3.5～5 岁）和图式期（5～7 岁）三个阶段。当然，我们不能把幼儿绘画能力发展的阶段与实际生理年龄完全等同起来。

### 1. 涂鸦期（1.5～3.5 岁）

幼儿的感觉和动作有了一定的发展与协调之后对周围环境做出的一种新的探索，是一种无目的的手臂动作的练习。对于幼儿早期涂鸦的发展，国内外众多学者虽然结论不尽一致，但一般都将幼儿开始涂鸦到脱离涂鸦这段时期划分为四个阶段。

（1）未分化的涂鸦（1.5～2 岁）　由于动作不协调，幼儿开始画画时，画在纸上的是一些随机的点或杂乱的、不规则的线条，如横线、竖线、斜线和弧线等，这些线条长短不一，也极不流畅，互相掺杂在一起，缺少方向感，常常画到纸外。他们只是将笔握在手中，靠手臂的来回摆动决定线条的方向和长短，很少有移动手腕的动作。如图 2-1 所示未分化的涂鸦。

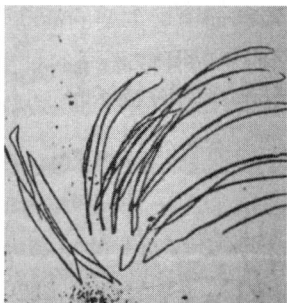

（2）有控制的涂鸦（2～2.5 岁）　由于前阶段的练习和生理的发育，幼儿的动作控制能力有所发展，手眼之间的协调能力也在逐渐加强。从手的动作来看，这时幼儿的手腕肌肉、骨骼活动能力增强，腕关节运动较前期灵活，涂鸦已能控制在画纸内。他们能画出重复的、上下左右的直线、倾斜线、锯齿线、螺旋线等，但这些线条长短不一。如图 2-2 所示有控制的涂鸦。

（3）圆形涂鸦（2.5～3 岁）　这时幼儿由于肩、肘、手腕等关节的发育，能开始注视涂鸦时笔运行的方向，可以在纸上反复地画圆圈。他们用这些大小不一、封口及未封口的圆形、复线圆圈、涡形线等表示各种事物。虽然这时幼儿手的动作还不能体现大脑与手的高度协调，但可以说明幼儿的涂鸦已具有某种目的性。如图 2-3 所示圆形涂鸦。

图2-1　未分化涂鸦　　　　图2-2　有控制的涂鸦　　　　图2-3　圆形涂鸦

（4）命名涂鸦（3～3.5岁）　幼儿在不断涂画的过程中逐渐将图形与线条结合起来，并开始意识到所画的线条与实物或自己的经验之间的联系，虽未能画出具体事物的形象，但体现出明显的表达意图。幼儿把自己的生活经验与自己的涂鸦动作联结在一起，并把自己画的线、圈等意义化，或象征某种事物而加以命名。他们在涂画时，一边画，一边自言自语，来讲述自己画的东西。而成人在观看幼儿作品时，如果离开幼儿的解释，一般不易辨认其代表什么，即幼儿所画的线、圈如果没有语言的解释就失去了它的意义。如图2-4所示命名涂鸦。

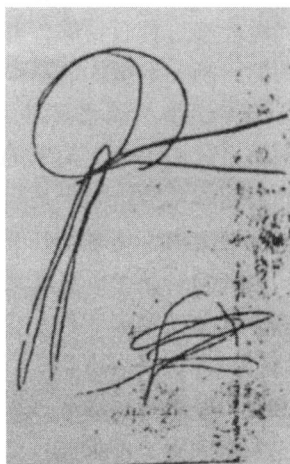

图2-4　命名涂鸦

涂鸦是幼儿绘画活动的起始阶段。涂鸦活动是一种积极的学习活动，它受幼儿身心发展的制约，一方面源于幼儿身体运动的需求，随着身体运动能力和协调性的提高逐渐发展；另一方面源于幼儿探索周围世界的欲望。

涂鸦具有以下特点：

①　涂鸦是随着幼儿的动作与手、眼、脑协调发展而产生和发展的。开始时幼儿的动作不受控制，逐渐到手、眼较协调地重复画线，再到有控制地画圆，最后到手、眼、脑配合地命名涂鸦。

②　涂鸦是随着幼儿的认知能力的发展而产生和发展的。幼儿在开始涂鸦时，并不知道笔和纸的用途，他们直接或拿着笔玩耍，或把纸揉成一团，这是他们通过动作对纸、笔所做的感知。随着涂鸦活动的进行，幼儿开始认识到笔、纸与手的动作之间的关系，认识到笔可以在纸上画画，进而认识到纸上画出的痕迹可以用来表现自己的生活经验。

③　涂鸦行为的出现受条件的影响。当成人写字或画画时，幼儿在具备纸、笔或其他条件的情况下，便会模仿成人，进行涂鸦活动；而一些没有条件看到成人写字或画画的幼儿，即使到了涂鸦期的年龄，也没有出现涂鸦活动，这就是"涂鸦滞后"现象。可见，模仿是影响涂鸦行为出现的重要因素之一，而模仿正是这一年龄段幼儿的重要学习途径及探索周围世界的方式。

④　涂鸦是幼儿喜欢的游戏活动。对于涂鸦期的幼儿来说，画什么并不重要，重要的是使自己的手不停地运动。也就是说，他们不关心画的结果，而关注画的过程。在涂鸦的过程中，幼儿获得动作的动感和画面线条本身所带来的愉悦感。而这种动感和愉悦感又反过来促进幼儿涂鸦行为的发展。

当幼儿处于涂鸦期时，成人应持的态度和发挥的作用如下：

①　重视并鼓励幼儿的涂鸦。成人不可忽视幼儿的涂鸦，也不可认为涂鸦是幼儿的随意胡闹而加以制止，更不可因其画得不像真实的对象而加以指责，以免导致幼儿丧失自信心和创造力。

②　为幼儿的涂鸦创设良好的条件。成人可以为他们布置一个安全的涂鸦环境，提供涂鸦用的工具和材料，如有助于线条表现的蜡笔、油画棒、彩色水笔、铅笔、粉笔等，以及适合不同时期幼儿进行涂鸦的各种尺寸的纸张。

③　对幼儿的涂鸦进行指导。命名期的幼儿已经试图用涂鸦联系周围的世界，成人应尊重幼儿的想法，学会倾听，去探索幼儿的内心世界，同时用适当的话题去引导幼儿进行想象性的思考，促使他们的涂鸦与表现的经验发生联系，做出反应。

## 2. 象征期（3.5～5 岁）

3 岁以后的幼儿，由于有前一阶段涂鸦的练习做基础，已经能用手腕和手指画画，而且已经能够进行有目的、有意识的绘画活动。3.5～5 岁的幼儿，绘画发展进入象征期，这时期的绘画在造型、色彩、空间构图方面存在新的特点。

（1）造型　幼儿常常用所画的图像来表达自己的意愿，但这些图像与实物并没有直接的联系，而仅仅是简单的几何图形和线条的组合，是一种实物的替代物；或者只具备实物的最基本部分，多半是粗略的、不完全的，往往会遗漏部分特征，没有整体感，结构有时不合理。由于这时幼儿能使用的形状有限，类似的形状在每个幼儿的作品中或在同一个幼儿的不同作品中，可能代表着极不相同的事物。所以，当部分脱离整体时，人们就无法辨认，部分就失去它的意义。其典型表现就是幼儿笔下的"蝌蚪人"，人物形象只有圆圆的脑袋、单线条表现的手和脚，使人联想到蝌蚪，于是人们便称之为"蝌蚪人"。有时幼儿也会加上某些特别注意到的细节，如用两个黑点或小圆圈表示的眼睛，短线条表示的头发，小弧线表示的眉毛，小圆圈表示的纽扣等。"蝌蚪人"造型是不同文化、不同地域幼儿笔下的共同造型，它反映出幼儿在此阶段对人的认知（图 2-5）。

图2-5　蝌蚪人

（2）色彩　幼儿开始尝试用色彩来表现自己的情感，从研究中发现，4 岁左右的幼儿会用黄色描绘一个快乐的主题，用棕色表现一个悲伤的故事。象征期幼儿的辨色能力大大提高，并且色彩对幼儿的吸引力胜过造型。这个阶段幼儿对颜色开始有自己的喜好，通常表现为喜欢纯度高的、鲜艳明快的原色，如红色、黄色，并用这些他们喜欢的色彩来描绘自己喜欢的物体，而把他们认为不好看的颜色涂在自己不喜欢的物体上。

在涂色方面，这一阶段初期的涂色显得杂乱无章，既无顺序，也不均匀；有的地方过于浓密，有的地方又过于稀疏，留下许多空白，有时还涂出轮廓线。但到了后期，幼儿能用方向一致的线条均匀地涂色。这个阶段幼儿的画面上颜色的种类通常达到 3～4 种。他们喜欢在每种东西上都涂上颜色，并开始注意按物体的固有色选择相应的颜色涂染，如树叶是绿色的，天空是蓝色的，太阳是红色的。但他们还不太注意整个画面色彩的和谐美。

（3）空间构图　这个时期的幼儿往往先动笔，后构思，常常是在涂画过程中，偶尔发现自己涂画的动作痕迹与某些物体的外形相似，才想起要画这一物体。而且表现过程中容易受他人的影响，如原先要画气球，看见别人画小花，也就将气球变成小花或重新画小花。绘画内容发生变化，说明他们造型目的性不明确，一形多义也是这一阶段幼儿构思的一个显著特点。这个时期的幼儿在画面上所画的形象较多，作品中往往不止一两个形象，有时三四个甚至更多的形象。他们似乎是用一种很随机、很偶然的方式，把物体、人物安排在纸上的。这个时期的幼儿把每个物体或每个人都画成单独的形象，而不注意形象间的大小比例，但已经开始试图表现形象的空间关系了，能看出所要表现的主题。

教师首先应该鼓励幼儿大胆地按自己的意愿作画，表达自己的思想感情，培养幼儿独立作画的能力；其次应给幼儿提供开放的生活与视觉体验，并引导幼儿通过观察加深印象。因为象征期幼儿的绘画能力较涂鸦期有了明显的进步，他们正处于尝试探索之中，开始运用自己掌握的图形表现物象，并努力用语言去补充自己的表达，思路比较活跃，可变性强。

### 3. 图式期（5～7岁）

在这一阶段，他们以自我为中心观察现实生活，用画来传达各种概念，创造出许多自己独特的绘画方法，在造型、色彩、构图方面较象征期有明显的发展，能表现物体的主要部分和基本特征，成人不借助语言讲述也能看出幼儿所画的内容。此外，画法也逐渐稳定下来，幼儿常以程式化的图形表现物象，画得比较概念化。由于幼儿表现的方式呈现出符号化、图式化的特征，因此这一阶段被称为图式阶段。图式期是幼儿开始真正地用绘画的方法有目的、有意识地再现周围事物和表现自己经验的时期，也是幼儿绘画最充满活力的时期，又称为概念画期或形象期。

（1）造型　这时的幼儿喜欢用线条描绘物体形象的轮廓，但不再用简单的图形以组合的方式来表现事物，而能用较为流畅、熟练的线条表现物体的整体形象，并试图将部分与部分融合为整体，尝试用一些细节来表现物体的基本特征，其结构合理，各部分之间的关系基本正确。例如，幼儿所画的人物形象不仅结构合理，而且能通过服饰、发型等细节来表现人物的性别、年龄、职业身份。又如，幼儿在画车子时，除了表现车头、车身、车轮等基本结构以外，还能表现乘坐车子的人、车身上的图案以及车灯等细节。幼儿通过对细节的描绘，使所画形象更为具体、生动。图式期幼儿的作品见图2-6。

① 拟人化。指幼儿把无生命的物体或有生命的动植物画得和人一样，赋予它们一些人具有的特征与本领（图2-7）。

图2-6　图式期幼儿的作品

图2-7　拟人化的美术作品

② 夸张式。幼儿受到以自我为中心心理的影响，把自己认为重要的事物用夸张的手法表现，以此说明其重要性（图2-8）。

③ 装饰性。由于幼儿掌握的图形、符号慢慢增多，因此表现事物时会用数字、符号以及各种图形表示（图2-9）。

图2-8　夸张化的美术作品

图2-9　装饰性的美术作品

（2）色彩　此时幼儿在按物择色的基础上，能用某种颜色统一画面，形成主色调。如画"过新年"时，幼儿大面积地使用红色，形成暖色调，突出渲染过年的热烈气氛。该阶段幼儿画的整个画面色调能逐渐达到协调，给人以和谐的美感。同时，幼儿开始用色彩表达自己的情感。例如，用绿色表现感冒时候的脸，用红色表现生气时候的脸；用红色表现夏天的炎热，用绿色表现春天的春意，用金黄色表现秋天的丰收，用白色表现冬天的寒冷。这一阶段，幼儿的涂色技能有了进一步提高，能均匀地把颜色涂在轮廓线之内，并学会用两种颜色相接渐变来表现色彩（图2-10）。

图2-10　幼儿美术作品中的色彩

（3）空间构图　从空间上来看，幼儿逐渐摆脱了基底线，构图开始具有层次感，但还不能很好地把握物体的比例和近大远小的关系。因此，他们表现的物体、人物，不管远近都一样大小，甚至是"近小远大"。形象与形象之间已有了一定的联系，但这种联系较为简单，常用重叠、透明的方式来表现，所画形象基本上能反映主题。

例如："透明"画指幼儿在绘画时，总认为客观存在的东西，就必须画出来，其画面互不遮挡（图2-11）。

该阶段，有部分幼儿尝试从一个固定角度出发去表现所画形象的空间关系，出现了遮挡式构图；作品开始有了一定的主题，且所画形象都与主题有关，画面内容丰富；画面上，一些形象成为主体，另一些形象则构成背景，具有一定的情节（图2-12）。

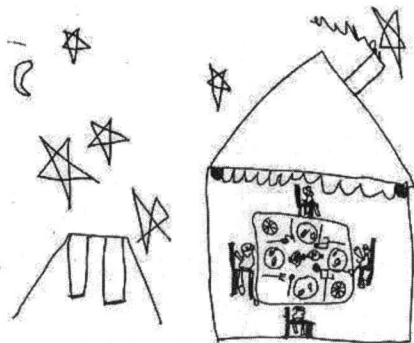

图2-11　"透明"化的美术作品

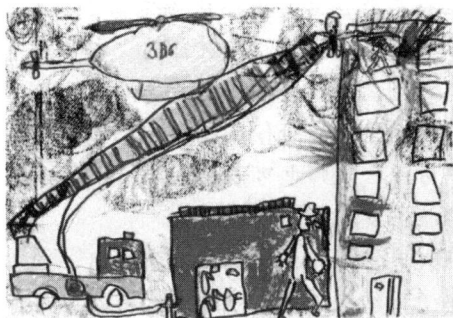

图2-12　幼儿的美术作品

　　幼儿绘画实质上是幼儿心理活动的可视痕迹，在心理发展的不同阶段，其对现实反映的程度也不同。幼儿绘画发展表现为几个不同水平的阶段，每个阶段各有其特殊的主要行为模式及其绘画的特点，阶段之间不是量的差异而是质的差异。幼儿绘画发展阶段呈阶梯式上升，前后阶段具有一定程度的交叉重叠，即发展的后一阶段源于前一阶段，前一阶段成果又总是被整合到后一阶段的发展中，先形成的是最基础的。幼儿绘画发展阶段的发生年龄因个体发展水平和文化环境差异而有所不同，可提前或滞后，但无论差异多么大，也不能改变其定向性和先后次序。

## 案例分析

　　材料：不同年龄阶段幼儿画笔下的世界（图 2-13）

小班　　　　　　　　　　中班　　　　　　　　　　大班

图2-13　不同年龄阶段幼儿画笔下的世界

　　分析：

　　材料中图片分别为小班、中班、大班的绘画活动作品。通过小班幼儿作品可以感受到，处于成人视角的我们很难看懂幼儿绘画作品中想要表达的内容，但作品中的线条组合看起来却又十分熟悉，与生活中的某些事物十分相似。这是因为这一时期的幼儿正处于"先做后思考"的阶段，他们都是先下笔，看画得像什么，就将其命名为什么。因此，这一时期的幼儿绘画离不开语言的支撑。这一发展特点给了我们许多的教学启示，如在绘画活动中要尊重幼儿的发展规律，充分给予幼儿绘画及语言表达的空间，作为教师也应耐心倾听幼儿的绘画思维表达，并在倾听过程中对幼儿加以引导，提升绘画能力的同时也可以进行发散思维的培养。

通过观察中班幼儿作品，我们可以感受到同一图形使用频率之高，色彩鲜明且纯度高、单独形象居多且大小比例不协调等特点。这主要是因为中班幼儿处于3.5~5岁的象征期，他们已经能够初步有目的、有意识地进行绘画创作。这一阶段的幼儿已经有了一定的绘画基础，可以较为合理地使用手腕和手指绘画。因此，在想象力方面，教师在指导幼儿进行绘画活动的时候应当给幼儿更多的机会，避免"示范"过多，局限幼儿思维；在技能技巧方面，教师也可以为幼儿提供更多的方式方法，结合最近发展区理论，利用幼儿已有的经验去发掘可能性的经验。

在大班幼儿作品中我们不难看出，幼儿的绘画技巧与表达方式已逐渐成熟，成人可以明确感受出幼儿所要表达的情感内容。与中班幼儿作品相比，大班幼儿作品中的图形简单组合、罗列的情况减少，线条的使用率增加，大班幼儿更加善于使用线条来进行创作，构图也具有了初步的层次感。在这一阶段教师进行绘画指导时可以注意引导幼儿对色彩情绪进行感受以及对空间结构的表达。在幼儿园一日活动中教师也要注意对幼儿美术素养的培养，如在环境创设中或活动体验时给幼儿提供立体玩教具，帮助幼儿去自我中心化，更好地发展具体形象思维与萌芽抽象逻辑思维。

# 二、制定幼儿园绘画活动的目标

## （一）幼儿绘画活动的总目标

### 1. 认知目标

（1）初步学习多种绘画工具和材料的操作，懂得以安全、适当的方式使用材料和工具。

（2）了解绘画媒介与技巧，能够通过绘画过程与人交流思想、表达情感。

（3）能够从绘画作品中获得各种经验。

### 2. 技能目标

（1）能选择材料和象征性符号表达自己的思想和情感。

（2）能初步学会运用线条、形状表现力度、节奏与和谐。

（3）能掌握一定的秩序和变化规律进行绘画创作。

（4）能对自己和他人的绘画作品做简单的美学评价。

### 3. 情感目标

（1）喜欢用绘画语言表达自己的想法和感受。

（2）对绘画活动感兴趣并能积极投入创作、欣赏和评价活动。

（3）能体验美术作品的线条、形状、色彩、质地等，并喜欢各种不同风格的绘画作品，享受到视觉艺术的美。

## （二）幼儿绘画活动不同年龄班目标

### 1. 小班绘画活动目标

（1）认知目标

① 初步认识绘画的工具和材料；

② 学会辨别红、黄、蓝、绿、橙等几种基本的色彩，并能说出色彩的名称；

③ 学会辨别和感受直线、曲线、折线及一些常见线条的变化。

（2）技能目标

① 学会使用蜡笔、水彩笔、棉签等工具进行涂染；

② 能画出直线、曲线、折线，并能表现线条的方向、粗细、疏密；

③ 学会用圆形、正方形、长方形、三角形等简单图形表现物体的轮廓特征；

④ 在涂抹过程中把画面画满。

（3）情感目标　培养对绘画的兴趣，能按照自己的意愿愉快、大胆地作画。

## 2. 中班绘画活动目标

（1）认知目标

① 能较准确地把握形状的基本结构，理解形状符号的象征意义；

② 认识常见的固有色，说出它们的名称。

（2）技能目标

① 学会运用图形组合的方法，表现物体的基本部分和主要特征；

② 能够选择与物体相似的颜色，初步进行有目的的设色、配色；

③ 在教师的引导下能围绕主题安排画面，能表现出物体的上下、左右位置。

（3）情感目标

① 喜欢用自己特有的绘画语言表达自己的想法和感觉；

② 能大胆地按意愿作画。

## 3. 大班绘画活动目标

（1）认知目标

① 认识物体的整体结构和各种空间关系；

② 增强配色意识，提高对颜色变化的辨析能力；

③ 知道运用不同的绘画工具和材料表现不同效果的作品。

（2）技能目标

① 能较灵活地表现各种人物、动物的动态；

② 能运用对比色、相似色、同种色等多种配色方法，注意色彩的整体感与内容的联系；

③ 能有目的地安排画面，表现一定的情节，并变化多种安排画面的方法；

④ 能将图形融合，尝试用轮廓线创造多种图画，形成自己的图式；

⑤ 综合运用多种绘画工具和材料进行绘画创作。

（3）情感目标　在安排画面的过程中逐步体会均衡、对称、变化等形式美。

## 📚 案例分析

材料：某幼儿园中班绘画活动目标

（1）能用几何图和线条画出简单的鱼，并用色彩进行装饰。

（2）继续学习用"短线排列"的方法涂色，能大胆地表现"好吃的鱼"。

（3）在选择、调换颜色的过程中感受到色彩美。

分析：

中班幼儿的思维处于具体形象思维阶段，因此他们的绘画活动目标的设定也应明确且具体，使艺术活动充满情感氛围，具有形象性、想象性等特点，充分提高幼儿的艺术体验感。4岁左右的幼儿认知发展进入"形象期"，他们开始有目的性地去表现自己已有的经验、情感态度及认知结构。因此我们可以选择贴近幼儿生活的材料来帮助他们形成美术作品，如材料中绘画活动的主题就是幼儿在生活中常见的"鱼"。结合中班幼儿思维发展特点，我们分析一下材料中的目标设置情况。首先，目标一"能用几何图和线条画出简单的鱼，并用色彩进行装饰"中提出了"几何图形"与线条的组合，这一目标内容可以让幼儿运用不同的方法来表达自己独特的思想，激发幼儿的想象力与创造力；其次，目标二"继续学用'短线排列'的方法涂色，能大胆地表现'好吃的鱼'"中提到的"短线排列"法可以使幼儿学会完整表达物体结构，同时还可以提高幼儿的色彩搭配能力；最后，目标三"在选择、调换颜色的过程中感受到色彩美"可以有效提升幼儿的色彩审美，使幼儿通过色彩表达情感。综上所述，教学目标是教学的出发点与归宿，我们的教学要目标导向，在活动中依据目标引导幼儿发展，力求在活动结束后达成目标要求，实现幼儿发展。因此，教学目标的设计必须是科学的、严谨的，符合幼儿实际情况并能有效促进其发展。

# 三、选择幼儿园绘画活动的内容

## （一）幼儿绘画活动的内容选择

幼儿美术教学的内容是教育者为幼儿选择的美术学习经验，即美术形式、美术内容及其运用的总和。回首美术史的发展历程，再对照幼儿绘画的发展进程，人们惊奇地发现两者的发展顺序恰好相反：美术史的发展变迁是写实—象征—抽象；幼儿绘画的发展进程则是抽象—象征—写实。幼儿绘画发展过程遵循着一定的客观发展规律，这种规律是不以人的意志为转移的。所以，对于幼儿绘画活动，在内容的选择上，教师不仅要考虑科学性与合理性，还要从幼儿的需要中生成内容。

### 1. 符合幼儿的年龄特点、认知特点和接受水平

幼儿美术能力的发展是随着其思维发展水平而自然向前发展的。因此，美术活动内容的选择应符合不同年龄段幼儿的认知特点。

（1）小班活动内容要求　对处于涂鸦期的小班幼儿来说，应以培养其参与美术活动的兴趣为主，顺应幼儿把美术当成游戏的特点，为他们提供多种材料，为他们创造宽松的环境，允许他们用材料大胆地去表现。例如，小班美术活动"装饰三角形"，幼儿自由地画出各种线条，画面活泼有趣。

（2）中班活动内容要求　中班美术活动选材要注意丰富性，通过引导幼儿观察、比较，让他们感受到所观察事物的差异性及多样性，并从多方面去表现事物，使得画面丰富且富有情趣（图2-14）。由于选材内容本身不受大小、形态、颜色的限制，幼儿不管怎样表现都可以尽兴地表达所要表现的事物，都能获得成功的体验，因而容易使幼儿获得自信。

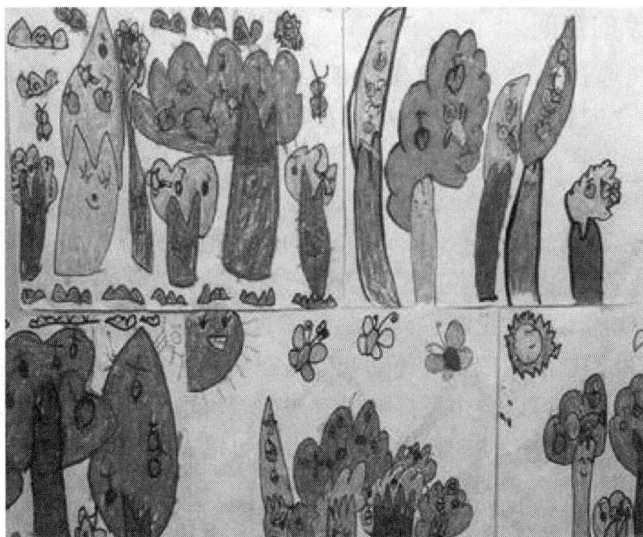

图2-14　中班美术作品

（3）大班活动内容要求　大班幼儿的活动能力增强、活动范围扩大，所接受的知识更加广泛，头脑中储存的形象增多，造型能力明显提高。我们可以提供多种生活内容，通过谈话引发幼儿回忆、联想，丰富创作内容、创新表现手法。例如画线描花朵、脸谱动物、风景等，幼儿将各种点、线、形富有装饰性地组合起来，视觉效果好，他们也爱画。如图2-15就是幼儿源于生活积累的基础之上富有想象力的作品。

图2-15　大班美术作品《快乐的一天》

## 2.选择幼儿生活中的元素

幼儿绘画是幼儿反映自身生活的主体表现性活动，是人类童年生活中不可缺少的活动，也是人的一种本能活动。幼儿如果没有产生强烈地表现自身生活的欲望，就不会产生真正属于自己的绘画。幼儿生活的环境决定着幼儿的绘画题材，新鲜有趣的事物会引起幼儿绘画的冲动。例如，我们从幼儿爱玩的游戏中引出跷跷板、捉迷藏、放风筝、游乐园等绘画题材；下雨了，引导小班幼儿画小雨点、小伞、打伞的小朋友；雨后捉蜗牛，引导中班幼儿画到处旅行的蜗牛，给蜗牛造房子，做剪纸蜗牛和泥塑蜗牛等。

### 3.给幼儿想象的空间

教师应为幼儿选择有充分想象空间的活动内容和题材，如绘画活动"未来汽车城""云彩的想象""大鞋的联想""手的造型联想""会变的圆形"等。例如，我们选择"大鞋的联想"这一内容，将一只大鞋放在不同的背景下——天空、海洋、沙漠……然后问幼儿："大鞋像什么？"幼儿纷纷说像飞机、像轮船、像汽车、像楼……他们展开想象的翅膀，创作出一幅幅充满新奇创意的作品：有的幼儿把大鞋想象成一艘漂亮的大轮船，彩旗飘飘，鲜花朵朵，船上的游客各自做着事情；有的幼儿把大鞋想象成一辆军用坦克，先进的武器装备、精锐的士兵，充满了英勇之气。幼儿的想象各不相同，这种富有想象空间的内容既为幼儿提供了想象的依据，使幼儿不是在凭空想象，又为幼儿提供了充分想象的空间，不受物象的限制，可以自由发挥。没有对与错、像与不像的局限，从而使他们能更大胆地表现，充分发挥潜能，使观察力、想象力都得以充分发展。

## （二）幼儿绘画活动的工具、材料及形式语言

### 1.认识和使用绘画工具和材料

（1）认识各种绘画工具和材料　幼儿在绘画活动中要认识各种绘画工具和材料，了解其性质，并能灵活地使用绘画工具和材料。

幼儿经常使用的绘画工具和材料有油画棒（蜡笔）、彩色水笔、彩色铅笔、毛笔、彩色粉笔、水粉笔、排笔、印章、水粉颜料、水墨、油墨等。这些工具和材料分别具有不同的性质，如油画棒的油性、水粉颜料的水性、宣纸的渗透性等。教师应根据教育目的选择适合的工具和材料。例如，教幼儿学习调配颜色，向他们提供水粉颜料较为合适；教幼儿学习图案装饰，向他们提供彩色水笔则更有利于操作等。

（2）学习使用各种绘画工具和材料　绘画的工具和材料多种多样，其使用方法各不相同。

① 点彩法。将颜色一点一点地点在画面上，使不同颜色并列在一起，产生一种跳动、闪烁的效果。彩点可以是小点，也可以是大点；可以是方点，也可以是圆点，还可以是其他不规则形状的点。点彩法适合表现有活力的景物。

② 涂蜡画。在画纸上先涂蜡，然后着色。先用蜡笔画出物体的轮廓并涂满所需画的部分，再上色。凡是涂了蜡的部位，仍然显露出蜡的本色，既和谐，又强烈。

③ 撒盐法。一种具有特殊效果的绘画表现方法。先将画面的颜色涂好，在未干之前，把细盐轻轻撒向画面，待颜色干透后，再刷去未溶于水的盐末，画中仿佛有无数的雪花从天而降，效果十分美妙。

④ 粘彩法。借用海绵或纸团来作画的方法。用一块小海绵蘸上颜色，直接在画面上轻轻按压，就会出现许多形状不同的彩点。随着不断改变按压手中海绵的方向，画面效果会更加丰富。此法适合表现树叶、山石草丛及处理画面的背景部分。

⑤ 吸水法。先将画面的颜色画好，随即利用喷壶向画面喷水，画中就会出现许多小雨点。此法表现力很强，运用得好，十分有趣。此画法最适合表现雨中景色。

### 2.幼儿绘画活动的常见种类

（1）彩笔画　彩笔画的色彩鲜艳、对比强烈、线条清晰，适于大面积涂抹。它的缺点是色彩不能混合，不能修改，不能产生新的色彩，因此只能按彩笔的色彩种类进行绘画。

彩色水笔是目前使用比较普遍的彩色绘画用笔。

（2）水墨画　水墨画是使用毛笔蘸取墨和颜料作画。水墨画作品风格简练、概括，线条清晰，色彩明亮，整体感强。

（3）蜡笔画　蜡笔画的色彩较淡，线条较粗，其作画工具蜡笔使用起来比较安全，价格适中。因此，它是幼儿在涂鸦时期最常使用的绘画用笔。

（4）水粉画　水粉画兼有水彩和油画的一些特点。用水多就有水彩湿润流畅的特点；厚画时，具有油画的某些特点。由于其色彩表现力强，遮盖力强，易于修改，能够深入完整地描述对象，幼儿一旦掌握了水粉技法，在创作时就具备了优势和自信心，可以画出富于表现力的作品。

水粉画颜料是用水作为调色剂可自由混合的颜料。它色彩丰富，变化多端，鲜艳明快，覆盖力强，可层层相加，很适合幼儿学习色彩。

水粉画的主要特征是用不透明颜料和水调和作画，既可薄画又可厚画，还能用干湿结合的技法来塑造各种形象，表现色彩空间，营造艺术氛围。如图2-16和图2-17就是两幅水彩画。

图2-16　水彩画（一） 　　　　　　　　图2-17　水彩画（二）

（5）蜡笔水粉画　蜡笔水粉画是指创作时先用蜡笔画，再用水粉色涂，遮盖空白处，利用油水分离的原理使蜡笔笔触保留下来。这种画法层次丰富，简单易行。

（6）吹画　吹画是在纸上点一些墨汁或某种颜色的颜料，然后用嘴吹来代替画笔作画，一般线条都是用吸管吹墨而成。吹画是作画形式的一种，它不但非常简单易学，而且作画过程也趣味盎然。与此同时，画者可以根据自己的创意喜好等即兴作画。用吹画法进行创作和教学，可以完成树木、花卉、河流、草地、人像、动物等多种形象的创作，对幼儿联想思维开发意义较大。幼儿也特别喜爱这种美术技法。图2-18和图2-19为吹画作品。

（7）纸版画　纸版画是运用各种纸质材料，经过多种手段加工制作印刷的版画。纸版画的制作方法多种多样，有剪贴、刀刻、镂空，甚至用手撕、揉折，并可以制作凸版、凹版、孔版和综合版等，表现空间非常大，是幼儿非常喜欢的一种绘画形式。

（8）印画　印画就是利用手指或借助玩具、树叶和瓶盖等简单工具，在画纸上进行绘画创作。作画工具简单，摆脱了画笔的束缚，在自由的绘画空间中感受色彩的魅力等是印画的显著特点。印画对于幼儿园教育来说具有非常重要的意义，能够有效地帮助幼儿拓展思维意识，提高幼儿的想象力。

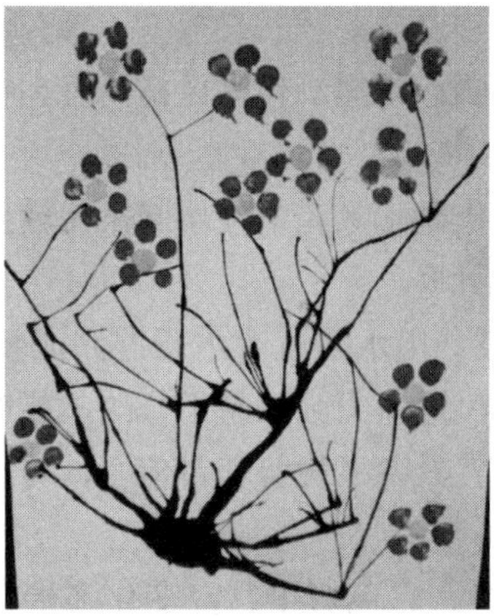

图2-18　吹画作品（一）

图2-19　吹画作品（二）

### 3. 绘画的形式

（1）线条　线条是造型的基本要素之一。在绘画中，线条能表现物体的形象，表达作画者的思想和情感，显示个人的创作风格。线条的运动与变化能增强造型的效果。幼儿对线条的学习主要包括线条的基本形态和线条的变化。

线条的基本形态可分为直线与曲线。直线包括垂直线、水平线、斜线及折线。曲线包括以圆弧度的大小、方向转换的不同呈现的各种曲线。线条的变化是指直线与曲线有长短、粗细的变化，线和线之间可以交叉、并列、重叠、穿插等。线的变化可以给人一种形式美感。它能根据生活的形象表现出不同物体的形象特征。

（2）形状　形状是外轮廓，是基本特征之一。

① 规则形。在所有形状中，规则的三角形、正方形、长方形、梯形、平行四边形、菱形、多边形等都由直线构成，较为简单明确，所以被称为规则的几何形状。这类形状常见于人造物，如屋顶、彩旗、门窗等。

② 自由形。方向不定的弧线、曲线、波状线等自由曲线组成的形状称为不规则的自由形状。这类形状常见于大自然，如波浪、河流、海滩、花、草、枝、叶等。

③ 规则形与自由形相结合的形状。圆形、半圆形、椭圆形、旋涡形、月亮形、心形等，基本上是由曲线、弧线构成的形状。这类形状既简单又复杂，是一种特殊的形状，在自然界与人造物中均常见到，如自然界中的太阳、月亮、海星、卵石、果仁、螺壳等，人造的车轮、扇子、皮球等。

（3）色彩　色彩是绘画的基本要素之一。色彩有表现性、象征性和装饰性3个特点。色彩表达人的真情实感，创作者从自己的表现意图出发，主观地对色彩进行搭配，这就是色彩的表现性。色彩的象征性是人们在长期的社会生活中，对色彩赋予的特殊情感和象征意味，使色彩成为一种特殊的象征符号。色彩的装饰性是指画面上各种色彩的面积、位置，以及与形状之间的协调。例如，民间画诀"红要红得鲜，绿要绿得娇，白要白得净"，说明了追求大色块、高纯度的民间色彩装饰效果的审美倾向。在美术教育中，幼儿对色彩的学习，经历了从辨认到运用的过程。

① 辨认色彩。色彩是造型艺术的主要语言。幼儿通过美术活动，学习辨认色彩的三要素，即色相、色度和色性。

色相是色彩的相貌，指色彩的种类和名称，也是色彩可呈现出来的质的面貌。自然界中的色相是无限丰富的，如紫红、银灰、橙黄等。幼儿要学习辨认三原色（红、黄、蓝）、三间色（橙、绿、紫）、常见的复色（蓝紫、黄绿、橙红等），以及无彩色（黑、白、灰）。

色度包含色彩的明度和纯度。色彩的明度是指色彩的明暗程度，如 7 种基本色相中，紫色色度最暗淡，黄色色度最明亮。色彩的纯度是指色彩的鲜浊程度。纯度高的色彩鲜艳，鲜艳色彩中加黑、加白、加灰，纯度就变低了。幼儿要能够辨认色彩的明度和纯度，并能调出自己所需要的色度。

色性是色彩的冷暖属性，不同的色彩会给人带来不同的冷暖感觉。一般来说，红、橙、黄等颜色属于暖色，而青、蓝等颜色属于冷色。色彩的冷暖是相对的。幼儿要知道色彩的冷暖，并能选择合适的色彩表达自己的心情。

② 运用色彩。运用色彩即幼儿运用认知的颜色来表现物体形象，并通过颜色的对比、渐变、重复等变化来丰富画面，从而表达自己的情绪与情感。幼儿在色彩运用方面的学习主要经历了按物择色、通过色彩变化来表达画面上的情感等过程。

按物择色是指幼儿能运用认识的颜色，正确地表达出带有固定颜色的自然物，选择与实物相似的颜色着色，如小草是翠绿色的、海水是蓝色的、云朵是白色的等。色彩的变化是指通过色彩的对比、渐变、重复等变化来表现画面上各种形象的颜色与画面底色之间的关系，使画面更明亮、生动。色彩的情感表达是指运用主观知觉来构成画面的色彩，如用红色表现愤怒、用白色表现哀愁、用绿色表现生气等。

（4）构图　构图是绘画形式要素之一。在幼儿绘画中，构图有着与线条、色彩同等重要的地位。构图是指在一定的空间安排和处理人、物之间的关系和位置，把个别或局部的形象组成一个整体。构图需要幼儿能把握整体并预先构思。因此，他们需逐步学习如何处理绘画中的形象分布和主次关系。

① 绘画中的形象分布。绘画中的形象分布是幼儿构图中的一个重要元素。形象分布是指形象在画面上的位置关系和形象相互之间的关系。不同的分布方式有着不同的鲜明特征，反映了幼儿空间概念的不同水平。按形象之间的关系，绘画中的形象分布可分为零乱式、并列式、散点式和遮挡式等。

a. 零乱式。幼儿对画中的形象是不作空间安排的，只是随机地把物体分布在画面上。画面没有上下之分，更无前后之别。

b. 并列式。这种形式由一个称为"基底线"的记号表现出来。幼儿用一种普通的空间关系来包含各种事物，把所有的东西（物体和人物）都放置在一条基底线上来表现。画面中的各种形象都垂直平行，头脚一致地竖立着，形象之间开始有了上下一致的方向。

c. 散点式。散点式已摆脱了地平线，开始表现出物体的离散关系，即物体向着四面八方离散开去。幼儿往往将整张画纸作为地面来表现作品中的形象，构图开始具有层次感。

d. 遮挡式。这是幼儿期最高水平的构图形式，但是只有很少一部分幼儿能达到这一水平。遮挡式是运用图形之间的相互遮盖或重叠的绘画表现方式，是随着幼儿空间概念的发展而出现的。遮挡式构图的出现表明幼儿开始从一个固定角度出发去表现物体的空间关系。

② 绘画中的形象主次关系。形象主次关系是指各种形象在画面中如何分化成主体与背景的过程。不同年龄阶段的幼儿，在处理画面中形象主次关系时有着极其显著的差异。

形象主次关系的处理与形象分布方式的发展密切相关，同时也与幼儿对事物之间关系的感知和理解，以及组织形象的能力紧密相连。这一方面的发展大致表现为罗列形象、以空间关系安排形象和形成主题与背景等。

a. 罗列形象。处于该水平的幼儿，常常将事物看成独立的个体。幼儿用绘画表现出来的各个物体，在空间关系上实际上都是孤立的，各个物体之间好像没有什么联系，相互之间也不发生任何影响。因此，其绘画具有罗列的特点。

b. 以空间关系安排形象。在幼儿的空间发展中，最重要且最基本的经验是发现了秩序及相关的空间概念。因此，他们在绘画时开始使一个事物与另一个事物产生相互的联系。最初，幼儿是以十分简单的方式来处理事物之间的关系的。这种方式仅仅满足于空间位置中"上下"的准确性，还不能正确地掌握上下、前后、左右三维空间，如鸟与云朵在天上，人与植物、建筑物在地上等。此时，在幼儿的作品中，各形象在画面上都显得同等重要。

c. 形成主题与背景。幼儿开始注意运用不同的方式来处理不同的环境。作品中的主要形象通过增加细节、加以装饰等方法被描绘得更加突出，从而成为画面的主体。幼儿此时的作品开始有了一定的主题，且所画形象都与主题有关，画面内容丰富。在画面中，一些形象成为主体，另一些形象则构成背景，并有简单的情节。

## （三）不同年龄班绘画活动内容的选择

幼儿园绘画活动的类型有物体画、情节画和图案装饰画。幼儿在不同类型的绘画活动中所表现出的特点各不相同。各类型活动的内容、课题设计也有各自不同的特点。

### 1. 物体画

物体画以培养幼儿的造型能力为主要目的。物体画教学对培养幼儿的观察力、辨别力有重要的意义。幼儿在物体画中表现的内容极其广泛，但要根据不同年龄阶段幼儿的心理发展特点，特别是绘画发展过程及教学要求，要经过分析选择加以确定。物体画是幼儿在观察的基础上表现出物体的形状、色彩、结构、特征的绘画表现形式。

（1）小班　小班幼儿已经开始有了画出数种图形的能力。每增加一个新的图形，就多了许多新的组合，就能变化出许多幼儿所熟悉的物体。因此，当幼儿学会画长方形、正方形、三角形、半圆形等基本图形时，也就初步具有了用图形与线条组合的方法创造图画的能力。这时，幼儿的绘画技能不足，教师应十分注意发展幼儿的创造能力，而不是一味地强求统一，或鼓励幼儿模仿教师作画。教师要注意，设计作画内容要符合形象鲜明生动、创造余地大且幼儿有一定知识经验的要求。小班幼儿的认知能力不足，生活经验较少，所接触的事物的范围较小。因此，小班幼儿主要是画出日常生活中经常接触的、熟悉的和最感兴趣的、轮廓简单的物体，如皮球、饼干、手帕、太阳、花、树、小鸡、小鸭、房屋、汽车等。

（2）中班　中班幼儿绘画的内容应在小班基础上，更精确地描绘出各种物体的主要部分和基本特征，应通过观察，有顺序地从较为简单的物体转到更为复杂的物体上去。例如，画人物时，要求画出正面的人，还可以画狗、猫、鸡、鸭等一些家禽，画飞鸟、鱼类，画汽车、火车、轮船等交通工具，画简单的风景和建筑物等。为中班幼儿设计物体画的课题，应有顺序地从由两个基本形状组合成的结构简单的物体，转移到由两个以上基本形状组合成的较复杂的物体上去。

在开始阶段，应强调将基本部分归纳为图形。图形组合的方法是幼儿最基本的作画方法，它可以帮助幼儿把握整体的形象与结构。同一个物体可有不同的组合形式，如画公鸡，可以归纳为一个小半圆和一个大半圆的组合，也可以归纳为一个小梯形与一个大梯形的组合，还有其他如三角形与半圆形、两个椭圆形的组合等。只要幼儿归纳的方法合理，都应予以肯定，不必强求一致。在幼儿表现基本部分的基础上，进一步引导幼儿表现出物体的主要特征。有许多物体的基本图形非常相似，甚至完全相同，但画出它们的特征后就截然不同了。例如，鸡、鸭、鹅的基本图形的组合很相似，但它们的脚掌、嘴巴各不相同。

（3）大班　大班幼儿已积累了较为丰富的知识经验和作画技能，所表现的内容日益丰富。因此，大班幼儿要学会画形体上更为复杂的物体，能描绘出物体的细节部分及各种动态，如人物、动物的不同姿势；学会画多种交通工具；学会画结构更为复杂的建筑物；学会画各种植物，如热带植物等。教师应为幼儿选择那些他们极感兴趣且合适的内容来让幼儿学画人物、动物的简单动态。幼儿主要是从直觉印象出发来画这些动态，开始可能画得不合理，但兴趣会促使他们努力观察。当他们能独立地画出一两个动态后，学习的积极性就会大增，从而使动态更为生动和富于变化。为大班幼儿设计课题时，要注意使他们不仅能画出物体的主要特征和基本部分，还能画出很多细节来丰富画面，逐步从表现物体的个别特征过渡到表现物体的综合特征。

### 2. 情节画

情节画是幼儿根据主题内容的需要把与之相关的物体形象恰当地安排在画面上的绘画表现形式。情节画能使幼儿学会将多个形象有机地组合，并正确地表现出各形象之间的相互关系，从而构成一幅具有一定主题的画面。

（1）小班　小班幼儿的绘画教学目的主要在于培养其画画的兴趣，认识基本的绘画工具和材料，能用简单图形表现物体的轮廓特征。因此，对于小班幼儿没有情节画的教学要求。

（2）中班　中班幼儿在情节画中，主要是在画面上做简单的布局，也就是将景物都画在基底线上，并能画一些辅助物来表现简单的情节。中班幼儿已能较清楚地画出个别物体的形象，视觉经验也日益丰富，已经具备了在绘画中表现物体相互关系的能力。但是，他们的空间知觉发展还不完善，对物体之间较复杂的空间关系还不能理解。因此，在为中班幼儿设计情节画课题时，可以先从简单的课题着手，即要求幼儿在画纸上重复地画某一物体，然后在主要物体旁添加背景或辅助物以构成简单的情节。刚开始画由几个物体连接起来表现一定情节的课题时，幼儿往往不注意物体之间的相对大小关系，教师可以结合幼儿的生活经验，启发幼儿思考。

（3）大班　大班幼儿的情节画主要是能根据自己对生活的认识，以自己周围的实际事物作为表现题材，画出简单的情节画，例如，"我的幼儿园"等，也可以根据故事、儿歌等内容简单地画出情节画，如"猴子捞月亮"等。随着知识经验的不断丰富，绘画技能的逐步提高，大班幼儿已经产生了描绘一个事件并表达一定情感的愿望。因而，大班幼儿的绘画活动可侧重于情节画教学。在为大班幼儿设计课题时，可从设计描绘幼儿所熟悉的生活中的一些事情开始。如"游乐场""玩具店"等，要求幼儿把这些熟悉的生活画面表现出来，并能表现出各物体形象间的主次关系、相对位置等。在表现具有较复杂空间关系的物体时，幼儿常常用透明的方式加以表现。因此，教师可以引导幼儿学习重叠关系的表现方法。教师要引导幼儿通过实际观察，注意表现物体之间明显的重叠关系。幼儿在表现对"遮挡"的认识时，都不同程度地画出了明显的重叠。经过一段时间后，大班幼儿已能独立地构思画面，表现简单的情节。此时，教师可为幼儿设计一些连贯地表现情节发展过程的课题。

### 3. 图案装饰画

图案装饰画是利用各种花纹、色彩，在各种纸形（圆形、长方形、正方形、三角形、菱形等）和各种不同生活用品纸型上有规律地进行装饰的绘画表现方式。图案装饰活动能使幼儿学会用简单的花纹进行装饰，体验图案装饰美。图案装饰活动不仅能提高幼儿手部动作的灵活性、准确性，培养幼儿耐心、细致、按顺序操作的习惯，还可以发展幼儿的想象力和创造力。

（1）中班　中班幼儿主要学习一些比较简单的图案花纹。为中班幼儿设计图案画课题时，主要侧重于纹样的变化，色彩要求鲜明。开始时可设计一些"画花边"的课题，让幼儿在方形纸上用简单的花纹装饰。在设计"花边"课题时，纹样上的变化应由简到繁、由易到难。最初可用一种花纹、一种颜色装饰，以后逐渐增加难度。在色彩的使用上，不要同时使用过多的颜色，以免造成画面色彩的混乱。根据幼儿颜色视觉发展的特点，可用2～3种对比度较大的颜色，如红、黄、绿，让幼儿学习色彩的装饰。

（2）大班　大班幼儿除运用中班学过的知识、技能外，还应学习一些简单的、具有民族特色的花纹，并能用同类色或近似色装饰画面，使画面层次清楚、色彩和谐。为大班幼儿设计的图案画课题，应侧重于构图的变化，色彩在鲜艳中求和谐。大班幼儿开始学习在更复杂的几何图形的中心、边缘、角上装饰图案。在排列花纹时，不仅要考虑花纹的间隔距离，还要考虑方向的变化。

教师可为幼儿设计一些在日常生活用品的纸型上装饰图案的课题，如花瓶、毛衣、脸盆等。教师要指导幼儿根据实物的特点进行装饰，如装饰毛衣，可在领口、胸前、袖口处用花纹进行装饰。教师还应为幼儿设计一些学习民族花纹的课题，如羊角花纹、波浪花纹、回头纹、云纹等。幼儿通过用民族花纹装饰，初步了解民族文化的特点。

### 📚 案例分析

材料：

#### 小班美术教育活动方案：彩墨画——小胖熊

【活动目标】

① 认知目标：幼儿尝试根据儿歌提示，通过写生的方法画出小胖熊的样子。

② 情感目标：激发幼儿对彩墨画的喜爱之情。

③ 技能目标：通过水冲墨的肌理效果，使幼儿对彩墨玩色游戏产生浓厚的兴趣，掌握绘画技能。

【活动准备】

记号笔、毛笔、白绢圆扇、毛毡、毛绒玩具熊一只。

【活动重点】

① 学会调彩墨，初步掌握用毛笔绘画。

② 尝试水冲墨肌理法。

【活动过程】

（1）情境导入

① 导入语：瞧！它是谁？（教师出示玩具熊，边念儿歌边指点胖胖熊的眼、耳、鼻的位置。）

师：一个大圆饼（头），来了一个人（嘴），咬了一大口（鼻），裂出两个小圆（眼），露出两只小脑袋（耳朵），原来是只小胖熊。转了一大圈（身），拍了四个球（四肢），小熊小熊累呼呼。

② 请幼儿试着根据儿歌把胖胖熊画出来。

（2）理解体验

① 初次体验：幼儿第一次尝试根据儿歌作画。教师讲评幼儿的作品。

② 再次体验：教师进行第一次活动总结，并边说儿歌边示范绘画。

③ 教师进行技法示范。

师：小朋友们画得可真好！可就是缺了点儿什么。缺了点儿什么呢？（颜色。）对！那我们赶快给小胖熊上色吧！

教师用一支毛笔给小胖熊点上颜色，用另一支干净的毛笔吸满清水，放在扇面上冲洗颜色，不一会儿颜色向外扩张，变得毛茸茸的。

师：小胖熊变得怎么样啦？（幼儿回答：毛茸茸。）你们要不要试一试？

（3）自由创作

① 幼儿尝试技法，教师给予指导。

② 鼓励幼儿给小胖熊穿上花衣服，创作不一样的彩色小熊。

③ 引导幼儿用彩墨在周围点上背景。

【活动延伸】

在活动区张贴彩墨画作品，引导幼儿除了在扇子上画，还可以在宣纸、过滤纸、丝巾等不同材质上绘画。

分析：

幼儿彩墨画是一种直觉的、感性的美术学习活动，是在传统中国彩墨画的基础上进行技法和材料的创新，色彩更加明快、鲜亮，使彩墨更具有幼儿绘画天真童趣的一面。小班幼儿手部肌肉不发达，不易达到彩墨画握笔标准，可用彩色油性记号笔来勾线，使画面更有特色。幼儿把握不好水分，纸张应选择湿水后不易破损的材料，如过滤纸、夹宣或绢等。既适合幼儿把握和学习，又能充分满足幼儿发现、研究、探索的强烈心理需求。

本次活动以把绘画步骤编成儿歌的艺术表现形式，让幼儿脱离范画，根据儿歌，展开想象创作，并针对幼儿爱玩、爱游戏的天性和好奇心理，利用吸水纸和颜料作画。通过水冲墨的方法产生肌理，达到画面的神奇效果，这有助于激发幼儿的游戏愿望，让幼儿由被动接受变为主动探索。

# 第二节
# 绘画活动的组织

✈ **案例导入**

材料：

大班幼儿美术活动"美丽的海水鱼"活动目标

（1）知识：能够知道空间结构对艺术美感的作用。

（2）技能：能够综合运用多种绘画工具完成作品。

（3）情感：愿意和别人分享、交流自己的艺术作品和美感体验。

要求：

请依据材料中的主题与三维目标，设计一个大班幼儿"装饰画"活动。

✖ **知识讲解与案例分析**

## 一、幼儿园绘画活动的设计

### （一）幼儿命题画活动设计

命题画是指由教师提出绘画的主题和要求，幼儿按照这一要求完成的绘画。命题画主要作用在于，可以帮助幼儿学习造型、设色、构图等形式语言。在命题画中，教师的命题很关键。为此，教师应该深入了解幼儿，选择那些符合幼儿兴趣的、与他们的生活经验相关的内容做题材，主要有自然景物、日常用品、人物、植物、动物、交通工具与生产工具、建筑物及简单的生活故事情节等。根据其表现内容的不同，命题画可分为物体画和情节画，如"我的家""游乐场""生日派对"等。

图2-20　物体画

#### 1. 物体画

（1）物体画的概念　物体画是幼儿运用视觉语言表达自己对物体认识的过程。物体画主要描绘对象是单一的物体，侧重于幼儿造型能力的培养。如图 2-20 所示为物体画。

（2）物体画活动内容的设计　小班幼儿的认知能力不足，生活经验较少，所接触的事物范围较小。因此，小班幼儿的物体画主要是画日常生活中经常接触的、熟悉的和最感兴趣的、轮廓简单的物体，如食物、玩具、花草、房子、小桥、滑梯等。

中班幼儿应在小班幼儿的基础上，更精确地描绘出各种物体的主要部分和基本特征。

为中班幼儿设计的物体画课题，应从两个基本形状组合成的结构简单的物体，转移到由两个以上基本形状组合成的较复杂的物体。

大班幼儿要学会画形体上更为复杂的物体，能描绘出物体的细节部分及各种动态，如人物、动物的不同姿势；学会画多种交通工具、场面较大的建筑物、各种植物等。为他们设计的课题，要注意使他们不仅能画出物体的主要特征和基本部分，而且能画出细节来丰富画面，逐步完成从表现物体的个别特征过渡到表现物体的综合特征。

（3）物体画活动过程的设计　第一，引导幼儿详细完整地观察、理解物体的基本结构和主要特征。根据不同年龄班幼儿的特点引导他们观察。对于小班幼儿，只要求他们在教师的引导下观察物体的大致轮廓外形，形成一个基本的视觉印象；对于中班幼儿，则不仅要求他们看到物体的整体轮廓，还要求他们看到物体的基本组成部分及其形状、大小、结构、颜色等；对于大班幼儿，则要求能比较全面、细致地观察物体的形状、大小、结构、颜色和物体的动态。

善于运用形象生动的语言和比喻帮助幼儿记忆；善于运用几何图形进行概括，帮助他们获得视觉表象。如将牛的身体形象比喻成大冬瓜，将大象的鼻子比喻成水管、耳朵比喻成扇子、四条腿比喻成柱子。还可用特征对比法，如兔子的耳朵长、尾巴短，松鼠的嘴巴尖、尾巴像扫帚等特征的概括与比喻。在引导幼儿观察某个物体时，幼儿教师要善于启发他们将观察的物体与记忆中其他形象进行比较，促进观察与思考。

第二，通过系列活动来帮助幼儿掌握物体的造型。幼儿的造型能力是在系列活动中逐渐发展起来的。系列活动可以帮助幼儿学会从不同角度描绘物体的不同造型特征，便于幼儿在绘画时能根据情节的需要表现物体的形态，使画面生动，促进形象的表现力。

第三，引导幼儿采用涂染法和线描法描绘物体。涂染法是指不画物体的轮廓线，而是直接用笔蘸颜料涂画出物体的形，以表现物体的形象特征的方法。这种画法由于很快能在画面上出现有颜色的物体的形，因而能引起幼儿对绘画活动的兴趣。线描法是指先用线条勾画物体的基本部分和主要特征，然后再涂上颜色的方法。这种画法简练、概括性强，能清晰地表现物体的形象特征。涂染法更适合较小年龄的幼儿的物体画学习，随着幼儿年龄的增长，线描法的运用也越来越多。

## 2. 情节画

（1）情节画的概念　情节画是幼儿根据主题内容的需要，把与之相关的物体形象恰当地安排在画面上，以正确地表现出各个形象间的相互关系的绘画形式。随着年龄的增长，幼儿已不满足表现单个的物体，他们常常想把自己的经验、见闻、想法用绘画的形式表现出来。于是，情节画就在幼儿的画面中出现了。情节画的主要描绘对象是一组物体及其相互关系所反映的一定的情节，除了培养造型能力以外，更侧重于构图能力的培养。如图2-21所示海底世界。

（2）情节画活动内容的设计　对于小班幼儿没有情节画的要求，因为小班幼儿的绘画主要在于培养其绘画的兴趣，认识基本的绘画工具和材料，能用简单图形表现物体的轮廓特征。

中班幼儿的情节画可以从简单的主题入手，在画纸上重复地画某一物体，然后在主要物体旁添加背景或辅助物以构成简单的情节。经过一段时间后，可要求幼儿画一些较复杂的情节画，把几个物体相互连接起来，添上背景以构成简单的情节。

图2-21　海底世界

在设计大班幼儿的绘画主题时可侧重情节画，从幼儿所熟悉的生活中的一些事情开始。如"我的幼儿园""我的好朋友""我的家"等，要求幼儿把这些熟悉的生活画面表现出来，并能表现出各物体形象间的主次关系、相对位置。也可以把幼儿喜欢的故事、童话、儿歌等设计成情节画的主题。

（3）情节画活动过程的设计　教师要引导幼儿感知物体间现实的空间关系和画面上的空间关系，引导幼儿通过在画面上设置一个构图中心和画面色彩来突出主题，并经过多样化的练习来学习画情节画。

① 引导幼儿感知物体间的空间关系。感知和理解物体的空间关系是画好情节画的基础。通过观察，提高幼儿对空间关系的认识，同时也发展他们的空间知觉能力。物体的空间关系包括现实的空间关系和画面上的空间关系。在观察现实的空间关系时，幼儿教师要善于运用身边的事物来帮助幼儿理解，帮助幼儿理解物体之间的空间关系。观察画面上的空间关系时，要帮助幼儿分析各个形象之间的相互关系，主要形象与次要形象之间的大小比较，主要形象与次要形象的位置安排，各个形象的颜色与背景色的关系等。

② 引导幼儿突出绘画的主题。设置构图中心的方法有两种：一种是将主体物画大或把主体物放在中心位置上，其他物体紧紧围绕主体物布局。这时候主体物要重点刻画、细致描绘、明显而突出，其他形象要予以概括处理，使形象间主次分明又不脱节，成为联系紧密的整体。另一种是通过画面色彩的设置来突出主题，可以是在大面积的主色调中设置小面积的对比色。

③ 引导幼儿经过多样化的练习来学习画情节画。

一是添画，为幼儿设计多样化的构图画面，画出其中一部分景物，或贴上一些形象，让幼儿围绕主题在适当的位置添画出另外一些形象，从而使主题突出、画面美观。

二是故事画，给幼儿讲述一些有趣的、有鲜明形象和简单情节的故事，让幼儿根据自己对故事内容的记忆进行描绘。故事画可以是单幅画形式，也可以是连环画形式。

三是日记画，幼儿根据自己一天中所经历的最感兴趣的事情，用绘画的形式进行描绘。

四是情境探索画，幼儿教师设置一定的情境，引导幼儿进行探索，并在探索的基础上进行绘画表现。

## （二）意愿画活动设计

### 1. 意愿画的含义及作用

意愿画也称自由画，是指幼儿根据自己的生活经验，自己确定绘画的主题和内容，运用所掌握的美术知识和技能，按照自己的想法自由自在地表达创作的绘画方式。

由于意愿画需要幼儿对自己在生活中的所见所闻和自己头脑中想象的东西进行独立的加工和改造，因而意愿画的主要功能在于发展幼儿的想象力和创造力。另外，由于意愿画是幼儿独立创作的，因而对教师的指导要求也更高一些。

### 2. 意愿画活动过程的设计

（1）创设宽松的绘画环境 幼儿教师平时要多带幼儿感受大自然，去观察、捕捉美好的东西，让幼儿身心得到发展，让幼儿从自己的角度去捕捉和表达周围的世界，让幼儿自己去思考，使其展开想象、大胆创作，让幼儿在从现实生活到内心想象的过程中自由"构图"，这样有助于提高幼儿的想象力和创造力。意愿画是幼儿的一种游戏、交流的过程。因此，幼儿教师要为幼儿创设一个宽松的创作环境，让幼儿大胆地、不受拘束地画他们心中想要表达的东西，而不是交代得过细，限制得过死，用条条框框去要求幼儿。

（2）不同年龄班的幼儿采用不同的指导方法 小班幼儿年龄较小，绘画技能较缺乏，有些还停留在涂鸦阶段，绘画无目的性，初步尝试用象征性的符号表达意图。因此，幼儿教师要通过多种形式激发小班幼儿参与绘画活动，提高他们参与活动的兴趣。中班幼儿有了初步的手眼协调能力，能将简单的图形与事物联系起来，绘画水平进入了象征期，幼儿教师可根据幼儿的特点帮助他们确定绘画的主题。随着大班幼儿思维能力的发展、技能的提高，绘画目的性逐渐明确，绘画形象渐趋完整，绘画的水平进入初期图式阶段。这一时期意愿画的指导，运用语言引导幼儿回忆已有的经验，通过交流、讨论的方式启发他们思考，确立创作的主题。

（3）欣赏评价幼儿的作品 有些幼儿在讲解自己的绘画作品时可以完善意愿画的表现，使意愿画充分反映他们的主题思想。在幼儿完成意愿画作品后，幼儿教师一定要和幼儿一起欣赏他们的作品，并加以提问，引导幼儿对自己的绘画作品进行讲解。每一个幼儿完成绘画作品后都希望与他人共享这份喜悦，更希望得到成人的肯定与赞赏。幼儿教师要站在幼儿的角度去欣赏、去理解、去发现闪光点，给予正面评价，肯定、鼓励幼儿的创作勇气，保护幼儿的创作兴趣和热情。幼儿教师要把作品是否具有创造性作为评价的标准之一。

## （三）装饰画活动设计

### 1. 装饰画的概念

装饰画又称图案画，指运用各种图案花纹、色彩在各种不同形状的纸、物体上有规律地进行装饰的一种绘画形式。装饰画属于工艺美术的一种，其突出特点是按照图案设计的规律进行设计和表现，其创作过程不是完全自由的，而是有规则的。

幼儿装饰画虽然简单，但也要花纹优美、色彩鲜明、构图均衡，所以需要按图案的特

图2-22 装饰画

点进行美化和装饰。因此，幼儿教师要着重教给幼儿排列花纹的方法。装饰画活动有利于提高幼儿的美感，培养幼儿对形式美的审美情趣，发展幼儿手的灵活性，有助于提高幼儿创造性美化生活的能力，以及养成认真、细致、耐心、有条理的良好习惯和心理品质（图2-22）。

### 2.装饰画活动内容的设计

小班幼儿虽没有装饰画的创作要求，但可以让他们感受装饰美，知道一个物体有了装饰就会变漂亮，而没有装饰就不漂亮，让他们比较欣赏有装饰的和没装饰的物体美感完全不一样，认识到装饰的意义。

中班幼儿可以学习一些简单的图案花纹。在色彩的运用上，应鼓励幼儿大胆使用自己喜欢的颜色，可引导幼儿尝试使用2～3种对比度较大的颜色，涂出鲜艳、美观的画面，让幼儿学习色彩的装饰方法。

大班幼儿在中班的基础上，可在更为复杂的几何图形的中心、边缘、角上，用学过的图案花纹和具有民族特色的花纹进行装饰，也可设计一些日常生活用品装饰的课题。教师可指导幼儿根据纸型的特点，选择图案花纹进行装饰，在色彩鲜艳中求和谐，学会用同类色、近似色进行装饰。

### 3.装饰画活动过程的设计

（1）帮助幼儿理解装饰原理  幼儿教师在日常的观察、欣赏中要帮助幼儿逐渐理解和掌握。幼儿需要理解的装饰原理包括对称与均衡、对比与调和、节奏与韵律、连续与反复等图案装饰的规律，图案花纹的变化、图案构成的组织形式和图案色彩的配置等图案装饰要素的变化规律。这些原理并不是以概念的形式出现在幼儿的面前，而是融合在日常生活之中。

教师要引导幼儿认识自然界的美的形式，并从中感受对称、变化的形式美；引导幼儿从生活用品的装饰图案中感受形式美，通过教师的启发使幼儿对图案纹样有规律地排列产生兴趣。

（2）引导幼儿学习多种纹样及排列方法  图案纹样排列方法一般可分为单独式、连续式、对称式、放射式四种。单独式纹样是一个独立的个体，具有完整性，也是构成适合纹样、连续纹样的最基本的单位。

连续式纹样要让幼儿认识到排列的秩序。可以结合排队的游戏活动配以图片，使幼儿感受到多样性的排列方式，认识到相对位置上的花纹大小、长短、形状应当一致。

对于对称式图案，教师应以自然界的各种对称性事物引导幼儿认识对称的美，可以采用折印、折剪、盖印等方法使幼儿掌握对称图案的装饰方法。

放射式图案是由中心点向外伸展的形式，要教幼儿学会找出纸的中心点。

（3）学习过程循序渐进  幼儿教师不要操之过急，要用由易到难、由简到繁的方式进行指导。装饰画的规律性较强，开始学习时幼儿会有一定的困难。

首先，可引导幼儿进行欣赏活动，多看多接触，形成对图案装饰美的感受力，同时在头脑中形成大量的表象，初步认识图案装饰美的规律。

其次，可以引导幼儿进行染纸、印树叶、盖印章、贴图形、折叠染纸、剪纸等活动，用这些丰富多彩的游戏方法让幼儿体验图案装饰的规则，体验对称与均衡、对比与调和、节奏与韵律、连续与反复的运用。在学习内容上，图案花纹可从简单的点开始，然后过渡到线和简易的几何图形。

最后，学习一些自然界的花草、树木、鱼虫和具有民族特色的花纹，如波浪纹、螺旋纹、羊角纹、云头纹、回纹等；从不同的纸型如长纸条、长方形、正方形、圆形、三角形、菱形等开始，再过渡到一些生活用品或器皿，如衣服、手套、袜子、花瓶等。

（4）不必过分强调幼儿的装饰技法　幼儿教师应该尽可能调动幼儿用已有经验进行创造，积极地体验美、表现美。具备美的修养才是最重要的，它可以帮助幼儿在已掌握的基本技法的基础上自由地进行创造。由于装饰画有较强的规律性，有些幼儿教师往往在引导幼儿的过程中过分强调表现技法，而忽略幼儿创造力的培养，这违背了幼儿美术教育的宗旨。

在装饰画活动中可采用灵活多变的方法，让幼儿仔细观察生活中的每一个事物，寻找其规律，并将它用画笔表现出来。

## （四）综合材料绘画活动设计

### 1. 综合材料绘画的概念

综合材料绘画是指运用综合材料和综合技法所进行的绘画。在幼儿绘画活动中使用的综合材料多指日常生活和大自然中的一些安全的常见物品。一幅好的幼儿绘画作品，除了具有丰富的想象、好的构图、好的色彩，还常常与适宜表现此幅绘画作品的技法及绘画材料有关。传统绘画常常借助一支笔、一张纸来完成，幼儿对造型的表现大多仅仅依赖线条的组合。工具和材料的单调，使用方法的单一，再加上表现水平的限制，使幼儿难以借助常规绘画的方式形象地表达自己的想法，很多幼儿因此怯于或懒于动手，渐渐失去了对绘画活动的兴趣。

教育部颁布的《幼儿园教育指导纲要（试行）》指出："提供自由表现的机会，鼓励幼儿用不同艺术形式大胆地表达自己的情感、理解和想象。"综合材料绘画活动可以使幼儿知道作画的形式是多种多样的，表达的效果也是不同的，可以体验在不同材料上作画的乐趣，感受不同类型的绘画创作艺术，开阔视野，增长见识。

综合材料绘画活动最大限度地给予幼儿体验和感知美的机会，激发他们探索的欲望和好奇心，减少枯燥乏味感，使他们产生丰富的想象，自觉建立起良好的审美感觉，形成表现美和创造美的强烈欲望，提高艺术表现力与创造力。通过综合材料绘画活动，幼儿可以轻松愉快地探究和使用各种适宜的工具材料，体验各种绘画工具和不同材料的使用效果。

### 2. 幼儿园常见的综合材料绘画

（1）印章画　用橡皮、土豆、萝卜等的切面，以及积木、笔帽、牙膏盖或纸团、布团、手、脚等蘸上颜料盖印在纸上。如图 2-23 所示印章画。

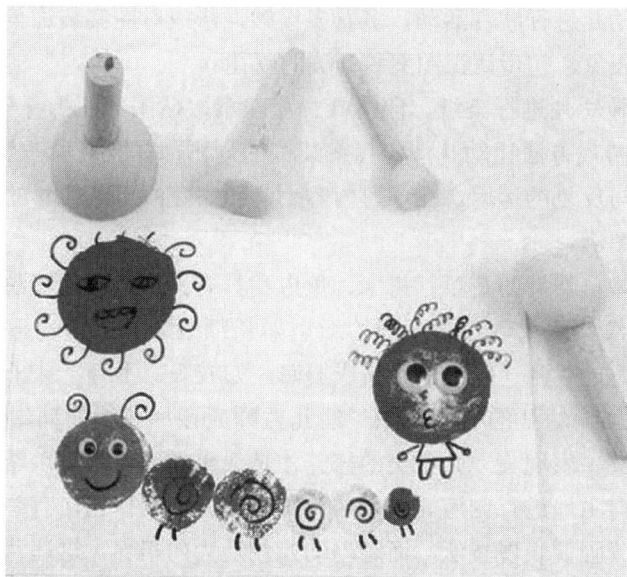

图2-23　印章画

（2）手印画　幼儿用手蘸上颜料在纸上作画，可用手掌或手指印画，如图 2-24 所示。

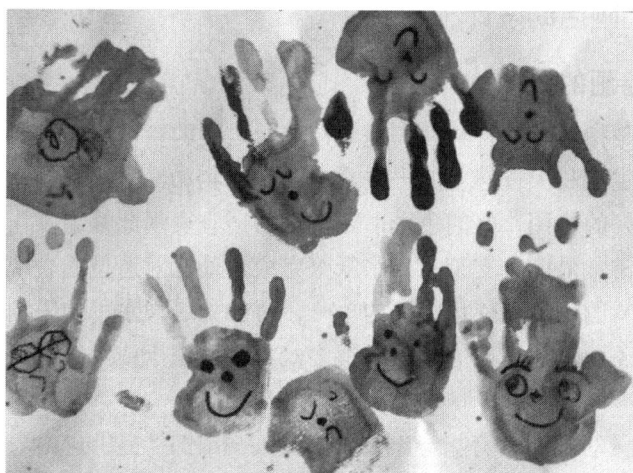

图2-24　手印画

（3）拓印画　将硬币、钥匙、树叶等物体放在图画纸下面，然后用铅笔在纸上来回涂，拓印出纸下的物体形象，或将物体涂色后印在纸上。如图 2-25 所示拓印画。

（4）蜡笔刮画　用蜡笔在画纸上涂上一种或多种颜色，涂时将前一层涂抹的颜色覆盖起来，如此重复多次，再用牙签或刀片轻轻刮出各种喜欢的线条及图案，就是一幅色彩丰富、有趣的蜡笔刮画。如图 2-26 所示蜡笔刮画。

（5）滚画　先准备浅盒子（不要盖，大小与图画纸相同）、颜料、玻璃球，然后将玻璃球蘸着颜料放入盒子中来回滚动，让带有各种颜色的线条不规则地留在纸上。如图 2-27 所示滚画。

图2-25　拓印画

图2-26　蜡笔刮画

图2-27　滚画

（6）喷洒画　在图画纸上摆放不同形状的树叶、纸片或窗花等，然后用旧牙刷蘸上适量颜料，用小竹片轻轻地拨牙刷毛，或在钢丝网上刮刷，让颜料均匀地喷洒在图画纸上。当颜料覆盖纸面后，轻轻拿开树叶、纸片等，纸上就出现物体形象的复印效果（即由彩色雾点衬托的图像）。如图 2-28 所示喷洒画。

图2-28　喷洒画

（7）纸板漏印画  在厚纸上画出物体形象的大体轮廓，用小刀把轮廓外部分割掉，将厚纸板放在另一张薄纸（绘画纸、宣纸）上，把板压紧再涂上颜料，一张纸板画就完成了。如图2-29所示纸板漏印画。

图2-29  纸板漏印画

（8）吹画  将颜料滴在纸上，将吸管斜对着颜料吹气，会产生捉摸不定的图案，而颜料也会有奇妙的变化；也可稍添加一些形象。幼儿要学习吹的技法和如何吹出一定的形象。如图2-30所示吹画。

图2-30  吹画

（9）棉签画  用棉签蘸颜料在宣纸等吸水性强的纸上画出物体形象。如图2-31所示棉签画。

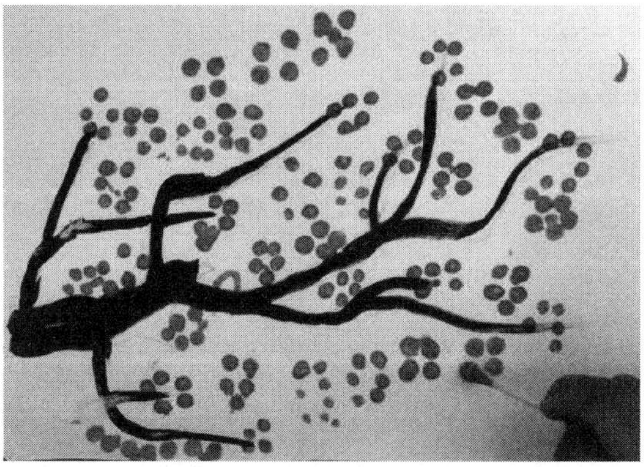

图2-31  棉签画

（10）泡泡画  在肥皂水里加入不同的颜料，然后用吸管蘸上肥皂水，将吹出来的泡泡轻轻地碰在图画纸的适当位置，泡泡破了，就在纸上留下了一定颜色的图形。如图2-32所示泡泡画。

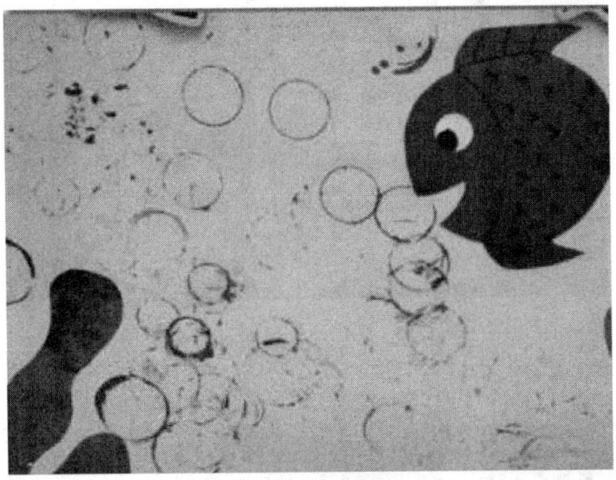

图2-32  泡泡画

（11）吸附画  吸附画是将带有颜料的水或黑色墨水等滴于一盆水中，然后用振荡等方法形成墨流，注意捕捉形象，立即将纸放入水面吸取纹样。纸平放晾干后根据吸附的纹样联想出一定的形象，后添画几笔，形成一幅吸附画。如图2-33所示吸附画。

图2-33  吸附画

综合材料绘画活动与本节的其他绘画活动是相互交叉的。综合材料绘画活动强调的是幼儿的自主自愿、自娱自乐，教师主要是提供工具材料、创设环境，让幼儿创造性地表达、表现。如果把综合材料绘画活动设计得太过具体，反而会限制教师的指导行为，遏制幼儿创造性的发挥，体现不出综合材料绘画活动的特点。

## 案例分析

材料：

大班幼儿装饰画作品，见图2-34、图2-35。

图2-34 《迎春花》

图2-35 《只此青绿》

分析：

材料中的两幅作品均为大班幼儿的装饰画作品，通过作品可以看出，这两幅作品都不是单一的材料可以完成的，每一幅作品都涉及了多种美术材料。这样复杂的制作过程就对教师的教学设计提出了更高的要求。首先，孩子要有使用多种美术材料的能力与经验。如《迎春花》作品中的幼儿使用了绘画中的吹画及美工中的剪纸与黏土。在这样的教学活动中教师需要充分利用好新旧知识之间的关系，使技能发展具有"黏性"。同时，教学也要注意顺序性，如先将作品背景涂好，再进行吹画教学，而后再进行剪纸与黏土的使用。值得注意的是，在幼儿进行吹画的过程中，教师也要注意对其进行纹样及排列方式的引导，促进幼儿发散性思维的发展。

其次，教学要贴近生活，结合时代。如《只此青绿》作品是2022年1月31日除夕夜《2022年中央广播电视总台春节联欢晚会》中的舞蹈诗剧节目，在新学期开学后教师就带领幼儿依据主题延伸做了绘画版的《只此青绿》。这样的艺术主题不仅发展了幼儿的绘画技能，还发展了幼儿对传统文化的认知，提高了幼儿的艺术审美，拓展了幼儿舞蹈欣赏的视野。

最后，绘画教学不仅仅是绘画技能的教授与展示，更是一种文化的传承，是综合素养多方面体现的方式之一。因此，教师在进行绘画指导时应注意跳出局限思维，利用好生活中的实事。

# 二、幼儿园绘画活动的指导

初步学习和掌握多种绘画工具的基本使用方法，在教学中应注意引导讲解的方法，给幼儿更多自由发挥的空间。幼儿绘画教学是要让幼儿初步学习感知和理解造型、色彩、构图等艺术语言，并运用这些艺术语言进行创造性地表现，培养其绘画创造能力和创造意识。

## （一）绘画活动的一般环节

### 1. 激发幼儿的兴趣

活动导入在幼儿园美术教育活动中起着非常重要的作用，针对同一教学内容，采用不同的导入方式，幼儿在绘画过程中的兴趣、坚持性、创造性等表现都会有很大的差异。如果教师能够根据幼儿的兴趣和需要巧妙而精当地设计好导入的方式，就会在顷刻间引发幼儿的活动兴趣，使幼儿迅速地投入到活动中去，并产生强烈的创作欲望，创作出富有灵性的作品。

（1）直观导入　幼儿的思维具体而直观，信息化手段和自制教具以其新颖性、趣味性、游戏性和艺术性充分地刺激了幼儿的各种感官，促使幼儿在脑海中形成绘画的表象，引发幼儿产生奇思妙想，这便是一个开启幼儿智慧的过程。在生活中，有许多实物在短期内是观察不到的，如生长的植物，我们要通过长时间定期观察，才能了解其生长过程，建立植物生长的表象。通过纪录片可以使幼儿在几分钟内观察到植物从发芽到开花的全过程，并可让幼儿反复观察，建立丰富的创作表象，创作出许多有新意的作品。在没有信息化设备的情况下，教师可以根据绘画创作的内容，自制一些教具导入，启发并丰富幼儿的表象。

（2）谈话式导入　教师与幼儿围坐在一起，自由地说一说感兴趣的话题，教师会从中自然地了解到幼儿鲜活的生活，这些生活将是幼儿取之不尽的创作源泉。例如，参观动物园后，教师引导幼儿回忆去动物园的经过，并可以对他们说："想想，在动物园里我们看到了什么？它们长得一样吗？哪儿长得不一样？它们喜欢在什么地方活动？"同时，教师引导幼儿用图画日记的形式记录下生活中的视觉印象。在谈话的引导下，有的幼儿描绘了鹦鹉表演的情景。在以日记形式记录的整幅画中可以看出，幼儿对驯鸟叔叔很佩服，将叔叔画得很高大，小鹦鹉乖巧地表演着，围观的小朋友正在喜洋洋地看着表演等。通过谈话活动，唤醒了幼儿的已有经验，这就是一次成功的导入。

（3）美术作品欣赏导入　欣赏美术作品对个体来说是一种和谐、愉快、自由思考的探索过程。例如，美术教育活动"逛早市"是这样导入的：可以让幼儿欣赏现代农民画《赶集》，农民画具有幼儿画所特有的稚拙美，幼儿欣赏起来有亲切感，容易引发联想。赶集的场景气氛热烈，富有幼儿情趣，有骑自行车的，有骑摩托车的，有骑马的，有坐牛车的，还有赶着猪的等等，人物形象生动，表情丰富且有个性。若仔细品味，幼儿还可以从画面上看到很多更加丰富有趣的内容。

（4）情境导入　教师选择自然界或社会生活中符合幼儿愿望与情趣的对象，借助语言、音乐形象、情感氛围，创设多个通道作用于幼儿的感官，引发幼儿的共鸣，使幼儿自主地感受情境中的形象，引起参与学习活动的强烈需求。情境可以是回顾日常生活情境，或者是游戏情境，也可以是故事情境。下面是这3种情境的运用案例：

① 日常生活情境。大班绘画活动"游戏"，活动目的是让小朋友画人物动态。"我们都是木头人，不能讲话不能动。"草地上，小朋友们沉浸在快乐的游戏中，一位教师悄悄地用数码相机拍下了他们天真活泼的造型：有的学奥特曼；有的扮小动物；有的歪着头做出优美的动作，想象自己变成了小花小草。来到活动室，当教师把小朋友们游戏的镜头在多媒体上展示时，小朋友们兴奋极了，他们指指点点，寻找着自己和同伴是不是也被拍上了，他们评论着自己和同伴们的动作造型，注意力完全被吸引住了。

教师要寻找幼儿一日生活中典型的生活情境，让幼儿在活动中感受，在教师的引导下思考。同时，教师要描绘幼儿眼中的生活、学习和游戏，使绘画活动呈现一种幼儿所喜欢、所需要的富有童心、童趣的幼儿文化。这样能够让幼儿在活动中用自己的眼睛观察社会，用自己的心灵感受世界，促进幼儿在这种生活中学习和成长。在情感驱动下，幼儿能够表达自我，使绘画教学活动与幼儿自身的心理需求融合在一起。

② 走进游戏情境。教师用游戏的口吻创设一定的场景，可以有效地激发幼儿的创作欲望。例如，小班绘画课"画竖直线"，"鸡妈妈"带着一群"鸡宝宝"用大型积木搭了一个"家"。"鸡妈妈"动员孩子们在"家"的周围插上"篱笆"。在这里，"篱笆"是"鸡妈妈"和孩子们用粉笔画在地上的长长的线条。"鸡宝宝"快速地用粉笔在地上画出一根根直直的线条。玩是幼儿的天性，爱动是幼儿的特点。在这一活动中，幼儿自始至终都在游戏情境中学习画线条，每个幼儿都是那么投入。这里，教师将地点从活动室移到室外，绘画工具从蜡笔变成粉笔，打破了常规教学模式，把绘画学习变成了幼儿最喜爱的游戏。

将游戏情境贯穿于绘画教学，遵循了幼儿心理发展的规律，保证了每个幼儿在自己喜爱的活动氛围中感受、体验和表达，使幼儿的画充满了灵性。

③ 引入故事情境。幼儿都喜欢童话和故事，因为它们符合幼儿善于幻想和将世界万物拟人化的特点。在引入故事情境时，教师应结合音乐、动画、图片和其他操作性教具创设一种故事氛围，借助于情节的深入启发幼儿想象，丰富绘画内容，依据童话角色塑造适宜的绘画形象。

根据幼儿美术活动的内容，选取适当的导入方式，可起到事半功倍的效果。每种导入方式之间可以相互渗透，灵活运用，这样便会更加有效地促进幼儿的发展。

## 2. 引导幼儿观察

教师通过谈论的形式，帮助幼儿仔细观察事物的关键特征或形式要素，丰富表象经验。教师可以借助直观的材料，如出示范例、实物、视频资料或大师的经典作品等，引导幼儿进行有目的的观察。在观察中引导幼儿发现事物的特点和规律，为幼儿的丰富表现搭建台阶。教师可以用提问的方式，引导幼儿按一定的顺序观察范例，可按照从整体到局部或从上到下等顺序观察。

如果幼儿创作表现的主题是与自己的生活密切相关的，教师也可以让幼儿回忆自己的生活经验，提取绘画的要素。例如，大班毕业主题绘画活动"我的幼儿园"，教师就让幼儿回忆幼儿园的生活，引导幼儿构思幼儿园里印象最深的事。又如，中班绘画活动"我的爸爸"，教师可以请幼儿说说自己的爸爸是怎样的，引导幼儿观察爸爸的关键特征。

## 3. 体验操作材料和工具

这一环节教师要为幼儿提供与材料和工具充分接触的机会，是对美术操作技法或各种材料和工具的特性及使用方法的探究与尝试，让幼儿在自我操作中发现问题、分析问题、解决问题。这样，不仅可以加深幼儿对美术技法或操作材料的认识，还有利于培养幼儿的主动探索精神。

教师应鼓励幼儿在撕贴、拍打等活动中了解材料和工具的特性及各种美术操作技法，避免用示范、讲解、演示等方法灌输给幼儿，以免抹杀了幼儿的探索欲望和创造力、想象力。在幼儿探索、发现的过程中，教师应该对幼儿进行深入地观察，发现幼儿操作中的共性问题和个性问题，明确哪些问题需要个别辅导，哪些问题需要集体解决等，最后还可以进行必要的总结、提升和推动。

但是所有的美术活动都适于幼儿自我探索与发现，某些操作比较复杂的作画方式，如水粉脱色画、彩墨画等的制作，以及一些复杂的手工制作等，单靠幼儿自己的探索是很难出成效的。因此，教师可以采用直接示范的方法，帮助幼儿快速地掌握操作方法。

### 4.教师指导

在幼儿操作的过程中，教师要创设宽松的心理环境，尊重幼儿的创意，不轻易打断和评价正在创作的幼儿。同时，要鼓励幼儿在掌握基本方法的基础上努力创新，创作出与众不同的作品。这一环节是幼儿将自己的经验、想法或情绪情感用艺术的手段表达出来。幼儿先是进行艺术构思，然后是操作，最后是装饰。

在创作之前，教师要交代创作的要求，帮助幼儿进一步明确创作的主题和工具、材料的使用方法。通过提问帮助幼儿提炼笔触、色彩等关键要素。

教师在指导之前要进行充分的观察，根据幼儿的需要，适时地介入并进行指导。在活动中，幼儿的表现是多样的。教师要帮助幼儿发现作品的优点，了解其不满意的地方，帮助他们建立自信。

### 5.欣赏和评价

教师通过幼儿的讲述可以深层次地解读幼儿的作品，了解他们的所思、所想。同时，借助欣赏环节，教师可以帮助幼儿总结经验、发现规律。最终，通过教师的梳理归类，幼儿了解到多种构图形式，为今后丰富的构图积累了相关经验。这一环节是幼儿对自己和同伴的作品的欣赏、评价过程，应以幼儿的自我介绍及同伴间的互相评说和欣赏为主，引导幼儿大胆地表达自己的想法。

## （二）教师组织绘画活动时应注意的问题

### 1.培养幼儿对美术活动的兴趣

兴趣是幼儿学习的动力，是求知和成才的起点。幼儿对画画和做手工都有一定的兴趣，但往往是不持久的。因此，在教学活动中要通过各种方式不断地调动、培养和激发幼儿对美术活动的兴趣。教材的难度不宜偏高，也不宜偏低，要有针对性地对幼儿提出新目标、新要求，而且对幼儿作品的评价要多称赞、多鼓励，以此来提高他们作画的热情。

### 2.训练幼儿的观察力

幼儿画画或做手工之前，首先是通过视觉来观察所要表现的对象，因此训练幼儿的观察力是提高美术教学质量的基础。例如，在教幼儿学画马路上的汽车时，应提前让孩子在上学和回家的路上仔细观察马路上汽车的形状、颜色，组成部分，车头、车身、车轮是什么形状,在什么部位等,上课时通过向全班提问或引导小组讨论等形式把幼儿对汽车全面形象的认识展现出来,作画时幼儿才会有创作的思维雏形。

### 3. 鼓励创造性绘画活动

教学初期,先让幼儿学画,如苹果、梨、黄瓜、胡萝卜等常见的形状比较简单的物体,让幼儿概括地说出其形状,并把苹果同梨、黄瓜同胡萝卜等形似物体作比较,让幼儿找出其共同点与不同点,画出它们各自不同的特征。然后让幼儿进一步表现一些他们熟悉的由若干部分组成的物体,如房子、卡车、小船、玩偶、鱼等,先将其分成若干部分,再让幼儿组装起来。等到幼儿对周围环境变化的反应变得敏感起来,储备了一定的表象和表现能力时,引导他们将以上的单个物体组成具有一定情节的画面表现出来。美术活动中的想象创造需要一定的绘画技能。

### 4. 注重日常美术活动的开展

在日常生活中多带领幼儿欣赏自然景物,参加美化环境的活动,参观美术场馆,鼓励他们大胆、尽情地画自己心中的动物、人物、自然景物等,为幼儿提供丰富的创作素材、创作机会和良好的创作环境。幼儿作画的素材很大程度上来源于平时生活的积累。日常美术活动是课堂教学的补充和延续,对丰富幼儿的生活,积累创作的素材,保留幼儿表现美、创造美的一片空间,具有十分重要的意义。

在日常教学中我们发现,眼界宽、勤学好问的幼儿想象力相当丰富,这与家长重视家庭教育有很大关系。通过家长长时间的支持,幼儿的记忆力、想象力、创造力都会有很大的提高,学习美术的信心和兴趣也会不断地增强。因此,教师还要多同幼儿家长联系,进行沟通,征得幼儿家长的理解和配合,如多带幼儿观察自然景物、行人、马路、商店、市场等,回家后让幼儿用简单的线条画出自己看到的最美的地方。

## (三)绘画活动典型问题的解决方法

### 1. 注重临摹,忽视幼儿的个性表现

(1)典型案例  在中班绘画活动"美丽的花"中,教师首先介绍了花的结构,然后拿出几张图片,让幼儿自由选择几种花作画。幼儿作画时,教师不时地提醒幼儿"看画上花瓣长在什么地方?""花蕊是什么样子的?"

(2)诊断分析  让幼儿根据范画作画是一种传统的教学方式,很多教师还在沿用。这种教学方式忽视了幼儿的个性表现,使幼儿既没有绘画的兴趣,也没有创造性,一旦没有了范画,他们根本不知道应该画什么。

(3)解决办法

① 积累素材和经验。教师要在日常生活中引导幼儿观察事物、描述事物,只有让幼儿积累了足够的素材和经验,他们在绘画时才能展开想象,表现出独特的创意和个性。

② 多组织意愿画活动。教师要多组织意愿画活动,让幼儿画他们喜欢的事物,不必强求一致。 教师不宜让幼儿过多地画临摹画和写生画,也不宜让幼儿过多地照着教师的示范画去画。要让幼儿充分地表达他们喜欢的事物,充分满足他们的创作欲望。

③ 鼓励幼儿大胆创作。幼儿绘画的工具、材料不能太过局限,教师要充分利用现有资源和条件,合理指导幼儿绘画,鼓励他们大胆地表现,让他们在有趣的艺术活动中快乐地成长。

## 2. 注重技巧，忽视幼儿的情感体验

（1）典型案例　在一次装饰画活动中，教师展示了几种典型的装饰图案，要求幼儿装饰小手帕。为了让幼儿画出更美的图案，教师用了 20 分钟详细地示范、讲述"如何找中点""如何画对称""如何画得平直"等。但孩子们自己画时已经失去了兴趣，那么多的"知识点"也记不清了。

（2）诊断分析　上述案例中，教师只注重"画得好"，而没有考虑到幼儿的情感体验。绘画是幼儿表现美、创造美的过程，强调让幼儿获得真正的乐趣。幼儿园的绘画活动不是为了培养小画家，而是培养幼儿对绘画的兴趣，通过绘画使幼儿的认知、情感得到健康发展。

（3）解决办法

① 激发兴趣，让幼儿产生绘画的欲望。"兴趣是最好的老师"，教师在进行绘画教学时，应诱导幼儿对绘画产生兴趣，避免过多的技能技巧传授，多让幼儿根据自己的愿意作画。

② 利用多种素材，让幼儿体验多种绘画形式。教师应善于让幼儿尝试多种绘画表现形式，如蜡笔画、线描画、水粉画、剪贴画、版画、刮画、橡皮泥捏画、拓印画等，这样不仅能提高他们的绘画兴趣，还可以激发他们的创作欲望。

③ 用语言引导唤起幼儿的情感体验。例如，引导幼儿画一种小动物时，教师不应该只着重于其外部形态特征、线条的勾画等，而要更多地考虑幼儿的情感倾向。可以通过提出"是否喜欢这种小动物？""为什么喜欢？""愿意画它吗？""你想怎样画？"等问题，让幼儿从情感上认同"人类和动物是好朋友""我们要爱护小动物"，从而对绘画产生兴趣和信心。

## 3. 一味批评，限制幼儿的创意

（1）典型案例　一次绘画活动中，一名幼儿因画错了一笔就不敢再往下画了，对教师说："老师，我不小心画错了。"教师没有加以引导而是责备，并让他重画。一次，教师发现班上最淘气的孩子在墙壁、床头、书籍和地板上乱写乱画，就严厉地批评了他。

（2）诊断分析　教师如果对幼儿没有足够的包容心，发现错误就一味责备和批评，会挫伤幼儿的自信心。如果幼儿随处乱写乱画，很可能是因为没有给幼儿提供绘画的条件。

（3）解决办法

① 创设自由的环境。在每次绘画活动中，教师都应给幼儿创设轻松愉悦的环境，无所谓"画错"，鼓励幼儿大胆去画，充满自信地发挥想象。

② 合理引导和鼓励。当发现幼儿随处乱写乱画时，先要问清楚孩子为什么画在墙壁、床头、书籍上，先肯定孩子画的内容和表达的情感，再引导他们应该画在哪里，并约定好下次再想画画时应该怎么做。教师的正确引导非常重要，特别是在幼儿不小心"犯错"的时候。

③ 设置绘画区角。给幼儿提供充足的绘画工具，包括纸、笔、颜料和桌椅等，还可以布置大面的绘画墙，让幼儿自由发挥，尽情地画。

## 4. 影响幼儿的创造力

（1）典型案例　在一次大班绘画活动"马路上的车"中，某个小朋友画了很多车，这些车无规则地行驶在马路上，车之间和马路边站着歪歪斜斜的人，有人双手捂耳朵，有人飞在半空中，天空一片乌黑。教师看到他的画，说："哎呀，谁见过黑色的太阳？人和汽车怎么能画到树上呢？"

（2）诊断分析　教师用成人的眼光看待幼儿画，以成人画的标准去评价幼儿画，否定了幼儿，不利于幼儿想象力和创造性的发展。事实上，那个小朋友这样描述自己的画：一次和奶奶过马路，一辆很大的车突然从奶奶身边飞快地开过，奶奶吓得摔倒在地上。马路上的车开得太快，把人们吓得站不住了，还有人被吓得飞上了天。

（3）解决办法

① 不以"像不像"为评价标准。教师要用幼儿的眼光去欣赏、评价他们的作品。对于幼儿来说，他的画就是美丽的、漂亮的，能够表达自己想法的。如果教师评价幼儿的作品"不好"或"不像"，就会挫伤他们的自信心。

② 多给予幼儿肯定和赞扬。幼儿的内心实际是很奇妙的，想法出现时往往没有逻辑，因此他们绘画的作品成人往往"看不懂"。出现这种情况时，教师要让幼儿说一说自己的画，只要孩子能说出一定的故事，能表达自己的心情就是好的作品。

③ 尊重个体差异。个体差异在任何教育活动中都存在，在绘画中也不例外，因此绘画作品也就千姿百态。教师要善于发现每个幼儿的点滴进步，给予正确的评价，促进其整体提高。

## 📇 案例分析

材料：

小班美术教育活动方案：好玩的吹墨滴洒画

【活动目标】

① 认知目标：让幼儿欣赏大师作品，认知墨的神奇。

② 情感目标：激发幼儿对线条组合产生不同联想。

③ 技能目标：让幼儿能够通过线条涂鸦，画出想要的图形。

【活动准备】

多媒体课件、背景音乐《天籁森林》、毛笔、宣纸、国画颜料、墨。

【活动重点】

重点引导幼儿掌握线条交叉、重叠后的变化，以及线条之间有趣的组合。

【活动过程】

（1）情境导入

① 谈话导入。播放背景音乐，展示幻灯片，让幼儿观察图片，如图 2-36 所示。

图2-36　幼儿园的树

师：我们幼儿园有很多树，这些树的树枝分别是什么样子的呢？看起来像什么？
（树枝交错，像妈妈的头发。）

师：小朋友们想象一下，自己就是一棵树，手臂和手指就是树枝，自由运用肢体动作模仿一下树枝的生长方向吧。

② 引入吴冠中的水墨作品。

师：和波洛克滴洒绘画相类似，在中国有一位吴冠中老爷爷，利用墨和色创作了很多优秀的作品，他也画了很多的树（如图2-37所示），我们来看他都画了什么。

图2-37　吴冠中的水墨作品

（2）理解体验

① 教师播放幻灯片，展示吴冠中的水墨作品《树林》系列，如图2-38所示。

图2-38　吴冠中纸本水墨——《树林》

师：你们看到画面上画的是什么？（树林。）用什么画的？

师：画面中树枝是什么样子？树干呢？树枝往哪儿长？（有的树枝粗，有的细。）

师：这些细细的、黑黑的粗的墨线是什么呢？（是树干。）

师：画面上除了黑色的墨线和墨块以外，还有什么呢？

② 教师引导幼儿深入观察，了解画面形式美及律动。

师：有人说树林就是鸟的天堂，想象一下，小鸟在树林里面都干什么了呢？它们藏在哪里？找一找。

③ 教师引导幼儿理解画作名称及形式。

（3）自由创作

① 教师介绍水墨画工具材料、宣纸的特性。

② 引导幼儿尝试用水墨工具画出长、短、粗、细、轻、重不同的线条，感受水墨的画面效果。

③ 引导幼儿在宣纸上运用墨线和滴洒颜料的方式创作。

教师提示：如何画出弯弯曲曲的树干呢？

可以用吹墨法，先在画面上滴一滴墨，然后用力吹，让它自由地伸展。

或者运用拟人化的语言，指导幼儿掌握用笔方法：毛笔喝喝水、舔舔干、别下雨、站着画条线、躺下画出面。

④ 教师巡回指导，关注幼儿工具和材料的运用。

【活动延伸】

教师通过设计水墨与滴洒画的好玩游戏，引导幼儿运用不同的材料作画，体验不同的画面效果。教师可以沿着这个思路，让幼儿欣赏米罗的作品《星座》，设计课程"爱玩游戏的线宝宝"，让幼儿找找作品里有什么样的线，顺着线条摸一摸，看看这样的线是如何变成一幅画的。活动重点是让幼儿体验"线宝宝"交叉、重叠、连接后的变化。

分析：

吴冠中的抽象水墨画与波洛克的"滴洒画"有非常多的相似之处，二人在绘画领域敢于冲破传统枷锁进行创新。吴冠中在传统笔墨的基础上，大胆使用板刷工具，尽情挥洒。波洛克也一反常规，突破了架上绘画，运用泼溅方式，注重绘画过程和情绪的释放。教师在设计课程的时候，将两位艺术家并置，引导幼儿观赏比较两者创作思想的相通之处及因地处不同国家和环境而呈现出的不同的创作面貌。小班的名画欣赏教学难度比较大，因此在选材的时候考虑到小班幼儿活泼好动、爱玩的天性，选择"游戏涂鸦"的方式。"浸润体验式"的欣赏方法，以"认识吴冠中——好玩的吹墨滴洒画"为主题，让孩子们在找找、玩玩、变变、涂涂的游戏中"走进"大师作品，在玩耍中受到艺术的熏陶。在具体活动过程中，教师可以让幼儿体验用水墨和毛笔在宣纸上作画，一改传统的教授用笔方法，运用拟人的手法和引导语，指导幼儿画出不同粗细的线条。

## 🧰 小贴士

### 如何使美术活动生活化

《3～6岁幼儿学习与发展指南》指出：艺术是人类感受美、表现美和创造美的重要形式，也是表达自己对周围世界的认识和情绪态度的特有方式。

1. 结合生活经验，探寻美术创作源泉

生活是美术活动创作的源泉，美术活动的生活化指的是各项活动的开展以幼儿的日常生活经验为基础，结合生活经验开展美术活动，有利于激发幼儿的活动兴趣和活动自主性。生活经验是美术活动创作的源泉和动力，是幼儿体验美、感受美、创作美的主要阵地。幼儿在与社会、与家庭的交往中，积累了丰富的生活经验、情感体验和生存技能等，这些经验都可以是开展美术活动的基础。

2. 创设生活情境，丰富幼儿的美术认知

对于幼儿而言，所接触的生活环境有限，以家庭、幼儿园为主，因此对美的认知比较简单，这就需要教师进行美的正确引导，在学前教育活动中，尽量创设与生活实际相关联的情境，从知识的层面提升幼儿的审美认知，在丰富幼儿美的体验的同时，促进美术活动的进一步开展。教师应该营造良好的生活体验氛围，让幼儿身临其境，不断欣赏美、认识美。在生活情境的创设中，可以充分利用现代信息技术手段，生动、全面、直观地呈现美。

3. 利用生活资源，筛选美术活动素材

美术活动的生活化离不开生活化的教育资源，这就要求教师不断挖掘美术活动中的素材，为幼儿提供丰富多样的生活化材料，拉近美术与生活之间的距离。教师可以引导幼儿充分利用生活中的废弃物品进行美工创作：将一个废弃洗衣液桶做成一个花盆；将一些废弃纸张做成小动物；将散落的枝叶捡起来拼凑成一幅美图等，这些都是生活资源的再利用。利用生活资源进行美术创作，可以培养幼儿勤俭节约的优秀品质，还可以培养创新思维和求异思维，激发创新潜力，增加艺术的生活气息。

4. 实现生活回归，逐步开展实践活动

幼儿的美术活动不是凭空产生的，是以生活为基础的，源于生活就要回归生活，才能实现知识与能力的可持续发展。教师引导幼儿从生活中感兴趣的内容出发，积极参与美术活动，积累美术经验，然后运用于美术作品中。教师可以引导幼儿制作节日卡片或小礼物，相互赠送；还可以引导幼儿制作母亲节、父亲节画作，感谢养育之恩等，这些都是美术的生活化运用。

5. 开展多样活动，提升幼儿的综合素养

幼儿园的美术活动是多种多样的，是提升幼儿综合素养的重要途径，这也是美术活动生活化的内涵与本质。教师可以布置一些亲子类的创意任务，例如变废为宝等，增强亲子互动的情感，进行思维的碰撞，促进幼儿创新。同时，美术活动的开展应立足于幼儿的喜好，满足大多数幼儿的情感需要，鼓励幼儿发自内心地创作，可以是绘画，可以是小艺术品，也可以是雕塑等，这些都是美术的表现形式。

幼儿园美术活动的开展是教育活动中一道亮丽的风景线，美工作品、写生、绘画等都是美术活动的成果。在素质教育的大环境下，幼儿园美术活动的开展应遵循幼儿的认知特点，结合幼儿的生活经验，充分挖掘生活中的美术资源，开展多样化的美术活动，引导幼儿积极参与实践与创作，帮助幼儿形成生活化的思维，提升幼儿的审美能力与实践能力，促进全方位发展。

## ❀ 拓展训练

训练一：

材料：

大班绘画活动"丰富多彩的贺卡"的目标：

① 尝试设计贺卡，充分想象画出与众不同的、自己喜欢的画面。

② 掌握贺卡的制作技能，能用不同的力度和色彩表现画面的主次层次。

③ 创造性地为自己制作的贺卡装饰各种图案，提高创新能力。

训练要求：

分析大班绘画活动"丰富多彩的贺卡"的目标制定是否合理，如果合理请说出原因，如果不合理，请在不合理处做出调整。

训练二：

材料：

在大班美术活动"美丽的家园"中，教师在教室里先让幼儿欣赏一些美丽家园的图片，然后请幼儿展开想象，画出他们心目中的美丽家园。不少幼儿无所适从，手握画笔，不敢大胆地在纸上涂画，最后大部分作品还是临摹的欣赏图。

训练要求：

分析上面的绘画教育活动，并提出自己的教育建议。

训练三：

组成一个4～6人的学习小组，收集3～5幅幼儿绘画作品，记录幼儿对作品的解读，运用本章所学知识进行评价，并提出你的教育建议。

## 学习总结

本章以《指南》中的幼儿美术教育活动为出发点，提供了幼儿园美术教育活动中的绘画活动的特点、目标和内容等基础知识，分别介绍了命题画、意愿画和装饰画以及综合绘画活动的设计方法和指导要点等实用知识。其中重点是了解幼儿园各年龄班不同的教育目标和内容，能够根据不同年龄的幼儿特点选择正确的教学方法，本项目还介绍了幼儿园绘画教育活动的组织与指导方法，提出了在绘画教学活动中容易出现的典型问题的解决方法，为学生提供了未来工作岗位中的工作方法。

# 第三章
# 幼儿手工活动的设计与指导

## 🌱 导学

手工活动与绘画活动一样，同属于幼儿的美术创作活动，不仅具备美术学的一般性质，更强调挖掘材料的特点并加以利用。本章着重阐述了幼儿手工活动的目标、内容和活动指导方法，并介绍了多种形式的手工活动指导方法及幼儿手工活动指导策略，从而为幼儿教师组织和指导各类手工活动提供参考。

## 🔖 学习目标

（1）了解幼儿手工能力的发展。
（2）掌握幼儿手工教育年龄阶段目标。
（3）了解幼儿手工活动的常见种类。
（4）掌握手工活动的一般环节。
（5）能够根据不同年龄选择手工活动的内容。
（6）掌握不同类型的幼儿手工活动的设计要求。
（7）掌握幼儿手工活动的指导要点。
（8）能够设计和指导不同类型的幼儿手工活动。

## 🔗 思维导图

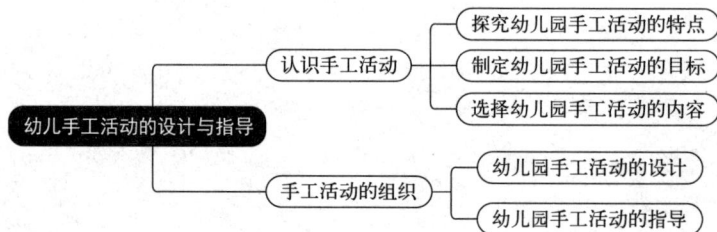

# 第一节
# 认识手工活动

## ✈ 案例导入

材料：

某幼儿园美工区材料按照"自然材料"和"生活废旧材料"进行分类投放，其中自然材料是指从大自然中选择的材料，生活废旧材料则是指来源于日常生活中的，可以进行二次利用的，无毒、健康的废弃物。

要求：

（1）假如需要组织"我给娃娃穿衣服"的手工活动，引导幼儿利用相关材料对娃娃衣物进行装饰，你会在美工区投放什么材料？

（2）依据你投放的材料设计一个"我给娃娃穿衣服"的手工活动教案。

## ❖ 知识讲解与案例分析

## 一、探究幼儿园手工活动的特点

### 1. 幼儿手工活动的概念

幼儿手工活动是教师引导幼儿使用各种手工工具和材料，运用剪、撕、贴、折、塑等方法制作出平面或立体的物体形象。

幼儿手工活动对培养幼儿的审美情感，发展幼儿动作的灵活性、精确性和手眼协调能力，以及想象力与创造力，培养耐心细致的性格以及工作的计划性和条理性都有一定的作用。

### 2. 幼儿手工能力的发展阶段

林琳、朱家雄在《幼儿美术教育与活动指导》一书中综合了各学者关于幼儿手工制作能力发展的阶段理论，把幼儿手工制作能力的发展大体划分为以下几个阶段。

（1）探索阶段（2～4岁） 这一阶段初期，幼儿的行为并没有明确的目的或意识，只是以纯粹的玩耍为中心。他们用小手紧握黏土、拍打黏土，也会把手边的纸抓起来挥舞、撕碎。幼儿在玩耍的过程中享受黏土的触感和黏土造型的变化，在把纸张撕破、弄碎时得到一种快感。

此阶段后期，幼儿逐渐学会用手掌把黏土压平、伸展，用指尖挖，用手指把纸撕成碎片，或是用剪刀随意地剪出纸条或纸片，并给偶然形成的造型命名。

（2）直觉表现阶段（4～5岁） 这时期，幼儿的表现欲非常强，喜欢使用剪刀等工具来创作。他们已有一定的创作意图，能利用黏土的可塑性去进行各种尝试，能用纸张折出简单的物体，也能够运用剪刀等工具剪出简单的图形。在这个阶段，幼儿能借助工具全神贯注地实现自己的意愿。

在泥塑活动中，幼儿能运用团、搓、压、捏等技能塑造物体的基本部分和主要特征，会使用一些简单的辅助材料。但是，在他们的作品中会出现一些非理性的、夸张的表现，如为了让自己制作的车子能站立，便把四个轮子做得很大。

在纸工活动中，幼儿能用实物图形、几何图形、自然物等进行粘贴，并能用单张纸进行简单的折叠，同时还会运用目测剪（撕）出直线、弧线等。但是，他们制作的作品往往较为粗糙，如折叠不平整，撕剪出的物体轮廓不光滑等。

在废旧材料制作中，幼儿能利用现成的废旧材料经过简单的加工制作出作品。但由于幼儿还不能熟练地运用各种手工制作技能，因此制作出的东西显得较为幼稚、粗糙。

（3）灵活表现阶段（5～7岁） 这一阶段，幼儿随着手腕动作和手眼协调能力的不断发展，已不能满足于仅用一两种技能制作简单的形象，希望能够用各种工具和材料制作出他们喜欢的、较复杂的形象，并将这些形象组合成具有一定情节的场面。

在泥塑活动中，幼儿已能灵活运用各种泥塑技能，除掌握团、搓、压、捏等技能外，还逐步掌握了拉、雕塑等较为复杂的技能。这时，他们已经能制作出具有一定特征和细节的物体，而且还能变换人物或动物的上、下肢，从而塑造出动作、姿态各异的形象，并组成一定的情节，如"我在看电视""手拿宝剑的士兵""小熊过桥"等。有时，幼儿之间还能分工合作，把制作的形象组织成有趣的故事场面或生活情景。

在纸工活动中，幼儿还能折叠、剪出各种造型的窗花。幼儿手与纸的配合不断协调，能自如地运用剪刀，且剪出的图形边线较为光滑、整齐。幼儿不仅能用单张纸进行简单的造型活动，还能用两张甚至两张以上的纸折叠成立体的、简单的组合造型。

在综合运用各种材料的制作活动中，幼儿能通过折、剪、粘贴、连接、弯曲和组装等技能对自然材料和废旧材料进行制作，制作出的形象较直观表现阶段更为精细。

### 📚 案例分析

图3-1 《咏鹅》

材料：

大班幼儿手工作品《咏鹅》，见图3-1。

分析：

大班幼儿处于幼儿手工能力的灵活表现阶段。通过观察作品《咏鹅》可以发现，手工作品中包含了黏土、线条绘画以及纸巾造型等材料。这一时期的幼儿已经掌握了各种手工基本技能，还可以使用泥塑做一些造型表达故事情节。因此，教师在进行教学活动时要注意五大领域的整合教学。如在制作《咏鹅》手工前可以进行《咏鹅》诗歌的语言领域活动，幼儿通过对鹅在水中游动描述的理解，可以更加传神地将脑海中的印象通过手工表达出来，从而激发幼儿的创造力，也可以在手工制作《咏鹅》的活动中为语言活动中的诗歌《咏鹅》进行相关铺垫，帮助幼儿更加形象、具体地理解文学作品，陶冶情操。

## 二、制定幼儿园手工活动的目标

### （一）幼儿手工活动总目标

#### 1.认知目标

认识泥工、纸工等各种工具和材料的性质。

#### 2.技能目标

（1）掌握剪、撕、贴、折、塑、印等手工技能。

（2）会使用各种手工工具和材料制作出平面和立体物品。

（3）能使用自然材料（石子、豆子、树叶等）拼贴造型。

（4）形成良好的手工活动习惯。

#### 3.情感目标

（1）体验手工活动的乐趣，能积极参与手工活动。

（2）喜欢手工活动，乐于用手工表达自己的想法和情感。

## （二）幼儿不同年龄班手工活动目标

### 1. 小班幼儿手工活动目标

（1）认知目标

① 初步熟悉泥工、纸工等工具、材料；

② 了解泥的可塑性；

③ 了解纸的性质。

（2）技能目标

① 掌握泥工中团圆、搓长、压扁等基本技能；

② 学习撕纸、粘贴，能初步撕出简单形状并粘贴成画；

③ 初步学会用自然材料（石子、豆子、树叶等）拼贴造型；

④ 学会用印章、纸团、木块等材料，蘸上颜色在纸上敲印。

（3）情感目标

① 喜欢参与手工活动，体验手工活动的快乐；

② 能大胆地运用不同方法进行手工活动。

### 2. 中班幼儿手工活动目标

（1）认知目标　进一步熟悉泥工、纸工及自制玩具的工具和材料。

（2）技能目标

① 能正确使用剪刀剪出方形、圆形、三角形及组合形体，并拼贴成画；

② 掌握折纸的基本技能，折出简单的玩具；

③ 学习用泥塑造出物体的基本部分和主要特征；

④ 掌握撕纸的基本技能，撕出简单的物体轮廓。

（3）情感目标

① 积极投入手工作品的创作，增强对手工活动的兴趣；

② 能大胆地使用工具和材料，按意愿进行手工创作。

### 3. 大班幼儿手工活动目标

（1）认知目标

① 了解各种手工活动材料的不同性质，知道不同性质的材料具有不同的表现；

② 对自制玩具的材料加以分类，以获得选择、收集材料的经验。

（2）技能目标

① 用泥塑造人物、动物等较复杂结构的形体，能表现出物体的主要特征；

② 能集体分工合作塑造群像，表现某一主题或场面；

③ 能用各种不同材质的纸制作立体玩具；

④ 能使用无毒、安全的废旧材料制作玩具并加以装饰；

⑤ 能综合运用剪、折、撕、粘、连接等技能，独立设计、制作玩具。

（3）情感目标

① 体验综合运用不同手工材料制作作品的快乐；

② 喜欢用手工表达自己的想法和情感。

### 📚 案例分析

材料：

小班手工活动"泥塑糖果"目标分析

【活动目标】

① 了解泥的可塑性，能将大块泥按所需分量分为几部分，戳、压成各种形体，再装饰成糖果造型。

② 能创造出不同颜色、不同大小、不同形状的糖果。

③ 与小伙伴交换、分享自己的糖果，体验共同"做糖""吃糖"的快乐。

分析：

该活动目标符合小班幼儿的发展特点，体现了"感知""情感与态度""表现与创造"三方面的目标要求。也符合《3～6岁儿童学习与发展指南》中艺术领域中的相关要求与建议，如（一）感受与欣赏的目标2喜欢欣赏多种多样的艺术形式和作品中"3～4岁幼儿应乐于观看绘画、泥塑或其他艺术形式的作品"；教育建议中"1. 创造条件让幼儿接触多种艺术形式和作品""2. 尊重幼儿的兴趣和独特感受，理解他们欣赏时的行为"。

## 三、选择幼儿园手工活动的内容

手工是指徒手或使用简单的工具材料进行的工艺活动。因此，在手工活动中，要考虑材料因素，思考如何运用形态、色彩、空间等视觉要素，来达到完美的制作设计。幼儿园手工活动主要包括泥工纸工、拼贴、染纸、印制、编织，以及利用综合材料进行的综合性手工活动。因为手工活动的游戏性和操作性都很强，作品既好看又好玩，既可以装饰环境又可以作为幼儿的玩具，所以深受幼儿喜爱。同时，在手工活动中，幼儿的动手能力、协调能力、耐心细致和有序的工作习惯都会得到锻炼和培养。在具体的手工活动中，教师对材料、内容的选择既要符合幼儿的兴趣与水平，又要能体现出美的形式；在对工具和材料的使用上，要使幼儿能通过反复操作熟悉它们的性能，正确掌握它们的使用方法。

### （一）泥工

泥工是运用泥进行的塑造活动，是用搓、团、捏等手法来塑造形体的一种表现形式。通过泥工活动，使幼儿掌握用一些简单的工具塑造各种物体形象的方法，帮助幼儿认识事物，形成空间概念。泥工使用的材料和工具主要有黏泥、创意泥、橡皮泥、面团、泥工板、竹刀，以及一些辅助材料。幼儿学习泥塑的第一步是要了解泥塑材料的性质。泥质地柔软，可以任意变形，还可以互相粘贴。了解泥的性质以后，教师应结合创作指导幼儿学习泥工的基本技法。泥工的基本技法有搓条、团圆、拍压、捏、分泥、抻拉、嵌接等，运用这些技法可以塑造出球体、椭圆体、圆柱体、立方体、长方体、中空体和组合体等几何形体。教师在指导时，可以先用语言启发幼儿自己动手尝试练习，仔细体会什么样的动作能塑造出什么样的形体。在此基础上，再让幼儿观察教师是如何用这些基本技法塑造这些基本泥塑人物形体的，以使他们更准确地掌握泥工的基本技法。

为了使泥塑更加生动、有趣、逼真，在制作过程中，教师要指导幼儿尝试使用泥工的辅助材料。例如，豆类可以做动物的眼睛，羽毛可以做公鸡的尾巴，牙签可以将物体的两部分连接起来等。另外，教师指导幼儿学习泥塑，应了解以下几点：

### 1. 黏泥的选用

（1）土黏泥　土黏泥经济方便，但使用前需要进行加工。方法是：首先将收集来的泥土放入桶中，兑水化开，使之成黏稠的汤状；待泥土中的植物根须等杂物漂浮起来，用工具捞出，再将泥沉淀几个小时，当泥土澄出清水时，把水舀出，留下黏泥；取出桶中上层的细泥留用，将桶底的泥渣倒掉，再对泥做一些加工，在泥中加少量的盐和油，揉均匀；最后将和好的泥封存在塑料袋中待用。

（2）橡皮泥　橡皮泥自问世以来就成了幼儿喜爱的玩具。最开始的橡皮泥只有灰白色，发展到如今，橡皮泥的材质和制作工艺都发生了很大改变，不像以前不能混色，不能重复使用，而且比较粗糙发硬。现在的橡皮泥也称作彩泥，有多种多样的颜色和香味。为了便于保存及携带，现在多采用盒装橡皮泥，一般分为 8 色、12 色、24 色等。

（3）面泥　面泥制作简便、干净，配方是 3 杯面粉、1/3 杯食盐、2 杯水、2 大汤匙油，以及需要的食用色素。把这些原料放在容器中，混合搅拌均匀后加热。加热时用木勺不断搅拌，直至材料成为一团，面泥就做好了。将面泥放入冷盘中冷却，用湿毛巾覆盖其上，防止干裂，待面泥冷却后，稍加揉匀，即可使用。若要制作彩泥，可将颜料加到面泥中，揉匀即可。面泥的缺点是夏季易发酵，可将制好的面泥冷却后用塑料薄膜包裹严实放入冰柜保存备用。

### 2. 对泥塑进行着色描绘

在幼儿园大班，为使泥工作品更加美观逼真，教师可指导幼儿对泥塑进行着色描绘。其方法是在作品干透后，用水粉上色，先涂白色作底色，待干后再用其他颜色描绘。用于描绘的颜色，可以用形象的固有色，也可以只考虑美观而用装饰色。着色时不宜反复涂抹，这样颜色会混浊不清。

### 3. 注意妥善处理泥塑作品

泥塑完成后，需要晾干才能牢固，成为永久作品。晾干时，要注意将作品放在通风阴凉处阴干，以防作品干裂或发霉。展示和保存泥塑作品要比展示和保存绘画作品难一些，需要一些空间和容器，尤其是作品数量较大时，教师会觉得很难办。这种情况下，教师可让幼儿带一些作品回家。另外，有些泥工材料是可以重复使用的，若重新使用泥料，就需要毁掉原来的作品。这时，教师应与幼儿商量或在他们不在场的情况下处理。有条件的幼儿园，可以先给作品拍照，然后再处理，以免伤害幼儿的感情。

## （二）纸工

### 1. 剪纸

剪纸的主要工具是剪刀。幼儿所用剪刀以幼儿专用剪刀为好，这种剪刀的剪刀头是圆的，使用时较为安全且不易导致肌肉疲劳。教师给幼儿准备的纸张应以不薄不厚为宜。

教师指导幼儿学习剪纸的第一步就是引导他们学习怎样使用剪刀，方法是大拇指和其余四指分别伸进剪刀的两个柄环里，通过大拇指和其余四指的张合来控制剪刀。

在此基础上，教师要指导幼儿学习以下几种剪纸方法：

（1）目测剪　目测剪，即在没有画痕的纸上依靠目测剪出形象。幼儿靠目测剪出的大多是线条、几何形和一些轮廓线较简单的形象。由于目测剪的方法没有严格限制，比较自由，因而在幼儿开始学习用剪刀时可以采用这种剪法。在幼儿年龄稍长，有了一些剪纸经验后，教师可要求他们先考虑好自己要剪的形象，然后再剪。

（2）沿线剪　沿线剪是指按照纸上画好的轮廓剪出所有需要的图形。轮廓可由教师画出，也可由幼儿自己画出。通常，幼儿年龄越大，自己画得越多。无论是教师画，还是幼儿自己画，都需要注意，所画的形象应较大，轮廓要较简练，不能有太多的凹凸。教师可在美术角中放一些废旧画册或挂历供幼儿在游戏时间里练习沿轮廓剪，剪下的形象可供粘贴用。

（3）折叠剪　折叠剪是指将纸折叠后剪出纹样。折叠剪剪出的纹样具有对称、均衡感。折叠剪，既可以目测剪，也可以沿线剪。折叠剪的第一步是将纸折叠，由于幼儿手部肌肉发育不成熟，纸的折叠层数不宜太多，一般以折叠2～3层为宜；叠的层数太多，他们有可能会剪不动。将长条纸反复折叠后，可剪出花边；将正方形纸或圆形纸围绕中心放射折叠后，可剪出团花。如图3-2所示团花。

图3-2　团花

## 2. 折纸

折纸是我国民间的传统手工活动之一。其特点是按照一定的程序，将平面的纸折叠成立体的形象。折纸不仅可以锻炼幼儿动作的灵活性，还可以培养他们的目测能力、空间知觉能力和对图形变换的思维能力。折纸取材容易，报纸、挂历纸等薄而有韧性的纸均可以用来折叠。

在幼儿园中，教师教幼儿学习折纸，应在折叠各种形象的过程中教他们学习折叠的基本技法、术语和规则要求。为了让幼儿在学习折纸时能够较容易地听懂教师的讲解，看清教师的动作，教师应先有目的地选择几种简单形象教他们折叠，以使他们学习并掌握那些使用频率较高的基本折法和术语，如边、角、中心线、中心点、对边折、对角折等。同时，要求他们按照规则折叠，即对齐、对准、抹平、压实，让他们知道如果对不齐抹不平，折出来的物体形象就容易歪扭松垮，既不美观，又不结实。幼儿可以学习的折纸技法还有集中一角折、集中一边折、双正方折、双三角折、四角向中心折和组合折等。

折纸的特点是折完一步以后，前面折的部分即被掩盖，导致难以通过已折出的样子看出折叠的步骤，有些跟不上教师折叠进度的幼儿在学习中就会遇到困难。因此，教师可引导幼儿学习根据折纸符号来折叠，在画折纸符号时，线条要清晰、简明（见图3-3和图3-4）。

## 3. 纸造型

纸造型是指运用图画纸、卡纸一类略硬的纸，通过剪、折、粘贴等方法制作出立体形象。通过制作可使幼儿认识纸的立体变化，发展他们的空间知觉能力、想象力和造型能力。纸造型教学有一定的难度，最好在幼儿园大班进行。

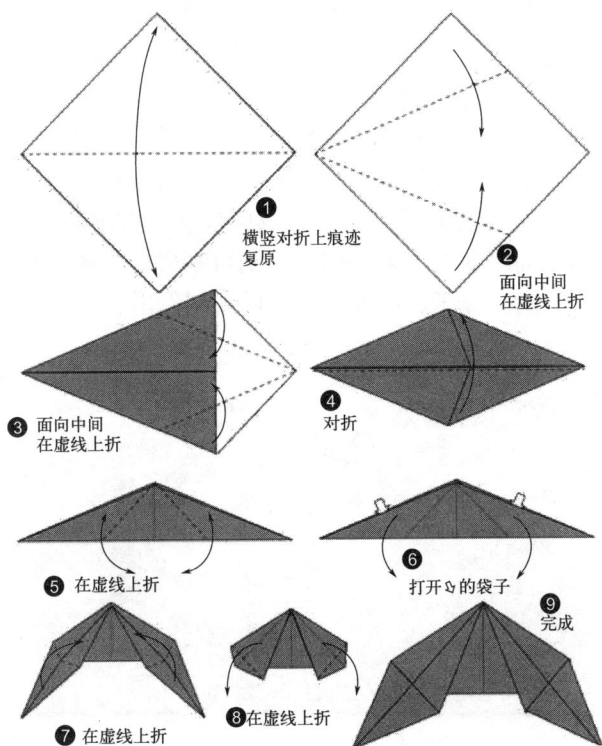

① 横竖对折上痕迹 复原

② 面向中间 在虚线上折

③ 面向中间 在虚线上折

④ 对折

⑤ 在虚线上折

⑥ 打开♡的袋子

⑦ 在虚线上折

⑧ 在虚线上折

⑨ 完成

图3-3 折纸作品操作——叶子

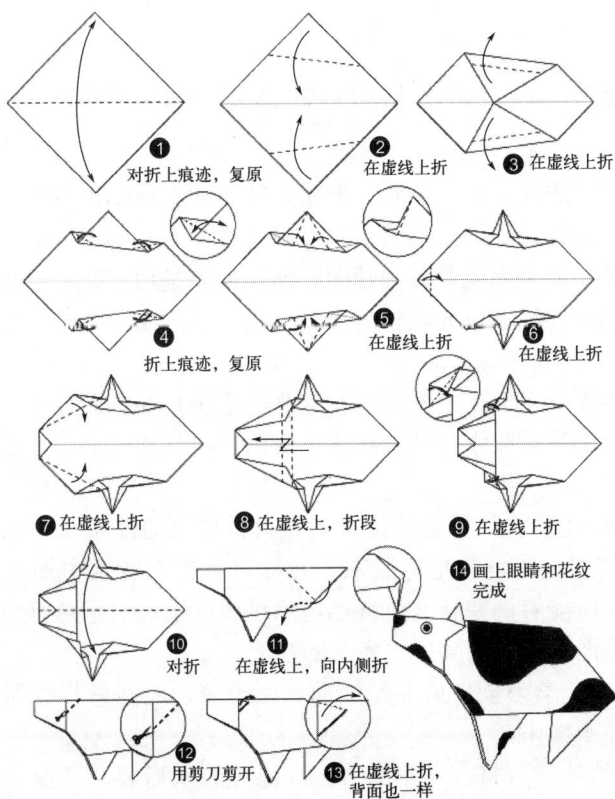

① 对折上痕迹，复原

② 在虚线上折

③ 在虚线上折

④ 折上痕迹，复原

⑤ 在虚线上折

⑥ 在虚线上折

⑦ 在虚线上折

⑧ 在虚线上，折段

⑨ 在虚线上折

⑩ 对折

⑪ 在虚线上，向内侧折

⑫ 用剪刀剪开

⑬ 在虚线上折，背面也一样

⑭ 画上眼睛和花纹 完成

图3-4 折纸作品操作——奶牛

教师在指导幼儿制作时，先要指导他们制作基本形体，如正方体、长方体、圆柱体、圆锥体等，这是纸造型的基础。在学习基本形体的基础上，教师根据"因材施艺"的原则，指导他们用所学的技法进行联想造型，可以用"减法"对基本形体做剪、挖、切等加工（见图3-5），也可以用"加法"在基本形体上进行粘贴、镶嵌、插接、盘绕、组合等加工。例如，在圆柱体上面贴上弯曲的纸条就成了小桶；在圆柱体旁边贴上弯曲的纸条就成了茶杯；将直立的圆柱体上方剪开成条，卷弯成树枝状，再用彩色纸剪成树叶贴在上面，就成了各种花树或果树；而用长短不同的圆柱体则可制成动物的头和身体，再用小棒做脖子，贴上尾巴、耳朵、眼睛、鼻子、胡须等，这样就制作出了各种动物。

图3-5　纸造型

## （三）拼贴

拼贴属于平面手工，幼儿的拼贴活动主要有粘贴、剪贴和撕贴等形式。

### 1. 粘贴

粘贴活动是指用现成的点状、线状、面状材料，粘出或贴出具有浮雕感或平面感的画面。其目的主要是让幼儿在学习粘贴的手工技法的过程中，知道并能运用点状、线状和面状材料，制作出浮雕状或平面状的各种画面。粘，大多是用点状材料来进行的；贴，大多是用天然的或经过加工的线状或面状材料来进行的。下面结合具体制作活动来说明教师应如何进行指导。

（1）粘沙　粘沙是典型的用点状材料制作平面手工作品的制作活动。粘沙的工具和材料主要有小塑料片、毛笔、胶水、细沙和各色底纸。在粘沙活动中，教师的指导应注意以下几点：

① 教师应引导幼儿认识和了解这些工具和材料各自的性质及用途，并学习其使用方法。例如，对于如何用毛笔均匀地涂胶水，教师可事先在胶水中加入少许颜色较淡的颜色，以便幼儿在涂抹时能看清楚什么位置已经涂过胶水了。对于选择何种颜色的底纸，教师要引导幼儿注意画面上形象的颜色与底色的搭配。

② 教师要引导幼儿学习创作所要粘沙的画面形象，应注意将画面形象的轮廓线画得简单一些，这样才便于操作。

③ 教师要引导幼儿学习将沙粘牢的方法。涂完胶水后要立即撒上细沙，若是粘多种颜色的细沙，则要有规律、有秩序地先涂抹胶水后再撒上一种颜色的细沙，完成后再进行

另一种颜色的粘沙；然后，将一张旧报纸覆盖在作品上，用手有顺序地由上向下地轻轻压实。

④ 教师要引导幼儿学习将多余的沙料抖去。用双手捏住底纸的两边，将纸略卷，让没有粘在胶水上的细沙集中在纸中间，倒入装细沙的容器里。

⑤ 教师要引导幼儿装饰作品。用小塑料片刮去轮廓线外多余的沙，涂胶水补粘未粘住细沙的地方，这样就完成了一幅有浮雕感的手工作品了。如图3-6所示粘沙画。

（2）树叶拼贴　贴树叶是典型的用面状材料制作平面手工作品的制作活动。贴树叶的工具和材料主要有剪刀、双面胶（若用胶水和糨糊贴，则晾干后容易脱落）、各种形状和颜色的压平的树叶和各色底纸。

在活动开始之前，教师要发动幼儿和家长一起收集各种形状和颜色的树叶，并欣赏树叶变化多端的形状、天然的叶脉肌理极其丰富的色彩。

图3-6　粘沙画

活动开始后，教师首先要引导幼儿根据"因意选材"或"因材施艺"的原则选择树叶。若是"因意选材"，则先要构思自己所要制作的大致内容，设计画面的布局，然后根据这一设计选择适当形状和颜色的树叶来拼贴；若是"因材施艺"，则要引导幼儿将树叶正反、上下看，仔细观察各种树叶的形状、色彩等，找出它们各自的特点，看一看，想一想，它们像什么？可以制作成什么形象？例如，椭圆形叶子像动物的身体，圆形叶子像猫、虎、熊猫、人的头或猫、熊猫的耳朵，掌状的枫叶像金鱼的尾巴；瘦长的枣核状树叶可以做成小船、蜻蜓的翅膀、兔子的耳朵等。

选择好树叶后，教师要引导幼儿用这些树叶在底纸上进行摆放、布置，并对所选树叶进行适当的修剪。接下来，就是贴树叶，即在每片树叶的正反面贴上双面胶，然后放回原位，用一张干净的纸盖住，抹平压实。在树叶拼贴活动中，教师的指导应注意以下几点：

① 所要粘贴的画面形象，应视幼儿的年龄来决定是由教师画还是由幼儿自己创作。因为就幼儿的心理发展的进度而言，早期幼儿还处于单维阶段，多维要求对他们来说是不合适的。所以，应随幼儿年龄的增长，逐步地增加他们自己创作的分量。

② 在一次粘贴活动中，不宜有太多类型的材料；否则，幼儿易将注意力转移到材料的翻找上，从而影响完成作品的进程。

③ 考虑到幼儿的生理发育不成熟，动作的灵活性及手眼的协调能力较差，因而教师在为幼儿设计画面形象或引导幼儿自己设计画面形象时，都要注意其轮廓线要简单，不宜有太多的细小凹凸，并且形象的数量要少些，以方便幼儿操作。

④ 从作品的美观考虑，教师要引导幼儿注意画面形象的颜色与底纸的颜色之间的搭配。通常来说，材料的颜色与底纸的颜色应成对比，这样才能起到突出画面形象的作用。

⑤ 如果采用树叶类自然材料进行粘贴，教师要引导幼儿注意尽量利用自然物本身的形状、颜色及其他特性，少做修剪与改变，以保持自然物的自然之美。例如，用铅笔的刨花做裙子、用西瓜子的壳做老鹰的羽毛等。

图3-7　树叶拼贴画

⑥ 在底纸上摆放形象时，教师要引导幼儿注意画面的布局：先定主要的、大的形象，再定次要的、小的形象；将主要的形象摆放在画面突出的、显著的位置上，再根据画面的需要安排次要的形象的位置。

⑦ 若粘贴剂是胶水一类的，则教师在引导幼儿涂抹时应注意将画面分成小部分，一部分一部分地进行。因为若将画面全部涂抹上粘贴剂后再来粘贴，则粘贴剂易干而不好粘贴。同时，要注意涂抹均匀，这样粘贴的作品才会牢固而不易脱落。

⑧ 粘贴剂不能到处乱抹，要注意保持卫生。树叶拼贴画见图 3-7。

## 2. 剪贴

剪贴是指用剪刀将材料修剪成需要的形状，然后拼贴出形象。剪贴活动中的一部分技能属于绘画，其余技能是拼和粘。一般来讲，幼儿是在边剪边拼摆的过程中构造拼贴形象的。在粘贴之前，教师应让他们充分地修剪和拼摆材料，待拼摆满意时，再将材料一一粘上。粘贴之前和粘贴时要注意提醒他们糨糊不要蘸得太多，适量即可；糨糊应涂抹在材料的背面，涂抹要均匀。除技能上的指导外，在粘贴中，教师要注意培养幼儿良好的操作习惯，如不乱抹糨糊，保持手、衣服、用具和作品干净，将剪剩的材料放入容器中，等等。图 3-8 为剪贴画作品。

图3-8　剪贴画作品

## 3. 撕贴

撕贴也是幼儿手工活动的常见形式之一。撕贴的目的是最大限度地锻炼幼儿的手指肌肉动作及其控制能力。它与剪贴的最大区别在于：撕贴把手指作为工具，利用双手手指的配合来撕出所需要的形象，再贴成平面的画。用手撕出来的形象，其轮廓线蓬松、柔软、毛茸茸的，具有自然、浑厚、稚拙的独特美感，这是其他造型手段所无法比拟的。因此，撕贴活动的重点在于"撕"。一般来说，撕贴的材料是较薄的软纸，其韧性不能太强。撕贴的形式有自由撕、沿轮廓撕和折叠撕等。幼儿开始学习撕纸时，可进行自由撕。逐渐地，教师可引导幼儿学习沿轮廓撕和折叠撕。在撕贴活动中，教师的指导应注意以下几点：

（1）教师首先要引导幼儿学习撕纸的基本方法。两手靠近，分别捏住要撕开部分的两侧，大拇指在纸的上面，其余四指在纸的下面；撕时，两手向相反方向用力，每次撕口不要太长，以便能控制好要撕的形象。撕纸的贴法可参考粘贴部分的内容。

（2）每次提供给幼儿的纸不宜太大，以免幼儿由于手的控制能力差而越撕越小，结果是一张大纸被撕成了一个很小的形象，造成浪费。

（3）不能要求幼儿很准确地撕出一个完美的形象，若与所构思的形象有较大的出入，教师则可以让幼儿仔细观察手中的纸形，想象它像什么，撕好后，再装饰、添画成为一幅有意义的画（图3-9）。

图3-9　撕贴画作品

## （四）染纸

染纸是指用吸水的纸和水性颜料通过渍染和点染的方法染出色彩美丽的纹样。染纸的目的在于让幼儿在学习染的技法的过程中，了解、感受色彩位置排列所造成的变化。染纸的材料和工具主要有吸水性强的纸（生宣纸、餐巾纸、毛边纸等）、毛笔、水性颜料等。为了增强渗透的能力，可在颜料里滴进少许白酒。在染纸活动中，教师的指导应注意以下几点：

（1）教师要给幼儿提供充分地接触和尝试材料的机会，让他们了解材料的性质和特点。例如，让幼儿分别用生宣纸、卡纸等不同性质的纸，以及粉性材料和水性颜料来染，通过尝试逐渐懂得染纸须用吸水性强的生宣纸和渗水性强的水性颜料作为工具。

（2）教师要指导幼儿将纸进行折叠。染纸常见的折叠方法有田字折、米字折、放射折等（见图3-10），折叠要整齐、压实，不宜太厚。

（3）教师要引导幼儿学习染色的方法。染色一般分为渍染和点染两类。渍染是指将折好的纸插到颜料里，颜料自动地被吸到纸里去的方法。教师在指导幼儿进行渍染时，应注意把握染色时间的长短，即由于颜料的渗透性和纸的吸水性，如果想将纸的一边1/3的长度染上色，那么就必须在水色还没有渗到1/3处时及时把纸提出染料的水面，这样才不至于使染色的面积超过预先设想的面积。点染是指在渍染无法进行的部分用毛笔蘸染染料的

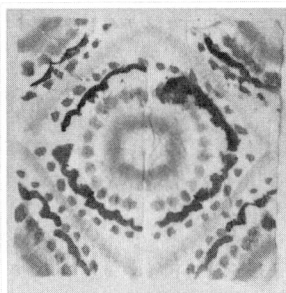
(a) 田字折

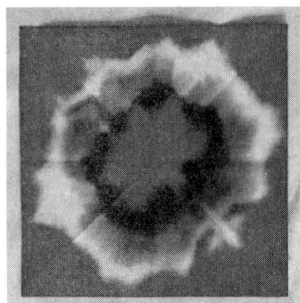
(b) 米字折

(c) 放射折

图3-10　染纸常见的折叠方法

方法。教师在引导幼儿进行点染时，应注意帮助幼儿解决如何才能把纸染透的问题。若未染透，则应在纸的同一部分的反面甚至里面进行点染。

（4）教师要引导幼儿学习如何揭开染纸。可以等染纸阴干或接近阴干时再揭开，也可以把干净的吸水纸放在染纸上压吸后揭开。

（5）在准备工具时要注意多备几支毛笔，要专笔专用，以保证颜色的纯正。

（6）教师要引导幼儿注意色彩的搭配。在色调上应以一种颜色为主，并且这种颜色的面积要大，然后配上少量小面积的对比色；在明度上要有深浅变化，若主色调是深色的，则其余颜色应为浅色；在色块的排列位置上要有疏密变化，以形成节奏感，且要注意色块的形状，因为它决定着纹样的形状；染色的顺序为先染浅色，后染深色。

（7）在染色出现问题时，教师要引导幼儿灵活地"借迹重构"。

## （五）印制

印制活动充满了悬念，常常令人惊讶。在印章盖到纸上之前，谁都说不准印出的是什么。印章制作原料很容易获得，小器件、马铃薯块、玩具等表面有纹理的物品都可以用作印章。在印章表面蘸上印油或颜料，按在纸上，就印出了印记。印是可以重复使用的，使用它能够轻松地印出有韵律的连续图案。它完成作品的过程很吸引人，是幼儿喜欢的美术活动。

完成一幅印制品要经过 3 个步骤：第一步是做一个浮雕印章，可以找一块马铃薯在上面刻出图案，也可以用橡皮或塑料泡沫板来做；第二步是把做好的浮雕印章在印台上蘸一点印油或颜料，也可以用刷子涂；第三步是把它按在纸上，然后拿起来，印记就留在了画纸上。幼儿初学时，可先不雕刻印章，选一些小物件，利用其现成的形印出色块，组成各种图形或形象。

## （六）编织

编织，即用线、绳、带等材料交织制作工艺品。这是一种古老的工艺，基本的编织法则从古至今没有更改过。早在石器时代的人们就掌握了用稻草、芦苇和其他自然物编织篮子的技术。

幼儿可以用简易的方法进行编织，织出一片片织物，然后做成实物或装饰品。他们会沉醉于编织穿来穿去的操作过程，对色彩、纹理和图案的要素越来越敏感，手指也将发展得灵活自如。

## 📚 案例分析

材料：

小班美术教育活动方案：撕纸画——春天的大树

【活动目标】

① 认知目标：学习正确的撕纸及粘贴方法来表现春天的树。

② 情感目标：激发幼儿对春天的热爱之情，增加幼儿对春天树木的色彩美的感受。

③ 技能目标：训练幼儿手指的灵活性，提高手眼协调活动的能力。

【活动准备】

① 彩色薄纸、牛皮纸、A4蓝色或黑色卡纸若干、胶棒、小垃圾桶。

② 一张制作完成的《春天的树》的范画。

【活动重点】

让幼儿学习撕纸和粘贴的方法，重点掌握撕纸的方法。

【活动过程】

（1）情境导入

① 播放如图3-11所示的图片，导入活动。

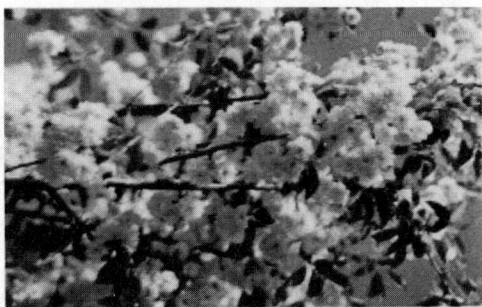

图3-11 小班美术教育活动图片

② 教师启发幼儿观察，并提问。

师：小朋友们，春天到了，你们有没有发现大树有什么变化呢？（长出了新树叶，开花了。）

师：树上都有些什么颜色？（绿色、紫红色、黄色、粉红色。）

教师总结：小朋友们都看到了，有的树长出了叶子，有深绿色、浅绿色，还有红色的、黄色的和橙色的新叶子；有的树开花了，有粉红色的、紫色的、水红色的、白色的，真漂亮呀！今天我们一起用撕成的彩色纸块，来把春天的树装点起来，把春天的树打扮得漂漂亮亮的吧。

（2）理解体验

① 教师启发幼儿：如何用纸撕出美丽的大树形状？

教师出示制作好的范画并讲解，引导幼儿进行观察，请幼儿尝试练习撕纸。教师让幼儿说说自己是怎么撕的，让幼儿讲述自己的操作经验。

② 教师示范讲解撕纸的方法，演示粘贴的方法和步骤。

师：小朋友们，请仔细看看老师如何用纸撕出大树的形状，注意老师制作的先后顺序。

a.先用牛皮纸撕树干，将纸揉皱了，粘贴在卡纸上。

b.再用彩色纸撕出自己想要的树叶和花，粘贴在树干上。

c.要注意疏密搭配。

③ 幼儿体验。

师：请小朋友们来尝试练习撕纸吧。

（3）自由创作

① 幼儿开始自由操作，教师巡回指导。

② 幼儿操作前教师提出制作的常规要求。

a.使用过的物品要放回原处。

b.垃圾及时放进垃圾桶，保持桌面清洁。

c.操作过程中遇到困难要大胆向其他幼儿或老师寻求帮助。

③ 展示作品，互动交流。

教师和幼儿一起参与评价，根据幼儿作品的成果和桌面的整洁度两个方面来进行评价。教师将幼儿的作品放在美术区域中，请幼儿从日常生活中欣赏。

分析：

撕纸画是选用彩色薄纸，通过手撕、拼接、粘贴的方法而完成的画。撕纸画装饰性强，新颖别致，能表现出其他作画方式不可及的独特风格。因撕纸简单、有趣、制作安全，所以很适宜幼儿制作。幼儿通过撕纸、粘贴过程，可以锻炼手指肌肉的灵活性，训练手脑并用的能力。

幼儿初次接触撕纸画，内容不能太复杂，应根据时节选用简单易学的内容，来让幼儿产生对撕纸画的兴趣。本次活动的主题为"撕纸画——春天的大树"，活动中让幼儿观察春天大树的颜色、造型，让幼儿自己去探究和发现，充分发挥和调动幼儿的主动性，通过操作获得经验、知识。艺术活动是幼儿表达自己的情感、认知和想象的重要方式，无论幼儿粘贴成什么样，教师都应尊重每个幼儿的想法和创造，肯定和接纳他们独特的审美感受和表现方式。

## 🧰 小贴士

### 如何保护泥塑

导致泥塑破损的原因有很多，主要有自然因素和人为因素。

自然因素有水溶性盐类及支撑内部结构的变化，微生物的生长，物理气候（通常指温度和湿度）的变化，日晒、雨淋及风沙的侵袭，大气污染物的作用等。此外，不正确的修复方法及使用了一些不适当的修复材料等人为因素也往往会加速泥塑变质。

泥塑常见的病变现象主要有空鼓、剥落、酥粉、龟裂起甲、起泡、脱胶掉皮、画面褪色、变色及污染（霉斑、昆虫屎斑、烟熏等）。要想让泥塑长期保存下去，重要的是创造良好的保护环境。防止病变的发生比治理病变更重要。只有彻底地消除产生病变的根源，才能从根本上保护好泥塑。

保护泥塑要控制好湿度。建筑物应具备良好的通风条件，建筑物的附近不应当有丛生的杂草。这对于保护泥塑的完整性有很大意义。

保护泥塑还要避免光的影响，绝对不能让阳光直射到泥塑上。最好采用人造光源照明，这样便于控制光照度，更有效地消除光线对泥塑的损害。

# 第二节
# 手工活动的组织

## 案例导入

材料：

在美工活动"弹珠滚画"中，教师给每一组幼儿准备了一只有5个格子的颜料盒，分别投放5种不同颜色的颜料。其中有一个操作程序是幼儿将弹珠放入颜料盒里浸染颜料，然后将珠子取出来放到铺有白纸的塑料方篮子中，进行弹珠滚画。

要求：

为避免幼儿手直接接触颜料，影响整个操作活动，请依据材料设计一个巧妙的活动环节，帮助幼儿合理使用材料的同时，又能达到"弹珠滚画"的教学效果。

## 知识讲解与案例分析

手工是涉及多种影响条件和具有复杂结构的活动。根据分类角度和标准的不同，手工活动可分为不同的类别。例如，根据使用材料的不同，手工可分为纸工、泥工、木工、布工、金工等不同的材料工种；根据制作工艺的不同，手工可分为雕刻、塑造、编织、印染、刺绣、缝纫等不同的工艺品种；根据作品的功能不同，手工可分为观赏性手工、实用性手工、娱乐性手工和科技性手工等。结合幼儿手工制作的特点，本书将幼儿手工活动分为平面手工活动和立体手工活动来介绍。

## 一、幼儿园手工活动的设计

### （一）平面手工活动的设计

平面手工活动主要是指幼儿对手工工具和材料进行操作，制作出平面手工作品的活动。幼儿的平面手工活动主要有粘贴、剪贴、撕贴、染纸、刺绣等形式。本书重点介绍前四种活动的设计。

## 1. 粘贴的设计

粘贴是用事先准备好的各种色纸、自然物、废旧物品等，粘贴出某种形象（形象轮廓可以是事先画好的），或经过想象粘贴成自己喜欢的作品。前者较为简单，一般在小班、中班进行，重点指导幼儿如何用糨糊、胶水、双面胶等黏性物质进行涂抹；后者可在中班、大班进行，重点启发幼儿构思主题，展开丰富的想象。

粘贴是手工活动中最基本的技法。

（1）教会幼儿认识和了解粘贴工具和材料　粘贴所用到的基本工具包括胶水、剪刀、笔、刀、热板等；材料包括豆子、谷物、颗粒、花生、果壳、毛线等。教师应引导幼儿认识以上工具和材料各自的性质和用途，并学习其使用方法。

（2）教师要引导幼儿学会粘贴的表现技法　如点状材料，需用到粘接、拼贴、排列等技法，可塑造成线型、面型、体型、综合型。面状材料，需用到折叠、切折、卷曲、插接、层面排列、缝等技法，可塑造成线型、面型、体型、综合型。利用花瓣、树叶等材料，通过层面排列技法，可塑造成线型、面型；利用闪光纸，通过层面排列、拼贴技法，形成面型，构成画面等。

## 2. 剪贴的设计

剪贴是指运用剪刀将面状材料剪成所需形象后，粘贴在平面上的手工活动，它是大家喜闻乐见的传统民间艺术之一。最普遍的剪贴材料是各色纸（包括报纸、皱纹纸、塑料纸、挂历纸等）、布料、树叶等。剪贴的主要目的是让幼儿学习使用剪刀，重点在于学习剪的技能，锻炼手指肌肉动作的灵活性，发展创造性思维能力、手眼协调能力和动手操作能力等。剪贴活动一般从小班下学期开始。

（1）教会幼儿使用工具　首先，为幼儿准备把合适的剪刀，最好是圆头的幼儿专用剪刀，不需要的时候放置在固定的地方并注意剪刀的使用安全。其次，教幼儿正确使用剪刀的方法，即大拇指和其余四指分别伸进剪刀的两个柄环内，利用大拇指拉和其余四指推的力量张合剪刀把纸剪开。再次，开始剪时把纸放在剪刀的中间，从右到左或从下到上地将纸剪开，并引导幼儿进行各种线条的随意性剪纸练习，以帮助他们熟练地使用剪刀。例如，先让幼儿随意剪，然后剪短直线（如薯条等），最后剪长直线（如面条、粉丝等）、短曲线（如毛毛虫等）、长曲线（如小路、小蛇等）、螺旋线（如蚊香等）。可以在幼儿能较熟练地使用剪刀的基础上，引导幼儿学习不同的剪纸方法。

（2）引导幼儿学习剪纸的几种基本剪法

① 目测剪，即用没有任何痕迹的纸，幼儿借助目测的方式凭借想象，直接剪出形象的方法。幼儿用目测剪的方法所剪的形象大多是线条，以及正方形、长方形、三角形等几何图形和一些轮廓线简单的物体。剪好后的图形，还可在一张白纸或彩纸上贴好，组成一幅幅美丽的图画。

② 沿轮廓剪，即按照已画好的轮廓线剪出所需要的物体形象的方法。可以根据幼儿的年龄及发展状况，决定轮廓线是由教师画还是由幼儿自己画。需要注意的是，画出的形象要尽量大一些，轮廓线要简单一些，不能有太多的凹凸，便于幼儿剪贴。另外，还可提供一些废旧的有形象的画册或挂历等投放在美术区，供幼儿在游戏时练习沿轮廓剪，剪下的形象可供粘贴用。

③ 折叠剪，即将纸折叠后再剪出纹样的方法。折叠剪剪出的纹样具有对称、均衡的美感。折叠剪的第一步是折叠，一般折2～3层，层数过多幼儿剪不动。长条形的纸反复折叠后，可以剪出花边；正方形或圆形的纸对角折成三角形后可以剪出窗花等。折叠剪时要注意不能将两端全部剪断，剪完后，要逐层揭开，动作要轻柔，这样可以保持作品的完整无损。剪纸的贴法可参考粘贴部分。

（3）剪贴活动注意要点

第一，在剪贴内容安排上，应由简到繁、由易到难，即先剪大面积的，线条较短、较直的物体形象，然后再剪一些有曲线的、有细节的物体形象。

对于小班幼儿来说，教师可向他们提供安全的剪刀，让他们尝试学习使用剪刀；另外，提供各种纸张，让他们在撕、揉的过程中了解纸的性质。由于目测剪没有任何限制，因此在幼儿开始学习剪时可采用这种方法。

对于中班幼儿，随着小肌肉的发育，让他们学习剪一些简单的图形，逐步学会剪弧线、圆曲线，并能根据教师的要求沿着轮廓剪出物体图形。最初剪的轮廓线要简单，所剪的形象要大。随着年龄的增长，可使剪的轮廓线越来越复杂。

对于大班幼儿，随着手部肌肉活动能力的增强，他们已较熟练地掌握了剪纸和撕纸的技能，因此教师可指导幼儿综合运用剪、撕纸的技能进行主题创作。幼儿根据故事情节，将故事中的角色先剪下来，并添画相应的背景，最后进行粘贴。这样，既能丰富幼儿的想象力，又可发展其动手能力和空间感知能力。

第二，在剪纸顺序上，目测剪和沿轮廓剪要注意先从大的轮廓开始，再剪小的细节，最后逐渐修剪成型。而折叠剪则要按照从里到外、从小到大、从细到粗、从局部到整体的顺序来剪，最后再修整。

第三，无论是目测剪、沿轮廓剪还是折叠剪，教师都应提醒幼儿，剪时应左手配合着右手的动作转动纸片，防止边剪边拉使形象周围不整齐，但不必苛求剪出的物体形象美观。

第四，剪贴时，要注意提醒幼儿将剪下的碎纸屑放在指定的容器里，要保持桌面、地面的整洁，养成良好的卫生习惯。

### 3. 撕贴的设计

撕贴是将手指作为工具，利用双手的配合撕出所需形象，再贴成平面的画面，它能促进幼儿手部小肌肉群的发育及控制能力的提高。撕纸作品具有蓬松、柔软、自然、浑厚、稚拙的独特美感。撕纸活动的重点在于撕。一般来说，撕贴的材料可以是普通彩纸或报纸等较薄的软纸，其韧性不能太强。

（1）要引导幼儿学习撕纸的基本方法　撕纸可分为自由撕、沿轮廓撕和折叠撕等。一般来说，要求幼儿所撕的物体形象应该是特征明显、外形简略的。撕纸一般从小班开始，先进行自由撕，以便积累感性经验，逐渐地，教师可引导幼儿学习沿着轮廓撕；中班幼儿重点练习用目测的方法将纸撕成一定的图形，如撕"花边"；大班幼儿可练习把纸折叠后按造型的需要去撕，如用正方形纸折叠后撕掉角和中心即撕成"花朵"，也可折叠撕成"窗花"等。

（2）撕贴活动注意要点

第一，应提供合适的工具和材料。每次提供给幼儿的纸不宜太大，以免幼儿由于手的控制能力差将纸越撕越小，结果是将一张大纸撕成了一个很小的图形，造成浪费。

第二，要循序渐进地指导幼儿练习。根据幼儿撕纸能力发展的特点，由简单到复杂、由易到难地对幼儿进行指导。

第三，对幼儿所撕的图形不必过于苛求。让幼儿随意撕纸后，根据所撕的图形想象添画，成为一幅有意义的画面，发挥幼儿的想象力。教师重点指导撕贴技能和方法。

### 4. 染纸的设计

染纸是中国传统的民间艺术。染纸活动有一定的难度，一般在中班、大班进行。染纸画变化无穷，能够让幼儿充分感知色彩的奇妙变化，激发幼儿的好奇心和探索精神，是一种适合幼儿特点、富于游戏性的美术活动，可以培养幼儿对自然纹样的审美情趣和手工活动的兴趣。

（1）染纸活动的材料主要是纸、颜料，纸张通常选用吸水性强的宣纸、毛边纸；颜料主要有彩色墨水、碳素墨水、墨汁等；工具主要有毛笔、大小盘子、夹子等。

（2）可先将纸裁成所需要的形状和大小，然后进行各种方向的反复折叠，如对折、对角折、三折、四折等，以此类推。

（3）要注意培养幼儿良好的操作习惯，注意保持周围环境的整洁，作品放在固定的地方晾干、陈列。还可以对染好的纸进行继续创作，比如，结合剪纸、折纸等方法，把染好的纸重新设计、加工，将它制作成更为有趣的装饰画，如书签、剪纸画、装饰小品、时装画等。这样可以使染纸活动更加丰富，以提高幼儿的积极性。

## （二）立体手工活动的设计

立体手工活动主要是指幼儿通过手工活动制作出立体的手工作品的活动，其主要形式有泥工、折纸、厚纸制作和综合材料制作等。

### 1. 泥工的设计

泥工是最常见的幼儿立体手工活动。泥工活动的目的在于锻炼幼儿手指肌肉动作的灵活性，发展幼儿的手眼协调能力，培养幼儿的空间知觉能力。

（1）幼儿各年龄段泥工活动内容的选择

① 小班幼儿泥工活动内容。小班幼儿泥工活动的内容主要是认识泥工的简单工具和材料，知道其名称，知道泥的性质是柔软的、可塑的。在为小班幼儿设计泥工活动主题时，应侧重于让幼儿认识泥工活动的工具，如泥工板、小竹棍等，懂得它们的名称和使用方法。

初期可以让幼儿任意玩泥，任意塑造一些简单的形体，使其在玩泥中体验泥工活动的快乐。同时，注意引导幼儿欣赏一些教师及中班、大班幼儿的泥工作品，以激发他们对泥工的兴趣。经过一段时间后，可设计一些让他们用一种或两种基本技能塑造简单物体形象的活动，如捏"苹果""汤圆""面条""饼干"等。之后可加大难度，可以设计将两个基本形体结合在一起构成一个组合，如将两根一样长的小泥棍拧一拧做成油条，将两个小圆球叠在一起做成"葫芦娃"等。

② 中班幼儿泥工活动内容。中班幼儿的泥工活动要求幼儿会塑造物体的主要特征，会使用一些简单的辅助材料表现出简单的情节，并能按意愿大胆塑造。为中班幼儿设计的活动可以是塑造出比较复杂的物体形象，能表现出物体的基本部分和主要特征，如有厚壁

又有一定容积的器皿（锅、盆、碗），小动物的形象（猫、兔子）及小娃娃等。对中班幼儿塑造的作品，不追求形象的比例及细节表现。

③ 大班幼儿泥工活动内容。大班幼儿的泥工活动要求学会使用简单的工具和辅助材料塑造某些细节部分，学会塑造人物、动物的主要特征和动作，表现出主要的情节。

为大班幼儿设计的活动，要求能让幼儿运用辅助工具和材料细致、生动地表现物体的主要特征和细节。在表现内容上，已不再是简单的水果、器皿，而是以形体较复杂的动物、人物为主；同时要求塑造出形象的突出特征和某些细节。所塑人物和动物要有简单的动作，如"小兔吃草""跳舞的小朋友""小刺猬的果子"。在此基础上，再为他们设计一些塑造两个以上基本形体的活动，或者借助辅助物表达简单情节，如"草地上的羊""小熊过桥""龟兔赛跑"等。

（2）泥工活动的过程设计

第一，让幼儿通过与黏泥等泥工材料和工具的接触，了解它们的名称、特点和用途。

第二，引导幼儿学习泥塑的基本技法。不同年龄的幼儿学习的技法应该是不一样的，可随着年龄的增长逐渐增加技法难度。

第三，引导幼儿掌握泥工的基本规律。一是探索从基本的几何形体出发可以塑造出哪些立体形象。例如，球体可以被想象成元宵、皮球等；从球体出发，在球体上插一根细木棒就成了樱桃、葡萄等；如果用拇指和食指将球体的上下捏凹，再插上细枝，便成了苹果；将两个小的球体用小棒插接就可塑造出一只小鸡。又如圆柱体可以被联想成柱子，将圆柱体拉长后再将其中一端弯一弯可以做成拐杖；把圆柱体一头搓细、一头捏圆又可以做成胡萝卜和辣椒等。二是从基本技法出发塑造相应的立体形象。如捏可以塑造出碗、碟、勺、鸭嘴等。幼儿掌握泥塑的基本规律后，通过看图或实际生活经验便可塑造出自己想塑造的形象。

第四，引导幼儿学习使用泥工的辅助材料。

第五，在泥塑活动中还应注意培养幼儿的想象力、创造力和良好的卫生习惯。比如，在捏泥时要鼓励幼儿大胆地创作，要给幼儿自主决定创作内容的机会。当幼儿遇到困难时，幼儿教师可以给予建设性的建议。同时，可以提出具体可行的要求，如玩泥时不要把泥弄在身上、桌上和其他物品上，结束后把泥收放整齐，并将双手用肥皂清洗干净等。

第六，在泥塑活动中应正面评价并妥善处理幼儿的泥工作品。泥工材料的特点决定了泥工作品追求的是粗朴、淳厚的美感，因此在评价幼儿泥工作品时不应该把重点放在追求作品的精细与细致上，而应注重幼儿泥工操作的过程及作品整体的稚拙感。

幼儿的手工作品应保存在通风阴凉处，若需重新使用泥料，则应与幼儿商量取得他们的同意或不当着幼儿的面进行处理，避免挫伤他们的积极性。

## 2. 折纸的设计

（1）引导幼儿学习折纸的基本术语。

（2）掌握折纸的基本规则。

（3）学习折纸的基本技法。进入中班以后，教师可以引导幼儿学习看图示折纸。教师事先按折纸顺序画好步骤图，图上线条要简明，教师要教幼儿认识和熟悉折法符号，培养幼儿的识图能力，为他们自己独立进行折纸活动打下基础。在幼儿第一次学习看图折纸时，教师可以边教幼儿识图边进行演示，帮助幼儿理解图上的符号。演示时，教师用的纸要大些，要有正反面，手的动作要明确，每折一步都要指明折叠的依据和标准部位，语言要简练明确。待幼儿理解图示后，教师可逐步过渡到仅演示重点和难点，其他部分让幼儿自己看图折。教师可只出示一个折好的样品，使幼儿对要折的形象有一个整体的概念，以加强折纸的目的性。

（4）设计的折纸活动应该考虑到幼儿的身心发展特点 折纸活动要按照由浅入深的规律、由易到难的顺序安排。

① 小班。小班幼儿在折纸活动中要了解对边折、对角折、向中心折的折纸方法；能够较熟练地运用对角折、对边折折出简单的物体。教师要引导幼儿学习折纸的基本术语，以便幼儿在学习时能理解教师的指导。对小班最初的折纸练习，教师主要指导幼儿学会对齐、抹平及一些简单的折叠方法，如对边折（折小钱包、风琴等）、对角折（折衣服、东南西北等）、反复折（折蝴蝶、小扇子等）；培养幼儿折纸的兴趣，使其愿意参加折纸活动，同时愿意向他人展示并介绍自己的作品。

② 中班。中班幼儿需要掌握的折纸技能有：在折纸活动中掌握双三角形折、双正方形折、斜边对中心线折等技能；初步与其他美工技能相结合，在折纸的基础上尝试添画。

教师在指导幼儿学习折纸技能时，对中班的幼儿需要求较平整地折叠，如四角向中心折（折裤子、帆船、篮子等）、双正方形折（折小手枪、帽子等）。同时，鼓励幼儿进行同伴间的学习。

③ 大班。大班幼儿应能够认识各种折叠符号、简单的图解，学习根据折叠符号和图解进行折叠；在熟练掌握各种基本折纸方法的基础上，学折各种物体。

对于大班的幼儿，学的技能可以难度较大，如双三角形折（折宝塔、小猴爬山等）；组合折（折战斗机、坦克等），即将折好的几部分组成一个整体。教师应重点指导几个部分的插接，引导幼儿思考如何插接才会不松散。教师应培养大班幼儿学习的主动性，使其逐步养成独立解决问题的习惯。同时，能根据自己的意愿大胆地进行简单创作并尝试在其他活动中运用折纸。

折纸经常容易使幼儿按部就班地根据教师的示范或图示折出相同的物体形象。在幼儿掌握了基本的折纸技法后，教师可引导幼儿把折纸与添画、折纸与剪结合起来，根据造型的表现需要，配合使用剪刀，或在折纸的物体上添加部分的描绘，使形象更加生动。另外，折纸是一种需要经过反复练习才能获得技能的活动。在进行基本技法练习时，教师可发挥幼儿的想象力和创造力，引导幼儿对折叠的造型进行加工改造，形成一件有创意的作品。例如，幼儿用长方形纸学习对边折，在纸对折后，教师可让幼儿在纸上画上车窗、乘客，再添画上轮子变成一列火车、一辆大巴士等；也可让幼儿把对折后的纸竖起来，在上面添画上窗、人物等，或是用剪刀剪出几扇窗，便成了一幢高楼。

### 3. 厚纸制作的设计

（1）学习厚纸制作的基本形体。

（2）提供材料，鼓励幼儿思考制作立体几何形体的方法 幼儿教师为幼儿提供各种纸张，鼓励幼儿利用已经掌握的技法（如剪、挖、粘）思考制作立体几何形体的方法并尝试制作。例如，将长方形两端卷起并粘贴就制作出了圆柱体；将圆形沿纸边的任何点向圆心裁剪，剪开后重叠粘贴两端就制作出了圆锥体。如果幼儿对制作方法存在一定的困难，幼儿教师可以先演示基本形体的制作方法，或让幼儿观察已经制作好的几何形体，甚至允许幼儿将它拆开以探索其中的规律。

（3）鼓励幼儿进行联想创作。如将直立的圆柱体的上端向中间剪成细窄的长条并向下卷成树枝状，再用彩色的纸剪成树叶、花朵或小果子粘贴在上面，就变成了各种果树；各种长短、粗细不同的圆柱体则可以当作小动物的头和身体进行上下粘贴，再粘上尾巴、眼睛、耳朵、鼻子、胡须等就变成了各种有趣的小动物。

（4）给幼儿提供展览作品的机会　幼儿教师可以设置一个展览区域，帮助幼儿布置展览（如有趣的动物园、漂亮的家居设施、神奇的机器人等），可邀请其他班的幼儿前来欣赏，鼓励幼儿一起利用这些作品表演动物童话剧、做各种游戏等，以激发幼儿进一步制作的欲望，同时增强自信心，体验成功的快乐。

### 4. 综合材料制作的设计

综合材料是幼儿综合运用所掌握的美术知识和技能，使用各种不同工具、废旧材料或水果、蔬菜等自然物，通过联想"因材施艺"地进行建构，制作出立体造型的活动。例如，用水果制作水果娃娃，用一次性纸杯制作小动物、小椅子，用废旧塑料瓶制作花篮等。

综合材料制作对于幼儿的想象力、创造力的培养有非常重要的意义。利用综合材料来制作，既可以变废为宝，又可以使幼儿认识各种材料的性质、用途，培养幼儿动手动脑和有目的、有计划地进行手工活动的能力。由于制作过程对幼儿手腕力量和手指灵活性的要求较高，因此，综合材料的造型活动大多在幼儿园大班开展，但中班可以开展一些简单的自制玩具活动。

（1）提供恰当的材料　幼儿教师提供给幼儿的废旧材料应该丰富多变并且是安全、无毒、卫生的，此外，还应有一定的潜在的制作价值。

（2）鼓励幼儿创造性地使用各种综合材料　在造型活动中，幼儿教师除了教给幼儿必要的造型技法外，还应把指导的重点放在引导幼儿进行想象上，要启发幼儿思考材料可以制作什么形象，即"因材施艺"，或是就自己的设想来选择合适的材料进行制作，即"因意选材"，让幼儿在这样的探索中发展他们的想象力与创造力。例如，在蔬菜造型活动中，教师可以就各种块状蔬菜启发幼儿想象制作，将有条纹的黄瓜切下一段做蛙身，再削瓜皮做腿，用透明纽扣做眼睛，一只栩栩如生的青蛙就出现在眼前了，蚕豆加上高粱秸秆压成的薄片做脚，即可做成螃蟹，剥去蚕豆胚芽部分的皮，露出的胚芽像人脸部的侧面等。

（3）妥善处理好幼儿的作品　用废旧材料制作出的作品可以用于幼儿日常的游戏活动和装饰教室，也可以用来作为礼物送给他人，如送给低班的弟弟妹妹玩。妥善处理好幼儿的作品，不仅可以使幼儿体验到手工制作的成就感，而且可以进一步激发他们对废旧材料利用的兴趣。

### 案例分析

材料：
中班幼儿手工活动"纸杯花"
【活动目标】
（1）尝试通过纸杯变形、涂色制作纸杯花。
（2）探索不同的风格方式，并运用对比色或渐进色均匀涂色。

（3）体验变形所带来的快乐，并能耐心地进行涂色活动。

【活动过程】

（1）出示纸杯花范例，引导幼儿欣赏，引起兴趣。

引导幼儿观察纸杯花的材料：看，这是朵什么花？有什么特别的地方呢？

（2）鼓励幼儿探索纸杯花的制作方法。

① 一次性纸杯怎么才能变成一朵美丽的花呢？

② 为幼儿示范用剪刀把纸杯剪成花的过程。从杯口沿直线剪到杯子底部，相隔一段距离，再从杯口沿直线剪到杯底，直到将杯身全部剪开。用手将剪开的长条状向外打开即变成花。

（3）探索不同的分割方式，并运用对比色或渐进色均匀涂色。

① 回忆对比色和渐进色。

② 探索不同的分割涂色方式。

除了把花心和花瓣区分涂色，还可以采用什么样的分割方式涂出不一样的效果呢？

（4）幼儿操作，教师观察，及时反馈幼儿不同的分割涂色方法。

① 幼儿沿直线剪出花瓣。

② 教师：可以选择对比色或渐进色进行涂色，涂色的时候要用力，要有耐心。

（5）集体展示作品，教师小结。

将幼儿制作的纸杯花串起来变成一个花环悬挂起来。

分析：

案例材料为中班幼儿手工活动，活动设计为综合材料制作的设计。综合材料的制作最大特点就是灵活性强，教师及幼儿都可以因地制宜、灵活取材，做到真正地取之于生活、用之于生活。这样的"灵活性"特点可以大大激发幼儿的创造能力与制作能力，让幼儿基于生活中的需要去进行思考，进行新型物品的创造，同时也可以培养幼儿节约用材的思想。

# 二、幼儿园手工活动的指导

## （一）幼儿手工活动的指导策略

### 1. 提供精美多样的范例，引发学习动机及开阔思路

在手工活动前，对范例的欣赏能诱发幼儿的创作动机，加深直觉体验，开阔创作思路，提供借鉴与选择的空间，帮助幼儿从中悟出制作的方法。在选择范例时应讲究范例的精美性、多样性、灵活性。范例可以是教师的作品，也可以是幼儿的精美作品，还可以是实物，可以是玩具等。如中班幼儿制作树叶贴画，就可准备"孔雀开屏""海底世界""花园里"等多幅范画，使幼儿充分感受树叶贴画的艺术魅力，并启发幼儿用不同的树叶构成不同的画面。

### 2. 提供环境、时间，充分体验材料的性能

手工制作技能技巧的形成需要一定的练习，幼儿手工制作的意图也是在与材料的大量接触过程中逐渐产生的，因而教师要为他们提供与材料充分接触的机会，让幼儿在撕、卷、折叠、剪、贴、染等活动中了解纸的特性；在拍打、搓、团、压、捏、挖、连接、押

拉等活动中，了解泥的可塑性。让幼儿在与材料相互作用的过程中，对手工制作产生兴趣，愿意去操作。

### 3. 鼓励幼儿自主观察思考，掌握相关技能及步骤

手工活动的内容丰富多彩，有泥工、纸工、布贴、编织、刺绣、自然物剪贴、自制玩具等。很多废旧物都可以成为手工活动的材料，在每种材料的性质和作品之间，都存在着一定的联系和规律，幼儿教师应引导幼儿去观察、发现，运用这些联系和规律正是掌握相关技能及步骤、积累一定经验的途径，如在立体纸工活动中，教师事先布置，让幼儿去准备材料，并认真观察材料和范例的特点，学着在自己准备的挂历纸上裁剪。大部分幼儿看到范例就知道锥形的帽子要裁剪成扇形，圆筒的身体要裁剪成长方形。经过一次次的启发、思考、尝试后，幼儿就能制作出别致的房子、花、草、树、动物等作品。

当然，教师要对活动的重难点作讲解示范。讲解的语言要简练，富有启发性；示范动作要清楚，让幼儿能掌握活动的基本技能。在讲解示范中，教师应注意为幼儿留下宝贵的思维空间，把创造的余地留给幼儿。如中班撕贴画活动，教师只讲解示范图形的撕法，其余的留给幼儿自己去发挥。

### 4. 提供帮助与支持

教师既要相信幼儿，鼓励幼儿独立尝试，等待幼儿的大胆探究，又要在幼儿遇到困难、犹豫徘徊、无趣放弃时适时适度地提供支持。自信心是一切成功的关键，而它离不开教师的欣赏、鼓励。同时，手工活动涉及许多技能、方法，在活动中幼儿需要教师耐心地指导与帮助。

### 5. 合理评价与处理作品，尊重幼儿的努力与创造

幼儿完成作品后，教师应对幼儿的创新性、独立性等方面的表现给予赞扬，同时鼓励幼儿人人参与评价，大胆向同伴介绍自己的独特构思、表现手法和制作过程，共同分享制作的快乐。此外，教师还应妥善处理幼儿作品，可创设手工作品展览角、游戏角。教师充分尊重幼儿的作品，并鼓励幼儿珍惜自己的作品，欣赏同伴的作品，让幼儿用自己制作的作品开展游戏活动，让幼儿把自己的成功作品都展示出来，幼儿在展示中、在游戏中体验成功的快乐。如在儿童节，可组织庆"六一"幼儿手工作品展，幼儿的手工作品受到教师、家长和其他小朋友的好评，可增强幼儿的自信心和创作的积极性。

## （二）手工活动典型问题的解决方法

### 1. 加入过多的游戏或故事情景

（1）典型案例　在小班泥工活动"可爱的小鸡"中，教师先是声情并茂地讲述了"鸡妈妈带小鸡宝宝们捉虫子吃"的故事，然后组织幼儿一起玩老鹰捉小鸡的游戏，最后用课件和模型讲述了小鸡的样子，让幼儿用橡皮泥捏小鸡。

（2）诊断分析　活动内容丰富，但手工活动的主题和活动目标并不能很好地实现。教师设计的情境和游戏能让幼儿很快参与到活动中，但是情景化语言设计过多而且过于牵强，幼儿根本没有自主探索的机会，失去了创造的空间。实际上，小班幼儿完全可以在自主观察、玩泥的体验中学会捏小鸡的技能。

（3）解决办法　结合节庆、日常生活等开展手工活动，给予幼儿充分的探索和创作时间。

## 2. 让幼儿放任自流，缺乏有针对性的指导

（1）典型案例　在小班美术活动"七彩蛋"中，教师示范操作完成后，给幼儿分发空蛋壳、各色颜料、棉签，然后让幼儿自由操作。活动过程中，教师一直关注幼儿有没有把颜料弄到衣服上或是涂到桌子上、地上，却很少去观察幼儿的操作。开始时幼儿的兴致很高，但不一会儿，几个幼儿开始不耐烦了，在桌子和衣服上涂了很多颜料，而另外几个幼儿显得很犹豫，手里拿着棉签一次又一次地蘸颜料，就是不知道怎么画。

（2）诊断分析　如果幼儿有一定的操作经验且清楚主题，保证材料充足、让幼儿自由发挥，可以体现孩子的自主性和个性。但在上述案例中，幼儿出现了不耐烦的情绪和犹豫不敢画的情况，教师应及时给予肯定和帮助。

（3）解决办法

① 营造情境，让幼儿保持对活动的兴趣。教师应在手工活动中努力营造富有艺术情趣的环境，激发幼儿对活动的兴趣，让他们自由地表现和创作。

② 适时、适当提问，引导幼儿解决问题。

教师应注意采用适宜的教育指导策略，通过设置问题情境或情境式提问等方式引导幼儿正确解决问题。教师可以由易到难、由浅入深地提问，引导幼儿在层层递进、步步深入的提示下，逐渐理解其中的道理。

## 3. 不能正确处理幼儿的"试误"行为

（1）典型案例　在汽车制作活动中，教师准备了大量不同大小的纸盒和瓶盖。一名幼儿准备为自己装饰好的"车身"装上车轮，他刚拿起几个瓶盖，教师就提醒说："车轮要一样大！"于是他找到 4 个一样大的瓶盖，教师又说："你找的车轮太小了！"他不得不重新寻找车轮。

（2）诊断分析　案例中，幼儿没有机会对所选材料进行观察、比较，在此期间教师过多干预，急于告诉幼儿该怎样做，限制了幼儿探究学习的机会与过程。

（3）解决办法　幼儿经常会遇到怎样选择适宜的材料的问题。尝试错误是幼儿发展过程中的必经阶段。大多数幼儿都在尝试错误的过程中寻找问题的解决策略，获得丰富的学习经验。因此，对于幼儿的尝试错误，教师必须善于分析，不能幼儿一出现尝试错误的现象，就认为幼儿在毫无目的地进行尝试，甚至横加干预。教师要给幼儿尝试错误的机会，等待幼儿在尝试错误的过程中解决问题，获得丰富的学习经验。

## 4. 在评价环节盲目"激励"幼儿

（1）典型案例　手工活动"七彩蛋"结束时，教师认为称赞有利于增强幼儿的自信心，因此，即使有的幼儿完成的作品质量不高，教师也对他们说"你真棒，画得不错啊。"除此没有其他的评价。

（2）诊断分析　教师的评价既与作品内容无关，又没有对幼儿进行针对性的指导，使幼儿无法得到提升。

（3）解决办法　教师应该运用恰当的评语，例如，"我很喜欢你剪的小花，你是怎么想的？""你用的颜色真好看，你为什么选择它们呢？""你捏的小鸡嘴巴很尖，你是怎么做到的？"等，使幼儿既懂得欣赏自己的作品，又能发现和学习别人作品的优点。

## 📚 案例分析

材料：

大班美术教育活动方案：拉手娃娃——美丽的剪纸

【活动目标】

① 认知目标：引导幼儿了解拉手娃娃的民俗功能。

② 情感目标：激发幼儿了解民间剪纸艺术的魅力，增强民族自豪感。

③ 技能目标：掌握二方连续折纸的方法，制作拉手娃娃剪纸作品。

【活动准备】

多媒体课件、剪刀、勾线笔、拉手娃娃纹样、红纸、黑色卡纸。

【活动重点】

引导幼儿掌握二方连续折纸的方法。

【活动过程】

（1）情境故事导入

① 讲故事引入课程。

师：很久很久以前，每逢过年的时候，就有一些擅长剪纸的女人背着纸箱走街串巷，用灵巧的双手剪出吉祥的"福""喜"等漂亮的剪纸，把祝福和快乐送给人们。这些女人还会送人"拉手娃娃"贴在门楣上。"拉手娃娃"张开双腿站立，其寓意为"妖魔鬼怪"就不敢进家门。

② 教师引导幼儿讨论。

师：小朋友们有没有见过这些剪纸呢？在哪里见过呢？

幼：家里过年的时候，会在窗户玻璃上贴一些"福"字剪纸。

幼：姑姑结婚的时候，我看见贴了"喜"字剪纸。

③ 打开投影仪，播放幻灯片欣赏"拉手娃娃"剪纸，如图3-12所示。

图3-12 拉手娃娃

教师引导幼儿欣赏拉手娃娃的造型。

第一幅图：他正面站立，圆头、两肩平张、两臂上举、两腿分开。

第二幅图：送钱娃娃，她们手拉手拿着钱，上下两层，意为"上边大神神、下边小神神"。

小结：

拉手娃娃，又被称为"抓髻娃娃"，这种剪纸的寓意是：既能保佑家人生命安全，又能够保佑本族人丁兴旺，子孙不断。剪纸中娃娃手拉手连成一串，神通广大，非常厉害。

（2）观察体验

① 继续播放幻灯片，欣赏单色剪纸作品。引导幼儿讨论：这些作品上的娃娃是什么样的？为什么有这么多娃娃手拉手？他们在干什么呢？

② 迁移体验——观看拉手娃娃剪纸，让幼儿跟老师学学。教师引导幼儿模仿拉手娃娃的造型和姿态，并让幼儿一起拉手。

③ 教师先引导幼儿折纸，掌握二方连续折纸方法，然后让幼儿随意折，体验折纸后再剪的效果。

师：光学学样子还不够，我们动手做一做吧，先试一试体验一下。

（3）理解并自由创作

① 教师发放材料，黑色卡纸、红色剪纸、剪刀、双面胶等材料每人一包。

② 根据在课堂上对拉手娃娃造型的描摹，教师引导幼儿创作两个以上的拉手娃娃，并提醒他们可以先将纸张折叠然后再进行折纸，如图3-13所示。

图3-13　拉手娃娃造型

③ 在幼儿创作的时候，教师可以提醒幼儿剪出金元宝、钱币等吉祥图案，把自己对家庭生活的美好祝愿表现在拉手娃娃上，剪好后自己贴在黑色的卡纸上。

【活动延伸】

教师通过设计"拉手娃娃"剪纸的活动，让幼儿理解其内涵及民俗功能。然后，教师引入春节的对联、年画门神、灶神及家里摆设用的青花瓷瓶和厨房常见的青花瓷盘等内容，重点以开封朱仙镇木版年画为内容设计"门神对印纸版画"系列美术活动。

分析：

幼儿都有和家人一起欢度春节的经验，热闹欢腾的节日活动使幼儿积累了大量的感性经验，同时也亲身感受了过年的浓郁氛围。"拉手娃娃"是教师以"欢欢喜喜过大年"为背景开展的系列活动之一，旨在引导幼儿关注家庭场景里的"民间美术形式"，留心观察在日常生活中的民俗民风。幼儿剪纸学习有目测剪、沿线剪、折叠剪三个层次。大班幼儿主要运用折叠剪纸，先折叠出具有对称性的二方连续纹样。纸的折叠层次不宜过多，可以简单团花剪纸。在折叠好后，教师提供拉手娃娃的造型，让幼儿照样把拉手娃娃的形状用铅笔画出来，然后引导幼儿按照轮廓线剪。

## 🗃 小贴士

### 构建师幼共同评价的评价体系

幼儿园美术作品往往以成人评价为主。成人在评价幼儿的美术作品时，主要从成人的角度去看问题，用成人的眼光和思维方式来评价幼儿的作品。因此，应从以下两方面着手，逐步建立起完善的评价体系。

（1）不断完善幼儿教师的评价标准　让幼儿教师认识到美术作品评价的重要性。一线教师在开展完美术活动之后，要组织幼儿进行作品评价与欣赏。作品评价的过程不仅是对幼儿的肯定，同时通过欣赏同伴的作品，可以让幼儿加深对美术活动的印象，提高美术教育活动的有效性。因此，幼儿教师应该从多个角度综合评价幼儿的作品。

（2）让幼儿参与评价　幼儿通过对自己作品的介绍及对同伴作品的评价，可以发展语言表达能力及思维能力。因此，在美术活动中，要让幼儿参与到评价过程中去，使幼儿在作评价中得到发展。

此外，幼儿教师要不断地总结幼儿评价的特点，不断地改进幼儿参与评价的不足，通过不断地评价总结，构建科学的师幼共同评价的体系。

## ✿ 拓展训练

材料：如图3-14所示。

图3-14　训练材料

训练要求：

尝试做一件材料中的手工作品，并谈谈如何利用这个手工作品组织幼儿的手工活动，以及可采用哪些指导策略。

## 📄 学习总结

　　本章以《指南》中的幼儿美术教育活动为出发点，提供了幼儿园美术教育活动中的手工活动的特点、目标和内容等基础知识，分别介绍了纸工、泥工和综合手工活动的设计方法和指导要点等实用知识。其中重点是了解幼儿园各年龄班不同的教育目标和内容，能够根据不同年龄的幼儿特点选择正确的教学方法。并且，介绍了幼儿园手工教育活动的组织与指导方法，提出了在手工教学活动中容易出现的典型问题的解决方法，为学生提供了未来工作岗位中的工作方法。

# 第四章
# 幼儿美术欣赏活动的设计与指导

## 🌱 导学

美术欣赏活动是幼儿艺术教育活动的重要组成部分，与绘画活动、手工活动等具有同等重要的地位。本章着重阐述了幼儿集体美术欣赏活动的目标和活动指导方法，并介绍了多种形式的美术欣赏活动指导方法及幼儿美术欣赏活动指导策略，从而为幼儿教师组织和指导各类美术欣赏活动提供参考。

## 📑 学习目标

（1）了解幼儿美术欣赏能力的发展。
（2）掌握幼儿美术欣赏教育年龄阶段目标。
（3）了解幼儿美术欣赏活动的常见种类。
（4）掌握美术欣赏活动的一般环节。
（5）能够根据不同年龄选择美术欣赏活动的内容。
（6）掌握不同类型的幼儿美术欣赏活动的设计要求。
（7）掌握幼儿美术欣赏活动的指导要点。
（8）能够设计和指导不同类型的幼儿美术欣赏活动。

## 🔗 思维导图

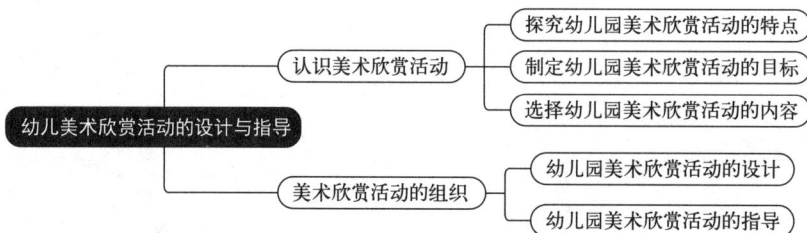

## 第一节
# 认识美术欣赏活动

## ✈ 案例导入

材料：

  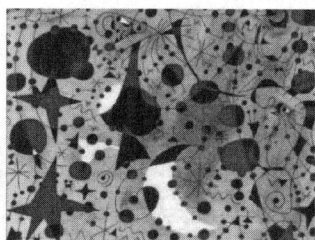

(a)　　　　　　　　(b)　　　　　　　　(c)

图4-1　星空

图4-1为西班牙画家、雕塑家、陶艺家、版画家胡安·米罗（1893—1983）的《星空》系列画作。

要求：

请依据材料内容思考：依据大班幼儿发展特点，可以引导大班幼儿从什么角度来欣赏这三幅作品？

# ❖ 知识讲解与案例分析

## 一、探究幼儿园美术欣赏活动的特点

### （一）幼儿美术欣赏活动的概念、意义

#### 1. 幼儿美术欣赏活动的概念

幼儿美术欣赏是幼儿教师引导幼儿感受美术作品、自然景物和周围环境中美好事物，体验其形式美和内容美，增强审美情趣和审美能力的活动。幼儿的美术欣赏活动不仅要感知作品的内容、线条、形状、颜色等要素，还要感知这些要素所表现的情感和价值。

#### 2. 幼儿美术欣赏活动的意义

幼儿美术欣赏活动种类很多，范围涉及生活的方方面面。幼儿对世界本身充满着好奇和新鲜感，借助美术作品，可以使他们接触到许多不曾涉及的广阔领域，极大地开阔幼儿的眼界。好的美术作品能激发幼儿的情感，使幼儿产生共鸣，使幼儿的心情得到愉快的满足，给其一种美的享受，使幼儿认识到什么是真、善、美，引发对美好事物的向往。

### （二）幼儿美术欣赏能力的发展阶段

幼儿美术欣赏教育是教师引导幼儿感受美术作品、自然景物和周围环境中的美好事物，体验其形式美和内容美，增强审美情趣和审美能力的活动。美术欣赏教育是幼儿美术教育的重要组成部分，与绘画教育、手工教育共同构成完整的幼儿美术教育体系。美术欣赏教育对幼儿的发展有着极为重要的作用，美术欣赏教育不但有利于促进幼儿良好艺术素养的形成，而且有利于开阔幼儿的视野，发展幼儿的想象力和创造力，培养幼儿的语言表达能力。同时，在培养幼儿的自信心和积极的情感态度方面也有明显的效果。

法国心理学家比纳通过对幼儿对绘画作品的感知研究，将幼儿对图画的感知划分为3个阶段，分别为罗列对象阶段、描述对象阶段和解释阶段。其中，罗列对象阶段（3～6岁）就是能够说出画面上的一些物体，不能认识到物体间的联系。

著名发展心理学家加德纳将幼儿艺术知觉的发展划分为5个阶段，其中与幼儿园幼儿相关的是符号认知期（2～7岁），幼儿能在一定文化背景下掌握图像、声音、动作、数字和语言等多种符号的意义。但是，他们因知识经验不足，还不能感知艺术作品的形式审美特征。加德纳认为，这一时期的幼儿虽然对一定文化背景下的符号意义有了一定的了解，但这种了解并不具有审美的意义。

美国心理学家丹尼·伍尔夫在《图像系统和艺术的选择：儿童在创造、知觉和反思视觉艺术过程中的发展变化》一文中，认为幼儿的审美认识可以划分为3个阶段，其中与幼

儿园幼儿相关的是理解绘画符号时期（2～7岁），对感觉、惯例以及期望的储存都偏向实用的目的。丁祖荫把幼儿对图画的感知能力的发展分成4个阶段，分别为认识"个别对象"时期、认识"空间联系"时期、认识"因果联系"时期和认识"对象总体"时期。认识"个别对象"时期是指幼儿只看到各个对象或各个对象的一方面。认识"空间联系"时期是指幼儿可以看到各个对象之间能够直接被感知到的空间联系。认识"因果联系"时期是指幼儿可以认识对象之间不能直接被感知到的因果联系。认识"对象总体"时期是指幼儿能从意义上完整地把握对象的总体，理解图画主题。

孔起英将幼儿美术欣赏的发展阶段分为两个阶段，其中与幼儿园幼儿相关的是直接感知美术形象时期（6～7岁）。这一阶段的幼儿，他们的欣赏能力发展到了一个新的时期。他们最先感知的是画面的内容，而不容易注意到画面的线条、色彩等，他们只是在低层次上感知美术作品，而不能深入地感知理解作品的主题和内涵。另外，在教师的正确引导下，这一时期的幼儿已经能够在一定程度上对作品的色彩、形状等所反映出来的情绪情感有所感知。

从这些学者的研究中可以看出，比纳的研究偏向于幼儿对图画的感知能力方面，而加德纳和丹尼·伍尔夫的研究则加入了对幼儿的审美感受和兴趣等方面的认识。研究者对幼儿审美能力发展的研究不再是只重视感知能力这一个方面，而是不断地发现幼儿在审美过程中自身感受和情感的发生和发展，更加关注审美的个体体验。

**1. 本能直觉期（0～2岁）**

这阶段主要表现为对形式审美要素的直觉敏感性和注意的选择性，是纯表面的和直觉的，并主要通过视、听、动的协调活动进行信息的交换。但该阶段的幼儿对形状、颜色等美术基本要素的视觉偏爱还只是由生理机能组织决定，是一种本能的快感，还没有真正独立的美感反应。但这为日后更高层次的美术欣赏活动做好了心理上的准备。

**2. 艺术符号感知期（2～7岁）**

2岁以后的幼儿，随着其认知能力的发展，在美术欣赏感知和理解方面，表现出以下特点。

（1）对作品内容的感知先于对作品审美特征的感知　这一阶段的幼儿还没有完全形成一种真正意义上的审美态度，而只是一种求实的态度。当一件美术作品呈现在面前时，他们首先感知到的是作品的内容，很少有意识地注意到作品的形式审美特征。这说明，这阶段的幼儿对美术作品内容的感知欣赏只限于画面上画了些什么，还不能深入地感知、理解美术作品内容所蕴含的深刻主题以及所反映的精神内涵。例如，幼儿在欣赏画家蒙德里安的抽象画《百老汇的爵士乐》时说："我看见了很多的小格子，有点像迷宫，又感觉像一块美丽的布。"

（2）在教师的指导下，幼儿能感知美术作品某些形式的审美特征　此阶段的幼儿对作品的造型、设色、构图及作品的情感表现与风格的感知和理解已有所表现。在线条与形状的感知方面，此时的幼儿总是喜欢把它与具体的形象联系起来谈论。就对色彩的认识而言，幼儿此时首先发展的是辨认颜色、正确配对的能力，而后逐渐向指认和命名发展。就对色彩的感受而言，幼儿的色彩视觉效果感受性最强，而色彩的情感效果和象征效果感受性相对较弱。在空间构图感知方面，相当一部分幼儿已经具备了感知美术作品空间深度的能力，而且随着年龄的增长，这种能力在不断增强。对美术作品构图的感知能力，在学前阶段就已经开始表现出来，并且有随年龄增长而不断增长的趋势，但在很大程度上仍受内容的影响。在对美术作品情感表现性的感知方面，当幼儿被有意识地引导去感知时，大多数幼儿能感知到作品的情感表现性。在作品的风格感知方面，有研究表明，幼儿表现出对作品风格感知的困难，易受作品内容的控制。通过训练，6岁幼儿慢慢能够感知作品风格。

（3）幼儿更喜欢感知描绘熟悉的物体和令人愉快的现实主义美术作品，以及色彩明快的作品　作品的内容是否客观、真实地再现了现实世界，作品的色彩是否丰富、鲜艳，是幼儿判断作品好坏的两个最主要的标准。例如，有的幼儿在谈到喜欢蒙德里安的抽象画《百老汇的爵士乐》时说"它的色彩很漂亮"；而一些幼儿把"不知道画的是什么"作为不喜欢《百老汇的爵士乐》的原因。

幼儿喜欢的是再现性的作品和能够识别作品中所描绘对象的非再现性作品。有研究结果表明，6岁幼儿对什么样的画是美的还没有一致的标准。绝大多数幼儿认为，画有花、动物、家庭摆设、小鸟等幼儿经验中熟悉的、美好的、使人愉快的事物的作品是美的，而画有残骸、人形怪物等东西的作品是丑的。

另外，幼儿把具有明快色彩的作品作为自己喜欢的对象。随着年龄的增长，幼儿对偏爱原因的理解也越来越注意形式特征和技巧方面，如涂得好不好等。

总之，幼儿美术欣赏能力的发展，既受先天无意识的影响，也受后天认识能力发展的制约，经历了一个从笼统到分化、从没有标准到具有一定标准、从以自己直观的情感偏好为主到以比较客观的分析为主逐渐发展的过程。这就要求幼儿教师应为幼儿创设一个富有美感的环境，提供适合其年龄特征的美术作品；对作品的选择应有组织、有系统，以使幼儿的欣赏经验系统化；应有目的、有计划地引导幼儿感知、理解美术作品的内容和形式。

## 案例分析

材料：

音乐《柳树姑娘》是一首活泼轻快，优美动听的三拍子歌曲。作品以拟人的手法，生动形象地描绘了春风吹来，柳枝甩进池塘轻歌曼舞的这一景象，向人们展现一幅春意盎然的美丽图画。在欣赏这首歌曲之前，我们经常带领幼儿到户外感受春天的气息，了解春天的主要特征。幼儿对花草、树木与生俱来就有一种亲近感，他们闻闻花香，摸摸小草，甩甩柳枝，并相互交流自己的发现。有的说，柳树的柳枝真软，风轻轻一吹，就飘起来了；有的说，柳树的枝条还长着呢，快要碰到池塘的水了……正是因为通过了观察，幼儿对柳树有了很深的感触，再进行歌曲的教学，幼儿就会有感性经验。

分析：

上述文字为某学者对幼儿园音乐欣赏活动的举例说明，材料中提出要在欣赏活动之前带领幼儿亲身感知关于春天的样子，让幼儿对春天有具体的认知，了解春天中的植物变化，从而引出柳树的相关概念，继而进行音乐欣赏活动——《柳树姑娘》。这样的教学设计符合了幼儿美术欣赏能力发展阶段的特点，如对事物感知离不开具体形象思维的特点，对内容的感知先于对审美特征的感知，因此要先让幼儿明白春天的模样、春天中柳树的样子，再去欣赏抽象的音乐。

# 二、制定幼儿园美术欣赏活动的目标

## （一）幼儿美术欣赏活动总目标

### 1. 认知目标

（1）知道周围环境和具体的艺术作品中都蕴含着美，能享受到视觉艺术的美。

（2）了解作品的形状、色彩、结构等美术要素。

（3）了解美术作品的内容、主题及表现手法、艺术风格和画家的创作意图。

### 2. 技能目标

（1）掌握简单的美术语言，有叙述和谈论艺术作品的能力。

（2）对艺术作品有较敏锐的感受力，并具有知觉美的某些基本要素的能力。

（3）能用动作、表情等多种形式表达自己欣赏后的感受。

（4）尝试运用作品中的技巧进行美术创作。

### 3. 情感目标

（1）对周围美好事物和艺术作品感兴趣，能积极参与美术欣赏活动。

（2）喜欢欣赏不同风格的美术作品，在欣赏中获得愉快的体验。

（3）通过欣赏产生自由表达的兴趣。

## （二）幼儿不同年龄班的美术欣赏活动目标

### 1. 小班幼儿美术欣赏活动目标

（1）认知目标　知道从自然景物、艺术作品中能享受到视觉艺术的美。

（2）技能目标　初步运用动作、表情等表达自己欣赏后的感受。

（3）情感目标

① 喜欢观看、欣赏艺术作品；

② 对美术作品、图书中的各种形象感兴趣；

③ 初步体验作品中具有不同"性格"的线条；

④ 通过欣赏教师及同伴的作品培养欣赏兴趣。

### 2. 中班幼儿美术欣赏活动目标

（1）认知目标　体验作品中的线条、形状、色彩、质地等，了解作品的主题和基本内容。

（2）技能目标

① 感受作品的色彩变化及相互关系；

② 感受作品中形象的鲜明性和象征性，并体验其情感；

③ 感受作品的构成，体验作品的对称、均衡、节奏；

④ 说出自己喜爱或不喜爱作品的理由，并对作品做简单评价。

（3）情感目标　通过欣赏产生与作品相一致的感受。

### 3. 大班幼儿美术欣赏活动目标

（1）认知目标

① 了解作品的形状、色彩、结构等美术要素；

② 了解作品的表现手法、艺术风格和创作意图。

（2）技能目标

① 能感受作品的色调、色彩之间关系的变化；

② 能感受作品中形象的象征性、寓意性；

③ 能感受作品中的形式美；

④ 在欣赏和评价他人的作品时，能讲述自己独特的观点。

（3）情感目标　喜欢各种不同风格的美术作品。

## 📚 案例分析

材料：中班美术欣赏活动"美丽的青花瓷"目标分析

【活动目标】

① 欣赏青花瓷，知道它是中国文化的象征。

② 能初步感受白底青花的古朴简约美，培养审美情趣。

③ 大胆用美丽的线条装饰事物。

分析：

上述三个目标是中班年龄阶段美术欣赏活动目标的具体化，是根据青花瓷工艺品所表达的审美价值来制定的。它的目标不是空洞的，而是有实实在在的内容，通过对青花瓷工艺品的欣赏是可以达到的。

# 三、选择幼儿园美术欣赏活动的内容

美术作品的形式多种多样，选择幼儿美术欣赏对象时应该遵循的原则有以下几点：

第一，作品需要有艺术性。

第二，作品应符合幼儿的生活经验。近现代的齐白石、吴冠中等大师的经典作品，色彩鲜艳，笔触自由，同时在构图上以满纸构图为主，和幼儿画有异曲同工之妙。

第三，作品应符合幼儿的年龄特征，与幼儿生活有密切联系。例如，齐白石的虾、青菜、萝卜、牵牛花等系列描绘日常生活中动植物的作品。吴冠中描绘生活场景的画作也可能是幼儿熟悉的生活内容或场景。

总体来讲，以往的文献都强调美术作品的选取要注重选材的多样性，既包括抽象画，也包括具象画；注重选材的体验性，既要与幼儿的生活经验有相似的地方，也要求美术作品来源于生活高于生活，让幼儿从中能够产生共鸣，获得美的感受。教师向幼儿呈现所要欣赏的美术作品并询问："你看到了什么？"如果幼儿的回答是"我不知道"，我们应该怎么办呢？我们应该等待，教师要学着去引导幼儿，让幼儿学会更好的欣赏方式。不是每个幼儿都会深深喜欢上美术欣赏，但我们要做的就是让他们在经历的美术欣赏过程中获得尽可能多的审美感受。就像每个人都有自己钟情的食物和口味一样，每一个幼儿对于美术作品的喜好也是不同的。是喜爱足够写实的具象画，还是喜欢天马行空的抽象画，或是喜欢具象和抽象相结合的作品？但是，幼儿的欣赏喜好也是有共性可循的，那就是他们喜欢那些既与自己以往的生活经验有相似度，又有所不同的新经验。教师要做的，就是了解幼儿在生活中所能接触到的感受到的各种感知觉联想与想象情绪与情感等的生活经验，将能描绘、反映幼儿生活经验的美术作品找出来与幼儿共享。这样，不论是具象的作品还是抽象的作品，就都有了在幼儿心中立足的基础。

具体来说，幼儿美术欣赏的内容包括绘画、雕塑、建筑和园林、工艺美术。

## （一）绘画艺术欣赏

绘画是美术中最重要的门类之一，它是运用线条、形体、色彩、笔触等造型语言在二维平面上塑造艺术形象，以表达思想感情的艺术。从古今中外绘画艺术发展的成就及其影响来看，最主要的是以中国传统绘画为主要代表的东方绘画体系和以欧洲为中心的西方绘画体系，它们具有各自的艺术传统和独特的表现方式。

### 1. 绘画的艺术语言

绘画经过长期的积累形成了自身独特的艺术语言和形式美法则，它能够通过静态的形象，表现出深远的艺术境界和审美意蕴。绘画的艺术语言包括形体、构图、明暗、色彩、材料和肌理等。

（1）形体——点、线、形

① 点是绘画艺术语言中最小的视觉元素，它既能表现艺术形象，又能表达特定的情感。例如，中国传统的点苔画法就是以各种形态的点来表现山石缝隙间的杂草和溪畔的灌木丛，以及远山上隐约可见的树木。这些点既表现了具体的物象，又具有一种独特的视觉美感（图4-2）。

图4-2　中国传统的点苔画法

图4-3　线条表现力

② 线条也是表现形象和表达情感的基本手段。线条可用于表现各种形态，创造图案、肌理或描绘阴影。在中国传统绘画中，线条具有独特的表现力，简洁的线条可以创造出动人的艺术形象（图4-3）。

③ 在绘画中，形比点、线更能凸显具体的物象。千变万化的形可分为有机形和几何形。有机形是大自然中形态的基本存在方式，它柔和、轻松，没有规律，并富有曲线美（图4-4）；而几何形则给人理性、冷漠之感，充满抽象意味和时尚气息（图4-5）。

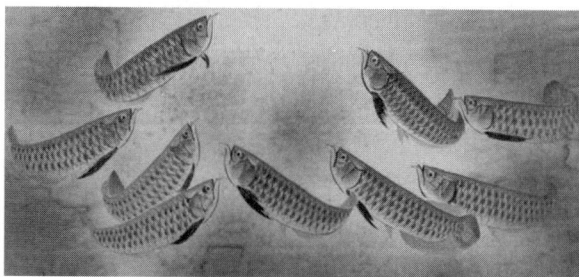

图4-4　有机形

图4-5　几何形

（2）构图　构图是画家根据题材和主题思想的需要，将各种元素合理地组织起来，构成一个完整而协调的画面，它是绘画艺术语言的重要因素。构图会影响绘画的整体效果，不同的构图给人不同的视觉感受。一般来说，水平式构图视野开阔，给人一种安闲、平和宁静的感觉（图4-6）；正三角式构图显得稳固，使人感觉平衡、安全（图4-7）；倒三角式构图则充满动感，画面效果生动、激越（图4-8）。

图4-6　水平式构图

图4-7　正三角式构图

图4-8　倒三角式构图

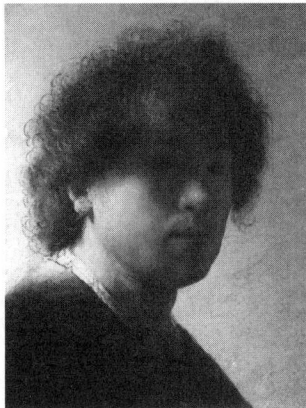

图4-9　伦勃朗·梵·莱茵年轻时的自画像

（3）明暗　明暗是西方绘画的重要艺术语言，它是对画面中物象的受光、背光和反光部分的光线处理和表现。画家将捕捉到的光线变化表现在画面上，创造了逼真、生动的视觉效果。如图4-9所示为伦勃朗·梵·莱茵年轻时的自画像，其光线明暗一目了然。

（4）色彩　色彩是绘画中最富感染力的艺术表现语言，它不但能逼真地表现出物象的形状、体积、质感和量感，而且能细腻地表达创作者的思想情感。不同的色彩会给人冷暖、远近、轻重、虚实、厚薄、软硬、动静等不同的视觉和心理感受。绘画中的色彩并不仅仅完全照搬客观自然，也可以依据客观物象进行再创造。

（5）材料和肌理　不同的绘画种类所使用的物质材料也不尽相同。例如，中国传统绘画、西方油画、版画等画种所具有的艺术特点，在很大程度上取决于它们所使用的物质材料。因此，图4-9伦勃朗·梵·莱茵年轻时的自画像，物质材料不仅是创造艺术形象的手段，还与作品的审美价值密切相关。

肌理在绘画中通常是指笔触，具体表现为画作表面的纹理，如起伏、平滑、粗糙、精细的程度。例如，油画多采用轻匀柔润的笔法，并在表面涂一层稀薄的颜料，给人一种细腻、柔和的视觉效果（图4-10）；而漆画除了以天然大漆为主要材料外，还添加了金银铅锡及蛋壳、贝壳、石片等材料，这些独特的材料使画面具有独特的肌理质感（图4-11）。

图4-10　油画的肌理

图4-11　漆画的肌理

### 2. 绘画的欣赏方法

（1）艺术语言的鉴赏　欣赏者对绘画艺术语言的敏锐度决定了欣赏的层次。例如，线条在西方绘画中用以把握实体，而在中国绘画中还用以暗示物象的骨骼、气势和动向；形体除可以表现物象的形貌外，还体现出潜在的情感倾向；色彩能增强作品的艺术感染力和表现力，更能反映丰富的情感。因此，绘画欣赏应结合绘画的艺术语言来解读作品，并展开丰富的联想、想象，进入"再创造"的欣赏佳境。

（2）不同欣赏标准的运用　由于绘画作品的画种、创作背景、民族风格等因素的不同，绘画欣赏应运用不同的欣赏标准。例如，中国传统绘画崇尚文、意、趣，重视笔墨、线条的运用，侧重表现写意；而西方传统绘画重视客观的观察，主要通过精确的透视、光线和色彩来再现物象，具有理性的精神。

（3）感性与理性的结合　欣赏者在进行欣赏活动时，一方面要充分调动自身有利的条件，诸如生活阅历、审美经验及情感体验等，使欣赏活动有充分的感性基础；另一方面，欣赏者应通过内省和理性的分析，理清情感中的审美成分和非审美成分，切忌盲目冲动。

总之，画的种类十分丰富，表现形式也多种多样，对于满足人们精神生活的需求具有不可替代的作用。可以说，人们的生活离不开音乐。同样，人们的生活也离不开绘画。

## （二）雕塑艺术欣赏

雕塑在空间实感上要优于绘画，但又有其短处，即不适于表现复杂场面或描述复杂的情节。因此，雕塑总是要求形象单纯、以静示动、以少见多。雕塑独特的美正是因为它克服了短处才发挥出来的。就一定意义来说，单纯既是雕塑的一种局限性，又是它的特点，因为单纯就是美。为此，雕塑家就要对现实生活进行更集中、更概括的反映。单纯不是单调化，它可以"以一当十"。其实，雕塑的单纯性有利于突出表现特定人物的精神面貌或风采的某些侧面，因而人们常常选用雕塑作为歌颂伟大人物和纪念性人物的一种艺术手段。雕塑的另一个特点是它最适合于表现崇高。因为除雕塑本身造型塑造的形象外，它的基座又把物象抬高到一种仰视的角度，使欣赏者在雕塑面前必须仰视，从而就增强了雕塑的崇高感，加上石头的体积、重量，更使得崇高在量的方面得以实现。正如哲学家黑格尔所说，"雕塑最适合于造神"。

中西方不同的哲学世界观决定了中西方雕塑的不同文化精神。人始终是西方文化和西方雕塑的主题。而中国古代雕塑较多的是动物像（图4-12）和佛像，却鲜见纪念性人物雕像，但这也恰恰为现代人提供了表现的平台。

图4-12　中国古代雕塑

图4-13　彩雕

随着时代的变迁，现代又出现了许多新型的雕塑类型，如彩雕（图4-13）、冰雕（图4-14）、根雕（图4-15）等；还有直接依照人体尺寸翻制后再做加工的等身大的彩塑，利用电光效应产生颤动美感的声光雕塑；还有一些传统的四维雕塑、软雕塑及动态雕塑等。这些都代表雕塑艺术冲破传统的世界观，冲破三维的、静态的、视觉的形式向多维时空发展的新方向。

图4-14　冰雕

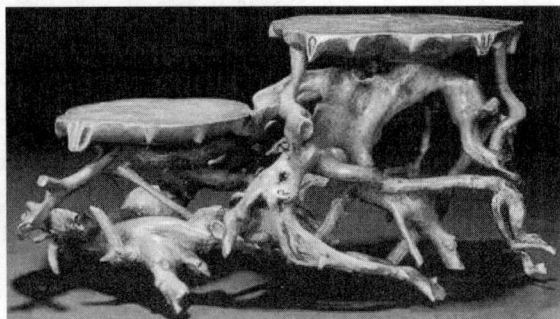

图4-15　根雕

### 1. 雕塑的艺术语言

（1）形体　雕塑是艺术家用泥土、石头、金属等媒介材料，运用视觉、感觉、触觉及亲身体验，在三维空间中创造加工而成的，具备形式美感的，并表达一定的内涵与情感的物质造型。形体是雕塑的客观存在依据，它是由块、面构成的。因此，不同块面的凹凸、起伏、转换、重叠可以创造出多样的造型。它们犹如绘画艺术中的色彩与线条、书法艺术中的笔墨，是雕塑艺术中不可缺少的艺术语言。

（2）空间　雕塑空间包括实（正）空间和虚（负）空间。实空间是真实存在的，是指形体在空间中实际所占的三维空间，它是对形体量的控制，形体的大小、缩放都直接关系到空间的变化。虚空间是指雕塑实体空间之外环绕雕塑的无形空间，它依赖于雕塑的实空间而存在，也是产生空间力度的依据。

（3）材质　雕塑材料的选择也是非常关键的内容。因为材质、色泽和肌理是雕塑的"肌肤"，是触觉感受的出发点和源泉，也是增强雕塑艺术感染力的重要途径。

（4）肌理与光泽　雕塑的肌理，一方面来自材料的天然纹理，另一方面来自对材料表面进行的人工处理。肌理不仅是雕塑作品的艺术特色，还体现了一种创造性、组织性和装饰性，成为雕塑艺术语言的重要组成部分。雕塑的光泽是由材质表面的肌理、色彩所产生的色与光的感觉。它是一种主观感知，与人们的审美情感相连。变化多样的材质肌理和色泽传达不同的情感，能增强雕塑造型语言的艺术感染力。

### 2. 雕塑的欣赏方法

（1）感知雕塑空间的存在　首先，要了解和欣赏雕塑的形体美，以及不同体块组合所产生的某种节奏美和韵律美。其次，要懂得欣赏雕塑的"影像"效果，它是雕塑所呈现出的总体轮廓。这个"影像"或是宏伟崇高，或是宁静沉重，或是升腾飞跃。最后，要欣赏雕塑本身所产生的体量感，它直接影响着观赏效果与主题的表达，如四川乐山大佛的宏伟壮观、无锡泥人的玲珑精细。

（2）把握作品与空间环境的关系　雕塑作品往往处于特定的环境之中，它们与日光地景、建筑等物体相互影响，并互相制约。因此，对雕塑作品的欣赏，应从雕塑与建筑园林、街道等自然环境的相互关系中去把握，判断其是否与周边环境相协调。如图4-16所示为街头生活雕塑。

图4-16　街头生活雕塑

（3）领会象征意义　雕塑的产生和发展与人类的生产活动紧密相连。不同时代的雕塑作品受宗教、哲学等社会意识形态的直接影响，它是时代、思想感情和审美观念的结晶，因此，对雕塑的欣赏应考虑其创作的时代背景，领会其象征意义。

## （三）建筑和园林艺术欣赏

建筑和园林是与人们的生活息息相关的，它们既具有实际用途，又兼具审美功能。园林是在指定的地域，运用工程技术和艺术手段，通过改造地形或进一步筑山、叠石、理水，种植树木花草，营造建筑和布置园路等途径创作而成的美的自然环境和游憩境域。园林包括庭园、宅园、花园、公园（图4-17）、植物园和风景名胜区等。园林和建筑具有非常密切的关系，所以，过去一般都将它包括在建筑的范围之内。但是，由于园林比一般建筑更注重观赏性，而且园林艺术是将自然美和艺术美融合在一起的艺术，因而它具有许多自身的特点。园林和建筑一样主要是一种实用艺术，实用与美观的统一是园林艺术的主要特点。不过一般来说，园林的实用功能主要是供人们游乐休息，而这种功能要求园林更注重艺术性，特别是中国的古典园林（图4-18），它与文学、绘画和雕塑等艺术结合得非常紧密，更讲究诗情画意。

图4-17　公园

图4-18　中国古典园林

## 1. 建筑与园林的艺术语言

（1）形体 形体是指建筑的形状和体积，包括各立面、天花板、地面、屋顶的形状，也包括整体外形轮廓及围合而成的体积。建筑物的外形具有丰富的表现力，能给人清晰而深刻的视觉印象，还可以形成不同的建筑风格。例如，罗马式建筑的圆形穹顶和半圆形拱（图4-19）、哥特式建筑的尖塔和尖状拱（图4-20）、中国古代建筑屋顶上的飞翼（图4-21）等，都具有其鲜明的个性。

图4-19　罗马式建筑

图4-20　哥特式建筑

图4-21　中国古代建筑

（2）空间 空间是建筑与园林的灵魂，它是通过不同大小、虚实、凹凸、曲直、高低、平斜的形体围合而成的空荡体积。不同的空间形状会给人不同的心理感受（图4-22、图4-23）。同时，建筑空间还应将使用功能与精神需要相统一，使之既具有使用价值，又能给人某种精神上的满足。

图4-22 开阔的酒店大堂

图4-23 狭小、不规则的房间

图4-24 中国古塔

（3）比例和尺度　比例是指建筑与园林局部和整体之间匀称的关系，它直接关系到建筑与园林的美感，并且与实用性和经济性也有直接的关系，因为任何造型艺术都不能回避比例的问题。建筑尺度所研究的是建筑物的整体或局部给人感觉上的大小印象与其真实大小之间的关系问题。比例是各部分数量关系之比，是相对的，而尺度是形体在量上的协调与统一。如图 4-24 所示为中国古塔。

（4）材料　建筑材料是一切建筑工程的物质基础，材料影响建筑风格的表现，因为不同的材料反映不同的建筑内涵。例如，粗糙质地的材料给人以分量感，显得厚重而朴实（图 4-25），光滑细腻的材料则使人感觉干净、轻盈，具有现代气息（图 4-26）。

（5）色彩　色彩是建筑的一个重要组成部分，它可以增强建筑的表现力，并促进建筑与环境的融合。同时，建筑色彩也是构成街区或城市色彩的重要组成部分，通过色彩设计可以强化城市的地域性特点，对城市历史文化的延续也起到至关重要的作用。

## 2. 建筑与园林的欣赏方法

（1）重视实践体验　正如著名建筑家布鲁诺·赛维所言："建筑的特性，就在于进入其中并在行进中感受它的存在和效果，这使它与其他艺术区别开来"，这样的审美体验非身临其境是难以获得的。因此，欣赏者应重视实践体验，亲身体味建筑的艺术构成元素，如其形体、色彩、比例、尺度、空间及材料等。

图4-25 岩石古堡

图4-26 现代时尚建筑

（2）选择合适的欣赏角度，动态观赏　欣赏角度的选择对审美体验也有着重要的影响。例如，水平方式展开的建筑群，宜从一定高度和距离进行俯瞰，以获得完整的视觉效果；而高大、垂直的建筑则宜近距离仰视，以体验其伟岸、崇高的雄姿。除注意欣赏角度的选择外，还应移步换景，在运动中，从一个空间到另一个空间来完整地体验建筑的节奏和韵律。

（3）多种审美心理相结合　因为建筑是高度抽象的、象征的艺术，所以，欣赏过程需要展开移情、联想、想象等多种心理活动，才能领略建筑中蕴含的象征意义和深层次的艺术美，才能获得情同景和、物我交融的审美体验。

## （四）工艺美术艺术欣赏

工艺美术是指美化生活用品和生活环境的造型艺术。实用性与审美性的有机结合是工艺美术的首要特征。从某种意义上来说，工艺品首先是实用的，然后才是美的。工艺美术品是以手工技巧制成的与实用相结合并有欣赏价值的物品。随着时代的发展，工艺美术已不局限于手工艺，而是与机器工业，甚至与大工业相结合，把实用品艺术化，或艺术品实用化。

工艺美术要遵循"材美工巧"的原则，工艺非常重要。它既是创造工艺美术品的必要手段，又能体现出设计者和制作者独具匠心的构思、巧妙的材质运用和精湛的技术与技巧，从而体现出工艺美术品特有的工艺美。

无论是从美学的角度，还是从艺术欣赏的角度来讲，工艺美术都是一种表现性的艺术。也就是从人们的生活需要出发，经过调查研究和精心设计，创造出实用与美观相统一的物品。工艺品的美观，不在于要求其造型、装饰和色彩等去模仿客观事物，再现现实生活，而在于使其外部形式传达和表现出一定的情绪、气氛、格调、风尚和趣味等，以满足人们审美的需要。工艺品潜移默化地对人们进行艺术熏陶，进行美的教育，使人们的审美情趣不断提高，激发人们更加热爱、向往美好的未来。

传统手工艺有玉器、象牙雕刻、刺绣（图4-27）、织锦、编织、漆器（图4-28）、景泰蓝（图4-29）、金银首饰、工艺画、人造花、灯彩等。这些工艺品类，由于工艺复杂，很难用机器替代手工制作，它们主要供陈设观赏之用。它们的主要特点是显示了精湛的手工技艺，包括对材料的选择和利用，如玉器中的"俏色"，而这种技艺是手工艺人长期呕心沥血的一种文化积累，属于非物质文化遗产。

图4-27　苏绣双面绣　　　　　　　　　　图4-28　漆器　　　　　　　　　　　图4-29　景泰蓝

现代手工艺是传统手工艺在新的历史条件下的一种发展，与传统手工艺相比，其更重视艺术性，如陶艺（图4-30）、壁挂、壁饰（图4-31）等。

图4-30　陶艺　　　　　　　　　　　　　　图4-31　壁饰

值得注意的是，在科技日益发达的现代社会，传统手工艺除个别品种有可能消亡外，从总体上来讲，它们不但不会消亡，而且将成为现代社会人们寻求精神寄托、发现自我的一种重要的现代文化的必要补充。因为传统手工艺既富有人性和个性，又具有民族性和乡土气息。手工艺操作及其制品体现了人类对世界的理解和心灵的追求，蕴含着人的智慧与创造力。现在国内外兴起的陶艺热潮便是一个明显的实例。

### 1. 工艺美术的艺术语言

（1）构思　工艺美术设计中的一个重要环节就是艺术构思，它是艺术家在一定世界观的指导下，在感受体验和理解的基础上，运用形象思维，对素材进行选择概括加工和提炼的过程，并在处理作品实用与审美、表象与寓意、原材料与成品等关系时，体现出一定的创意性（图4-32）。独特的构思、创意能为作品增光添彩，起到画龙点睛的作用。

（2）造型　造型是工艺品的基本形态和结构，是工艺品最基本的外在形式，也是工艺品显示其格调、风格和美感的主要表现手段（图4-33）。此外，工艺品的外观造型受到功能物质材料和技术等因素的制约。因此，它并不是直接模拟和客观再现自然形态，而是在相关的制约条件下进行抽象化的再创造。

图4-32 创意书架

图4-33 石头工艺品

图4-34 泥塑

（3）色彩 色彩是工艺品最具直观效果的一种审美因素。色彩具有浓郁的装饰意趣，更多地体现了设计者的情感倾向。它还能够营造氛围，给人以潜移默化的美育感染。

（4）装饰 装饰是工艺美术的重要艺术语言，是对工艺品表面进行的美化处理，是工艺品形象的一个重要组成部分（图4-34），它能增强工艺制品的艺术效果。

（5）材质 工艺品是通过对一定的材料进行艺术加工、制作而形成的某种视觉形象的物质产品。因此，认识、鉴别材料并合理地使用材料是创造工艺品的前提和基础。此外，材料的贵贱并不能作为评价工艺品优劣的标准，只要材料的个性特征得以充分发挥，这件工艺品就具有审美价值（图4-35）。因此，在选择材料时，还应注意因材施艺、掩瑕显瑜和独具匠心的构思。

（6）技艺 技艺是指工艺品的加工技术、技巧和技能，它既是创造工艺品的必要手段，又是设计者独具匠心的构思的具体体现（图4-36）。如果说材质是工艺品的物质基础，那么技艺则是工艺美术物化的手段，它对工艺品的造型、色彩、装饰等都有直接的影响。

图4-35 糖人

图4-36 巨龙风筝

## 2. 工艺美术的欣赏方法

工艺美术的欣赏应针对不同的工艺品类型运用不同的欣赏方法。由于工艺品把实用性与审美性融为一体，具有物质与精神的双重属性，因此，对工艺品的欣赏也应从这一准则出发，有一定的侧重点。一般来说，对于实用性工艺品，主要看其使用功能是否完备，操作是否简便，尺寸和比例是否合适，并注意它与周围环境是否和谐等问题；而对于装饰工艺品，主要是看其立意、主题构思和色彩有无新意，作品是否符合形式美的原则，以及人们的欣赏习惯。

工艺美术的欣赏是一项复杂的思维活动，对于欣赏者的素质要求较高。首先，要求欣赏者不仅要有敏锐的观察力，还要确立健康的审美理想和审美情趣。其次，欣赏者应具备一定的艺术修养与文化学识。最后，欣赏者应勇于实践，即所谓"凡操千曲而后晓声，观千剑而后识器"，只有具备广博的学识和丰富的艺术实践经验，才能进行客观、正确而公平的欣赏。

## 📚 案例分析

材料：

中班美术欣赏活动方案：走进欧姬芙——我也画一朵抽象花

【活动目标】

①认知目标：让幼儿欣赏大师的花卉作品，理解花的造型。

②情感目标：激发幼儿对线条产生不同的联想。

③技能目标：能够通过水粉颜料的干湿变化，表现花朵的色彩层次。

【活动准备】

多媒体课件、水粉颜料、调色盘、水粉笔、画纸。

【活动重点】

重点引导幼儿近距离观察花朵的形态，让幼儿学会运用色彩自由表现对花的感受。

【活动过程】

（1）情境导入

①游园活动，谈话导入。

师：春天的脚步近了，各种美丽的花儿都开放了。小朋友们，到公园里或者花卉市场去看看，收集各种花卉标本，贴在区域活动墙上。

②播放幻灯片，引导幼儿欣赏。

师：在美国，有一位女画家名叫乔治亚·欧姬芙，她画了很多花。请小朋友们欣赏，她笔下画的是什么花？有什么特点呢？

（画的是一朵浅浅的鸢尾花，还有一朵深红色的牵牛花。）

师：她笔下的花与你们在公园里看到的花有什么不同呢？（公园里有很多种类的花，画家笔下画的只有一朵。）

师：我们在花园里面可以看到许多的花，但是什么情况下我们的视野里面只有一朵花呢？（近距离观察。）

③让幼儿体会近距离观察和远距离观察花朵的不同样子。将镜头拉近或将镜头推远，让幼儿观察花朵的变化。

（2）理解与体验

①游戏活动——让幼儿运用放大镜观察花园里的花朵，或者区域活动墙上的花卉标本，让幼儿说说观察感受。

师：小朋友们都看到了什么？（我看到花儿像大风车转啊转；我闻到了花香；我看到了花儿的花蕊。）

②教师引导幼儿近距离观察花，使花看起来非常大，像特写镜头一样，理解花朵的结构。（花瓣紧紧围绕花蕊，层层绽放。）

师：小朋友，再观察一下，这两朵花是什么颜色？它们是用什么方法画出来的？（淡淡的紫色和深紫色，它们是用渐变的方法画出来的，就是颜色由深到浅，慢慢地过渡。）

师：画面上运用了什么样的线条表现花朵的轮廓呢？

（3）自由创作

①教师发放材料。

②请幼儿在纸上画出喜欢的花朵，一朵大大的花儿。

【活动延伸】

本次活动课程主要是让幼儿近距离观察花卉，了解花卉的结构，关注花朵的细节部分，同时理解花朵的渐变、明暗变化等。幼儿运用水粉颜料，体验颜料加白色后会变得越来越淡。为了进一步加深幼儿的认知和体验，引导幼儿欣赏北宋名画《出水芙蓉图》，画面上也呈现一朵荷花，细节部分画得很逼真，引导幼儿欣赏其魅力。

分析：

欧姬芙的抽象花系列作品，注重表现花朵的局部细节，画面构图简洁，色彩单纯明亮，技法也不复杂，很适合幼儿欣赏。幼儿通过欣赏名家花卉作品，可以看到自己从前未注意到的细节。本次活动意图在于启发幼儿的视觉观察力，局部放大的花可以为拓展幼儿的观察经验提供新的可能。因此，在中班开展以"花儿朵朵开——我也是抽象大师"为主题的抽象绘画欣赏，容易激发幼儿的想象。幼儿可以结合自己的生活经验，更深入地理解绘画内容，并引导幼儿多角度、近距离观赏。

# 第二节
# 美术欣赏活动的组织

## 案例导入

材料：

《清明上河图》是由北宋作家张择端所作，生动记录了当时北宋的汴京城（今河南开封）的生活状态，是中国乃至当今世界独一无二的艺术作品。画卷五米多长，体现了北宋不同阶层的人物形象、牲畜形态、建筑特点等，图4-37为《清明上河图》局部。

图4-37　《清明上河图》局部

要求：

请依据材料内容，设计一场大班幼儿艺术作品欣赏活动，引导全班幼儿一起创作出属于班集体的"清明上河图"。

# ❋ 知识讲解与案例分析

## 一、幼儿园美术欣赏活动的设计

### （一）幼儿美术欣赏活动的目标设计

认真研究幼儿美术欣赏活动目标是保证欣赏活动有效进行的前提。活动目标的制定应充分考虑美术欣赏的总目标和各年龄阶段目标，并把它们转化成活动目标。例如，中班美术欣赏活动"美丽的青花瓷"的目标有三个：第一，欣赏青花瓷，知道它是中国文化的象征；第二，能初步感受到白底青花的古朴简约美，培养审美情趣；第三，大胆用美丽的线条装饰事物。这三个目标是中班年龄阶段美术欣赏活动目标的具体化，是根据青花瓷工艺品内容所表达的审美价值来制定的，它们不是空洞的，有实实在在的内容，通过对青花瓷工艺品的欣赏是可以达到的。

### （二）幼儿美术欣赏活动的内容选择

选择幼儿美术欣赏活动内容时应考虑以下几个因素。

#### 1. 符合幼儿的年龄特点

幼儿美术欣赏作品的内容要便于幼儿理解和接受，其色彩和形象要能够被幼儿喜爱。其艺术境界需能让幼儿感到亲切和惊喜而产生浓厚的兴趣，触动幼儿艺术的弦音。如此，既可以扩大幼儿的视野，又能丰富他们的审美情趣。

#### 2. 具有一定的艺术性与可接受性

为幼儿选择的美术欣赏作品，原则上应是名人名作或社会公认的、有艺术欣赏价值的且适合于幼儿欣赏的美术作品。例如，齐白石画的虾、吴作人画的熊猫、李可染画的牧童、韩美林画的小狗、吴冠中画的大海等，这些艺术大师富有生活情趣的美术作品与幼儿的生活经验相吻合，有利于培养幼儿的美感。而梵高的《星月夜》、蒙德里安的《红、黄、蓝的构成》、米罗的《人投鸟一石子》、马蒂斯的《忧愁的国王》等抽象作品，符合幼儿自由自在、不受约束的特性，深受幼儿喜爱。

#### 3. 形式新颖，内容丰富多彩

教师不要仅凭个人的欣赏趣味选择作品，而要根据欣赏活动的目的来确定作品的形式。这些欣赏的对象，不仅要有绘画作品、工艺美术品、玩具、节日装饰、环境布置等，而且还要有古今中外的，尤其是本民族的作品。这样可以开阔幼儿的视野，丰富幼儿的知识，增强幼儿热爱祖国、热爱生活的情感。

### （三）幼儿美术欣赏活动的准备设计

#### 1. 作品材料准备设计

（1）严控复制品的印刷品质　选择作品时，应确保复制品的印刷质量尽可能与原作品接近，并且画幅尽可能大一些，以便幼儿能看清楚。

（2）营造审美情境　为了营造审美氛围，应该创造与作品情感基调相适应的场景，包括教师的语气、语调、情感态度以及周围环境的布置，可以用幻灯片、实物投影仪、电视录像等方式呈现给幼儿。在自然景物和环境布置的欣赏中，让幼儿身临其境，感受真实的环境氛围带来的自然体验。此外，幼儿还要有参观美术馆、博物馆的机会，有进行创作练习活动的场所。

### 2. 相关知识经验准备设计

（1）教师要加强自身的艺术素养　教师也要不断地积累与提高自身的艺术素养，要有较为广泛的美术知识和技能，要不断学习，充分了解作品产生的时代背景、作者要表达的思想情感及表现手法，以便在活动中游刃有余地进行引导和调整，为幼儿提供丰富的美感经验，用富有创意的活动吸引幼儿的兴趣。

（2）教师要具备幼儿美术能力发展规律的理论知识和感性经验

① 教师应深入了解幼儿对欣赏的特殊态度、情感、信念和价值观，以及他们对美术表现形式的情感和理念。每个幼儿的能力是不一样的，一定要以幼儿能接受的程度作为美术活动的起点。

② 教师要具备一定的艺术素养，有较为广泛的艺术知识和技能，并能不断学习，为幼儿提供丰富的美感经验，用富有创意的课题引起幼儿的兴趣。

③ 选择经典的艺术作品，向幼儿做系列的介绍，可以开阔幼儿的视野，训练幼儿的艺术敏感性。

④ 要创设良好的学习环境，有足够的画册、幻灯片、录像、录音等设备，使幼儿能经常有机会接触画家，参观美术馆、博物馆，有进行练习、创作活动的场所。

## （四）幼儿美术欣赏活动的过程设计

### 1. 整体感觉，自由地谈论对作品的第一印象

美术欣赏活动是一种给予幼儿丰富而复杂心理感受的精神活动。在这种特殊的精神活动中，幼儿获得各种各样的心理感受，把认知对象变为情感体验的对象。对美术作品的初步印象，是幼儿进入美术欣赏的第一步，这一步应把幼儿鲜活的个人体验放在优先位置，由此出发再来讨论其他问题。幼儿在欣赏美术作品的瞬间，他们把看到的、感觉到的和体验到的东西往往都汇集在一起，表现出特定的表情、姿态、动作和发出声音。此时教师应支持、鼓励和激发幼儿的表现欲，给他们一定的时间来表达自己的感受，还可以和幼儿一起做出真实的反应，拉近与幼儿的距离。

### 2. 要素识别，分析形式关系

幼儿欣赏美术作品，不仅要获得对作品的内容、主题、题材等的认识，更要逐渐养成能够透过画面所描绘的故事、情节和具体的内容，进一步感知和体验隐藏在具象中的抽象形式。可以以"你看到了什么"的提问为线索，引导幼儿发现作品的点、线、形、色等要素（要素识别），要放手让幼儿认真观察、自由讨论。如在《哈里昆的狂欢》这幅画中，幼儿说出他们看到的具体事物有"耳朵、眼睛、鱼、小提琴、太阳、梯子、小猫、小羊、豆子、小音符"等很多种。幼儿能从这幅抽象画中看出这么多东西，说明他们的想象是丰富的，思维是活跃的，这是幼儿欣赏能力发展的良好开端，但这只是一种日常知觉而非审美知觉。在讨论中幼儿还提到他们看到了"线条"，红、蓝等各种"色块"，各种形状等。

这是一些属于形式语言的东西，是图形艺术魅力的本体所在，是美术欣赏活动中教师要有意引导幼儿把握的。在识别了线、形、色等要素之后，甚至在识别这些要素的过程中，这些要素之间所形成的关系，以及由此表现出的情感和蕴含的意味（即形式关系分析），自然便会成为幼儿感受和谈论的主要内容。

### 3. 回到整体，较深入地讨论作品给人的感觉

这是又一次的整体感受。它建立在幼儿对作品的各种要素及其美学意味的深切感受和讲述之上，它与第一印象相比，应该是更深刻的。这一步也可以通过给作品命名并说出为什么要这样命名的方式来进行。因为幼儿对作品的命名往往能够反映他们对作品总的感觉，而说出命名的理由则能帮助他们整理和清晰地了解自己的这些感受和思考的过程。这里既有直觉的、感受的东西，也夹杂了理性的、逻辑的东西。

从以上几个欣赏活动的环节中不难看出，在教师引导下，幼儿对美术作品的欣赏经历了一次"整体—部分—整体"的感受过程，先整体感知，然后进行部分分析和感受，最后再回到整体，这是符合美术欣赏一般规律的。

### 4. 创作与表现

幼儿对美术欣赏中基本艺术语言与形式美的原理的认识还可以经由艺术创作来获得。这是在幼儿对欣赏的东西进行心理回忆、讨论、构思的前提下进行的。如欣赏《哈里昆的狂欢》后，幼儿以色纸剪贴的方式表现植物、小动物尽情狂欢的情景。创作时教师尽可能提供多种媒介和材料供幼儿自由选择，使幼儿能够根据自己的愿望进行创作。事实证明，这种鼓励幼儿结合欣赏的经验，或学习借鉴画家的作画方式和表现手法，或用自己的绘画语言描绘作品所表现、传达的情感等方法，有助于幼儿迁移欣赏经验，强化审美情感体验，学习借鉴画家的作画方式和表现手法，有效加深对艺术语言与形式美原理的理解。

### 5. 作品评议

创作之后的评议也是不可缺少的一环，它是整个活动中必要的和重要的一个部分，是另外一种欣赏活动。评议应以幼儿的自我介绍及幼儿间的互相评说和欣赏为主，采取多种方式进行。如先画完的幼儿可以自由地把自己的作品放在实物投影仪上，或放在展览角中进行展示，并小声地谈论和评议。整个创作活动结束后可以请幼儿手背后自由走动，欣赏同伴的作品，挑出自己最喜欢的一件介绍给大家，也可以轮流向大家介绍自己的作品。这样便于幼儿把对名作的欣赏经验迁移到对同伴和自己作品的欣赏中来，也使幼儿获得一种自豪感和成就感。

## 📚 案例分析

材料：

《小老鼠上灯台》是一首比较老的歌曲，但是歌曲诙谐幽默，深得孩子们的喜爱，有很多家长在家教孩子唱的就是这首歌。我在教学的时候，有个别孩子已经会唱这首歌曲了。

活动时，我先出示手偶小老鼠，让孩子在《小老鼠上灯台》的音乐声中，和小老鼠一起锻炼，活动活动身体，激发幼儿的兴趣，让幼儿投入到活动中。接着我根据歌词内容，用手偶讲述故事，我边操作，幼儿边学习，孩子的兴趣一下就提高了。在学唱时，我

除了让幼儿完整欣赏以外，还和孩子们分段欣赏了歌曲。幼儿说出哪句，大家就一起学唱哪句，在这个过程中，我针对歌曲的难易、孩子的掌握程度，有针对性地练习歌曲。游戏是小班孩子的最爱，这个活动中自然也少不了。在游戏《猫和老鼠》中，配班的俞老师做猫，小朋友做小老鼠，孩子们的兴趣一下就提高了，有个别孩子还被大猫的出现给吓哭了呢！在游戏中大家比较关注的是猫什么时候出现，而不是歌曲本身。小班孩子要求他们边唱边游戏还是有些困难的，因为孩子的注意点不是在歌曲的演唱上，而是担心自己会不会被猫给抓住，真的是很天真。

歌曲可以通过具体的音乐形象来表现，恰当地创设生动具体的情景，使幼儿通过想象、联想来理解歌曲，使教学活动情趣盎然，生动活泼。音乐活动中让幼儿身临其境，增强了幼儿的主动参与意识，自然地将自己角色化，与角色融在一起。

虽然活动结束了，但留给我的思考依然很多，需要在今后的活动中不断地磨炼，不断地思考才能得到进一步的提高。

分析：

案例中展示的是一位一线教师在活动后的教学反思。通过反思内容我们可以看出，欣赏活动首先就是要吸引幼儿的注意力，激发幼儿的兴趣，让幼儿可以全程坚持与教师互动。其次在欣赏方法上主要分为整体欣赏、片段欣赏以及重点针对性欣赏，帮助幼儿全方位地了解作品。最后在欣赏环节中也可以适当加入幼儿最喜爱的活动——游戏，在帮助幼儿深入理解作品情感表达的同时，也能激发幼儿的创造之情，引导幼儿对作品进行二次创编。

# 二、幼儿园美术欣赏活动的指导

## （一）幼儿美术欣赏活动的组织形式

### 1. 专题性欣赏

专题性欣赏是美术欣赏的基本形式，是指在教师直接指导和参与下，幼儿针对某个主题进行的比较系统的美术欣赏活动，以获得美术欣赏的基本知识、能力和审美态度。专题性欣赏一般是通过专门的欣赏活动来实现的。

专题性欣赏活动的主要特点表现在：第一，有明确的活动目标，幼儿需要有意识地进行欣赏活动，并通过欣赏提高审美能力；第二，主要以集体（包括全体和小组）的活动方式进行，将不同生活经验的幼儿集中在一起，按照设定的目标开展活动；第三，教师采取显性的、直接的指导方式。

### 2. 随机性欣赏

随机性欣赏指教师发挥自身的教育机制，抓住每一个契机，充分利用日常生活、周围环境中的美好事物，为幼儿提供广泛的、多种多样的欣赏机会。借此，激发和诱导幼儿自然的审美愉悦感，增强幼儿对周围世界的审美认识，提高幼儿对美的敏感性，并能与美术作品相联系。

随机性欣赏活动的主要特点表现在：第一，没有统一的活动目标，只强调教师为幼儿提供一个宽松的审美欣赏环境，关注幼儿的活动过程，而较少强调活动的结果；第二，随机性欣赏可以用集体活动的方式进行，也可以用个别活动的方式进行；第三，更能体现教育的个别化，教师可以根据幼儿的兴趣和经验，让他们以自己独有的方式去感悟周围环境中美好的事物。

### 3. 渗透性欣赏

渗透性欣赏指将美术欣赏活动有机整合到其他领域中，充分发挥教育的整体效应。幼儿的发展是整体的，幼儿教育也应该是整体的。因此，教师在进行教育时要有整体的观念。一方面，教师要充分挖掘活动中美的成分，作为美术欣赏的教育资源；另一方面，可以利用美术欣赏来增强其他教育活动内容的趣味性，做到相辅相成。例如，在古诗《咏鹅》的学习中，诗句将一群白鹅戏水的神态描绘得惟妙惟肖，为幼儿展示了一幅形象生动、意境优美的图画，所谓"诗中有画"即如此。这时，教师如果再辅以生动、直观、形象化的图片教具或影像手段等，帮助幼儿用视听联觉在头脑中创造审美意象，会让幼儿得到更多美的享受。同时，教师也可以提供美术工具材料，引导幼儿用绘画或手工的方式，将语言所描述的审美意象物态化，促进幼儿对语言的理解与想象。

一般而言，专题性欣赏的指导要全面一些，随机性欣赏和渗透性欣赏的指导可简练一些，突出重点。专题性欣赏是幼儿美术欣赏活动的基本形式，随机性欣赏和渗透性欣赏是专题性欣赏的补充和扩展。

## （二）幼儿美术欣赏活动的组织方法

### 1. 对话法

对话法是幼儿美术欣赏活动的基本方法，是指美术欣赏活动中教师、幼儿与美术作品三者之间的相互作用和相互交流。

实施对话法时，对话双方的关系应该是平等的，教师不能强求幼儿接受某一权威的结论或教师自己对美术作品的看法，而应让幼儿有自己的探索。

教师自己首先与美术作品进行对话，找出作品欣赏的要点。然后，将这些要点转化为一些开放性的问题，如这幅画上画着什么？（引导幼儿欣赏内容。）你看了这幅画有什么感受？（引导幼儿进行主动的审美体验。）你为什么会有这种感受？（引导幼儿从内容美和形式美方面进行分析。）你喜欢这幅画吗？为什么？（引导幼儿理解作者的思想、感情和深刻内涵。）这样层层深入地引导幼儿认真观察、自由讨论，少提一些"是不是"的问题。此外，教师还要引导幼儿用多种方式（如语言表述、面部表情、身体动作等）表达自己的审美感受。

### 2. 体验法

体验法是指在幼儿美术欣赏活动中，教师为幼儿精心选择和设计与作品有关的环境、情境，组织幼儿开展相关的操作活动，以丰富幼儿的感性经验。在亲身实践的体验中激发幼儿审美的主动性、积极性和创造性。

体验法可以用在专门的欣赏活动前，使幼儿积累相关的感性经验；体验法也可以用在欣赏活动中，使幼儿对欣赏对象有进一步的感受和理解；体验法还可以用在欣赏活动结束后，教师设计相关的创作活动，引导幼儿学习艺术大师的创作方式和表现手法。

### 3. 对比法

对比法又称观察分析法，是教师引导幼儿观察、评价不同作品的表现手法、形式和风格的教学方法。这种方法有助于幼儿超越作品描绘的具体事物，将审美注意力集中到这些线条、形体、色彩所建构的形式关系上面，从而进一步探讨它们所表现的情感和蕴含的意味。

具体来说，对比法有以下三种运用方式：

① 就同一主题的不同美术表现形式进行比较。对比法是指在幼儿美术欣赏活动中，教师引导幼儿观察比较不同作品的表现手法、表现形式和表现风格，培养幼儿对美术作品较敏锐的感受力，提高幼儿对作品的审美感受和理解能力的方法。

例如，在欣赏剪纸时，将猫的照片与剪纸猫作比较，通过对造型、色彩等方面的比较，让幼儿感受剪纸艺术简洁夸张的造型、单一明快的色彩和虚实装饰的构图特点。

② 对比法可以就同一主题的不同表现形式进行比较，也可以就相同题材的不同表现手法进行比较，还可以引导幼儿比较不同画家的表现风格。

就相同题材的不同表现手法进行比较。例如，欣赏李可染的画牛艺术时，可以引导幼儿将《初见垂柳挂新绿》（图4-38）和《暮韵图》（图4-39）进行比较。《初见垂柳挂新绿》是一幅春牛图，画家一反浓墨绘牛的画法，而是用淡墨，全画大面积空白，却仿佛春光明媚，空气清澈得透明；而《暮韵图》则是一幅夏牛图，此图可谓浓墨满纸，却层次分明，毫不压抑，可见大师笔法非凡。通过对人物动态、背景、画面墨色的对比，可让幼儿逐步感受画家丰富、神奇多变的艺术语言。

图4-38 《初见垂柳挂新绿》

图4-39 《暮韵图》

③ 引导幼儿比较不同画家的表现风格。对比法有助于幼儿超越作品描绘的具体事物，将审美关注点集中到这些线条、形体、色彩所建构的形式关系上，从而进一步探讨它们所表现的情感和蕴含的意味。

例如，在幼儿欣赏过一些西方画作之后，可以选择一些幼儿从未欣赏过的作品进行一次画家作品风格的欣赏活动。通过观察和比较加深幼儿对画家风格的识别和理解，培养幼儿对美术作品表现风格的敏感性。

### 4. 拼图法

拼图法是指在幼儿美术欣赏活动中，教师将美术作品的复制品剪开，背面衬以底纸，制成各种形状的卡片，引导幼儿根据卡片上的色彩、线条和造型拼成一幅完整的画。拼图法有助于幼儿体验"整体—部分—整体"的完整欣赏过程。运用拼图法时，教师应注意以下几点：

（1）刚开始可以选择幼儿欣赏过的作品，以后可以选择一些没有欣赏过的同类作品，鼓励幼儿根据已往的经验大胆尝试。

（2）就拼图的数量来说，刚开始可以一次只拼一幅图，在幼儿已经拼过多种风格的作品后，也可以一次将两张甚至两张以上不同风格的作品混在一起，引导幼儿认真观察、比较、拼摆，以提高幼儿对艺术作品敏锐的感受能力。

### 5. 综合法

综合法是指在幼儿美术欣赏活动中，教师选择一些与美术作品有关或能加强其感染力的音乐、诗歌、故事，并运用媒体再现或创设具有感情色彩的具体生动的形象或场景，加深幼儿对美术作品的感知和理解。

综合法的特点是体现了整合的教育观，它不仅整合了与美术作品相关的知识，而且整合了与美术作品相关的手段。美术作品内容与形式的整合构成了良好的美术欣赏环境，特别是多媒体技术所创设的声画并茂、视听结合、动静相接、感染力强的欣赏情境，使幼儿如闻其声、如临其境，激发幼儿欣赏的兴趣和情绪，达到集中欣赏与愉悦并存的境界。

## （三）幼儿美术欣赏活动的指导要点

### 1. 选择合适的欣赏内容

教师应选择与幼儿年龄特征和心理特点相适应的美术作品作为欣赏对象。例如，对于小班幼儿，可选择形象具体、色彩鲜艳、生动有趣的作品，让幼儿欣赏与评价："它美不美？美在什么地方？"对于中班、大班幼儿，可选择图案复杂、构图丰富的美术作品供幼儿欣赏与评价："它为什么这样布局？有什么好处？"

选择的美术作品画幅要尽可能大些，以便让幼儿看清楚，欣赏对象也可用幻灯片、投影、电视等方式呈现给幼儿。在自然景物和环境布置的欣赏中，最好能让幼儿身临其境。例如，在大班"过新年"活动中，教师可带领幼儿参观整个幼儿园的环境布置，让幼儿感受节日的热闹和喜庆的气氛。此外，在美术欣赏活动中，教师要注意调动幼儿的审美积极性。在欣赏活动开始时，先不要急于进行讲解分析，以免给幼儿造成思维定式，影响他们自身主动的感知和体验，应让幼儿仔细观察，自己去感知、发现。

### 2. 创设多彩的审美环境

审美环境的创设包括三方面：

第一，教师应为幼儿创设富有审美情感色彩的日常生活、学习环境。

第二，教师应结合具体的艺术活动，创设与之相适应的审美环境。

第三，教师可以在活动室播放些优美悦耳的轻音乐作为背景音乐，以引起幼儿美好的联想。我们知道，艺术是相通的，让幼儿运用多种感官参与欣赏，使幼儿置身于优美的环境中，不但有助于提高他们的审美能力，而且有助于其艺术创造性的发挥。

### 3. 关注幼儿的生活经验

美术欣赏涉及对美术作品形式的感受、意义的领会，作品背后还涉及人类文明的许多领域。丰富的经验是从事艺术创作的原材料，也是幼儿进行欣赏活动的基础。生活中处处有美，关键是如何引导幼儿去发现，所以教师在选择欣赏作品时，应考虑到幼儿的生活经验，关注幼儿的兴趣和需要。例如，在欣赏蒙德里安的《百老汇爵士乐》时，可事先让幼儿听美国百老汇的爵士乐，然后带幼儿逛马路、走迷宫。这样，幼儿在欣赏画面时，便可以从这些黑色线条和彩色格子中联想到城市里的马路、汽车和迷宫等形象。

### 4. 设计巧妙的引导语言

在引导幼儿进行欣赏活动时，教师应注意语言的运用。

（1）不要做过多、过深的讲解分析　教师不应对幼儿进行"填鸭式"的灌输，应主要通过提问的方法，对幼儿加以诱导，使他们沿着一定的方向积极进行思考、联想、感受，提高审美能力。

（2）要善于运用启发性的语言　启发性的语言能开阔幼儿思路、启迪幼儿智慧。教师可以用"为什么""怎么样"这类开放性的语言向幼儿提问，引发幼儿积极思考，而不是用"这幅画看起来真美，是不是？"这类封闭性的问题来提问，以免幼儿漫不经心地回答"是"。

（3）引导语言要有艺术性　引导语言的形式要多样，可以是谜语、儿歌、诗歌、童话等，其作用在于通过对对象的特点、色彩和构图等的描述，帮助幼儿将画面上的外在形象进一步加工成完整的、鲜明的、深刻的视觉表象，从而调动幼儿的审美情感。

### 5. 尊重幼儿丰富的审美感受

欣赏活动应突出表现它的体验性，而不是认识性。幼儿在欣赏具体的对象时，可能还说不出为什么美，但却能感受、体验到美，从而获得一种情感上的满足。幼儿有着独特的欣赏视角，教师应充分肯定幼儿独特的想法，让幼儿大胆表达，不要用自己对作品的理解去束缚幼儿的想象。

教师引导幼儿通过语言、动作、表情来表达对美术作品的欣赏，可加深幼儿对作品的理解，有利于幼儿欣赏水平的提高。例如，在中班折贴活动"美丽的海底世界"中，教师先引导幼儿欣赏画面中各种动态的鱼，有的鱼是椭圆形的身体、三角形的尾巴，有的鱼是半圆形的身体、扇形的尾……接着，教师引导幼儿折出鱼儿各种形状的身体。最后，教师请幼儿用自己的动作来模仿鱼儿游动的形态，使幼儿加深了对"海底世界"的理解。

### 6. 保护幼儿独特的创作过程

创作是艺术的灵魂，独创是艺术的根本。在充分地欣赏和感受后，幼儿都会有创作的冲动和愿望。随着年龄与心智的增长，幼儿对周围事物的体验与经验不断增加，他们会将自己的情绪、欲望、感情、想象等用语言、动作、绘画等形式表现出来。然而幼儿在创作作品时，往往是非理性的，没有自己的美学观点及主张。但他们的创作却又完全是内心真实的感受和想法，他们所表现的不仅是一个作品，更是一颗纯洁的心、一段美好的情感，他们的整个创作过程是独一无二的。教师应做教育的有心人，尊重幼儿的每一个创作，保护幼儿的想象，不要过早地给幼儿制定创作的规则，因为幼儿的想象力比绘画技巧更重要。

## （四）幼儿美术欣赏活动中的主要问题与解决办法

### 1. 因准备不足引起的问题与解决办法

（1）典型案例　一位教师在小班欣赏活动"京剧脸谱"时，准备让幼儿先观察几幅京剧脸谱的图片，但所准备的实物图片太小，为了维持秩序，教师让孩子们坐好，前面的小朋友观察完了再传给后面的小朋友看。看过的小朋友纷纷惊呼"有点吓人""在脸上画画"。

（2）诊断分析　教师的物质准备不足，使幼儿"等待"时间过长，不能很好地欣赏。此外，小班幼儿对京剧脸谱缺乏基本认知，知识经验储备不足，因此欣赏效果欠佳。

（3）解决办法

① 做好物质上的准备。欣赏活动中的物质准备包括作品、教具和呈现方式等。教师在选择美术作品时，应考虑幼儿的发展水平，还应注意复制品的印刷质量和画幅大小，以便让幼儿清楚地观赏。为了营造欣赏氛围、增强审美效果，还可以用实物投影、电视录像，辅以录音等方式呈现给幼儿。在自然景物和环境布置的欣赏中，如果条件许可，最好将幼儿带到真实的环境中，使幼儿积累相关的感性经验，感受到一种身临其境的美。

② 做好有关知识经验的准备。在幼儿美术欣赏活动中，幼儿会接触到不同历史年代和题材的作品，这些作品背后必然涉及一定的历史事件、社会生活和东西方文化。所以，教师应当在欣赏活动前开展相关的知识准备活动，有意识地引导幼儿把作品背后所蕴含的时代特征联系起来，使幼儿深刻领会作品特有的表现形式和内涵。例如，引导幼儿欣赏京剧脸谱之前，组织幼儿听京剧唱段，了解京剧的简单知识。这些活动能为幼儿理解和欣赏京剧脸谱打下良好基础，使幼儿不仅对民间美术有所认识，还能激发幼儿对民族艺术的兴趣。

### 2. 因教师引起的问题与解决办法

（1）典型案例　一位教师在大班《星月夜》绘画欣赏活动中，先出示梵高作品《星月夜》（图4-40）让幼儿自由欣赏，然后说一说自己的理解。有的幼儿说："天上有月亮，还有好多太阳"，有的说："怪兽要来啦"。教师肯定孩子们的表达后，就让幼儿自己画一幅《星月夜》。

图4-40　梵高《星月夜》

（2）诊断分析　教师先让幼儿表达自己的理解是对的，但并没有给予幼儿进步的引导，也没有对画作的内涵做出一定的解说，导致欣赏活动变成了绘画活动。

（3）解决办法　美术欣赏活动对教师的美术素养有较高的要求，教师只有自己对各种艺术形式有一定的理解与欣赏能力，才能引导幼儿进行理解与欣赏。

① 教师需要理解线条、形状、色彩、构图等形式语言的象征意义。例如，在线条上，水平线意味着放松、平静与单调；垂直线意味着静态张力、准备就绪、抵抗力、支撑；曲线的变化缓慢、连绵，可使人感到柔和、流动；放射线使人感到舒展、充满活力；对角线意味着动作、活力和不平衡等。案例中，梵高的《星月夜》用了许多波浪形、螺旋形的线条，将星星和月亮团团围住，表现了画家强烈的不安和忧郁的心情。

在形状上，正方形显得稳定、刚直、呆板；圆形则显得活泼、柔和、流动。在色彩上，暖色使人联想到火、冬天的太阳，在画面上显得前跳；冷色使人联想到冬天的池水、晴朗的夜空，在画面上显得后退。

② 教师还需要理解对称与均衡、节奏与韵律、变化与统一等形式美的原理。对称是指中心点两边的形式或配置方式具有类似性，其特点是稳定、庄重，但有时也显得单调、呆板。均衡则有对称式与不对称式两种，对称式均衡是指中心点两侧的相对位置上呈现"镜相反映"的形式；不对称式均衡是指画面上中心点两边形不同，但量相同或近似的形式。节奏是指视觉在画面上所做的有秩序的、连续的运动；韵律则是富有情调的节奏变化。变化是指由大小、高矮、疏密、深浅等性质相异的要素并置在一起时所造成的显著对比的感觉，其特点是活泼多样、有动感的；统一是指由性质相同或类似的要素并置在一起时所造成的一致的或具有一致趋势的感觉，其特点是严肃庄重、有静感的。

## 案例分析

材料：

大班美术教育活动方案：探究毕加索——奇怪的大脸

【活动目标】

① 认知目标：让幼儿欣赏毕加索的作品，理解人物侧面脸的特征。

② 情感目标：激发幼儿对线条组合产生不同的联想。

③ 技能目标：能够大胆运用组合、拼贴等方式表现多视角抽象脸。

【活动准备】

多媒体课件，毕加索的作品，红、黄、蓝水粉颜料，卡纸，废旧纸板。

【活动重点】

重点引导幼儿尝试拼贴与绘画的有趣组合。

【活动过程】

（1）情境导入

① 欣赏毕加索的立体主义风格人物作品，如图4-41所示，通过提问的方式导入课题。

师：小朋友们，你们看看，图片上画的是什么呀？

（好像是人，不过有点儿奇怪。）

师：看了这幅画，你有什么感觉呢？

② 引导幼儿自己观察毕加索的作品中人物面孔的特点。

师：你为什么觉得这画有些奇怪呢？怪在哪里？

（颜色有点儿奇怪。）

师：还有哪些地方比较奇怪呢？

幼：脸好奇怪，像个大怪兽。

③ 教师引导幼儿观察正面脸和侧面脸的特点。

图4-41　毕加索的作品

（2）理解体验

① 教师帮助幼儿理解人物侧面脸的造型。请两个小朋友表演，一个正面对着大家，一个侧面对着大家，引导幼儿观察他们的脸的特点。

师：这两个小朋友表演的是正面脸和侧面脸，分别有什么特点呢？

（正面脸能看到两只眼睛，侧面脸只能看到一只眼睛，鼻子轮廓线很明显。）

② 教师讲述毕加索人物画的特点，引导幼儿观察正面脸和侧面脸叠加后的效果。

师：你觉得这两幅画中，哪儿是正面脸，哪儿是侧面脸呢？你们想象一下，不同方位的脸放在一起会是什么样子呢？

③ 用材料拼摆组合，感知正面脸和侧面脸的组合方式。

师：我这里有材料，有五官的造型，请你们选一些来拼一拼吧，看看有什么神奇的效果。

教师先选择拼好的作品，引导幼儿感知组合的神奇，如图4-42所示。

图4-42　奇怪的脸

师：正面脸和侧面脸重叠，怎么拼出正面的眼睛和侧面的眼睛呢？

（先摆放两张不同方向的脸，然后添眼睛。）

（3）自由创作

① 教师发放材料。

② 引导幼儿按照次序拼贴和画画。先将剪好的正面脸和侧面脸贴在黑色的卡纸上，

然后在合适的位置上粘贴上五官。

③ 幼儿创作，教师巡回指导。

【活动延伸】

教师引导幼儿欣赏立体主义风格的《奇怪的脸》，让幼儿用不同寻常的视角去观察和表现人物脸部，激发幼儿极大的兴趣。在此基础上，教师可以引导幼儿继续深入探索——借助哈哈镜的极度夸张和变形效果，让幼儿体验镜子里的自己，激发幼儿创作的欲望。

分析：

毕加索的立体主义是现代美术史上的一个重要的画派，它是指艺术家从不同角度来描绘对象，然后将其置于同一张画中，以此来表达对象更为完整丰富的形象。立体主义追求破碎、重建、组合形式。其画面创造的是一个二维平面空间，富有想象力，使幼儿更容易接受。《奇怪的大脸》是基于欣赏毕加索立体主义风格的作品而设计的课程，让幼儿能学会打破常规思维，从人物的侧面、正面等不同角度进行观察，以自己喜欢的方式重新组合，画出富有新意的脸部造型。

# 🎁 小贴士

## 多媒体在幼儿园美术欣赏活动中的作用

1. 激趣课堂导入，吸引学生注意力

由于年龄关系与身心发育特点，幼儿很难在整堂课保持精神集中，情感上的细微变化都可能分散其注意力。传统教学环境下，幼儿美术欣赏教学以教师示范、讲授为主，学生完成点评、绘画作业为辅，教学形式单调呆板，影响了幼儿审美兴趣及学习热情。而利用多媒体直观、形象、生动的技术优势，我们可以为幼儿呈现动态的影像和富有色彩的画面，通过图、文、音、像结合来有效地吸引学生注意力，调动学生的课堂参与热情。同时，结合多媒体教学内容，学生可以根据自身意愿与兴趣，自由表达感悟体会，加深对作品的理解认知。在课堂导入环节，多媒体技术的应用既带给幼儿强烈的视听冲击，拓展了学习视野和想象空间，又活跃了课堂气氛，激发了幼儿体验美、表现美、创造美的兴趣。

2. 丰富活动体验，启迪学生思维

新课标要求幼儿艺术教育不断丰富学生活动体验，使学生在体验中获得审美愉悦，在创造中获得满足感与成就感。美术欣赏教学中，幼儿教师要积极转变观念，寓教于乐，以多样化的教学活动丰富幼儿学习体验，引导幼儿学会多方位、多角度地感受美、发现美和表现美。利用多媒体辅助教学，我们能够帮助学生构建眼、耳、手、口、脑等多种感官通道，使其在感知各种绘画体系、作品的审美特征时，更容易产生情感，迸发无穷的想象力与创造性思维，为提高美术素养与实践能力奠定良好基础。

3. 增强师生互动，营造良好氛围

新课改实施以来，幼儿美术欣赏教学面貌发生许多新变化，也遗留了一些老问题。我们致力于建立民主、平等、和谐的新型师生关系，倡导交互式教学方式，这也是当前幼儿美术欣赏教学亟待优化之处。如何有效促进师生互动，营造融洽的学习氛围呢？多媒体技术的应用普及为我们提供了一条新思路。在教学过程中，教师可以利用精心准备的多媒体课件代替原本单调乏力的口述、板书，方便与学生的信息交换，增强彼此交流互动，从而为成功教学创造条件。

## 4.完善教学评价，助力学生认知

由于学生个体差异客观存在，他们对于美术内容的理解、认知及能力等都表现出明显的不同，每个人的审美、创作也独具特色。针对学生不同的个性表现，教师应予以充分肯定和尊重，并尽量采取正面的、积极的评价方式，引导其形成正确的自我认知，不断学习进步。在美术欣赏活动后，我们可以将学生的作品拍照、集册，并利用多媒体进行逐一展示，从而弥补以往快速浏览与抽样欣赏存在的不足，引导其自主评选、分析自己最爱的作品，完善自评与他评。教师要善于发现每个幼儿的闪光点，让每个孩子都收获学习的快乐，建立起强大的自信。同时，在彼此欣赏与点评过程中，也为他们提供了一个相互学习、相互提高的机会。

## ✿ 拓展训练

材料：

小班音乐欣赏活动"这是小兵"活动目标：

（1）培养幼儿喜爱听音乐，并随音乐做律动的习惯。

（2）引导幼儿随音乐表现并模仿解放军动作。

（3）引导幼儿感受进行曲的力度和均匀的节奏。

训练要求：

请依据材料中的活动主题和活动目标设计一篇幼儿园小班音乐欣赏活动。

## 📄 学习总结

本章以《指南》中的幼儿美术教育活动为出发点，提供了幼儿园美术教育活动中的美术欣赏活动的特点、目标和内容等基础知识，分别介绍了美术作品、雕塑、建筑和美术工艺欣赏的设计方法和指导要点等实用知识，其中重点是了解幼儿园各年龄班不同的教育目标和内容，能够根据不同年龄的幼儿特点选择正确的教学方法。并介绍了幼儿园美术欣赏教育活动的组织与指导方法，提出了在美术欣赏教学活动中容易出现的典型问题的解决方法，为学生提供了未来工作岗位上的工作方法。

# 第五章

## 区域活动中的美术活动设计与指导

本章着重阐述了作为幼儿教师如何布置幼儿美术活动区域，充分运用环境对幼儿潜移默化的影响，着力培养和加强幼儿的创造性思维，在活动设计中将美育与生活实践相结合，设计美术区域活动内容。探讨作为一名幼儿教师，将如何布置适合的美术活动区域，如何选择适合幼儿认知发展的工具材料，开展丰富多彩的美术教育教学活动，以及幼儿在区域活动中的注意事项等问题，进而为幼儿教师组织和指导幼儿园美术区域活动提供参考。

📋 **学习目标**

（1）了解幼儿园环境创设的基本原则和方法。

（2）了解区域活动中环境创设对幼儿身心发展的影响。

（3）能够为幼儿的游戏、学习与创作活动提供适当的环境和条件，营造良好的艺术氛围。

（4）能够根据不同年龄的幼儿身心特点，选择不同的工具和材料，有条理地进行教学活动。

（5）能够引导幼儿自由地观察生活，从生活中感受美，从而塑造幼儿的审美能力。

（6）能够指导幼儿自主地进行各种工具的使用学习和多样的技能活动。

（7）能够在自然环境中引导并组织幼儿开展丰富多彩的美术教育教学活动。

🔗 **思维导图**

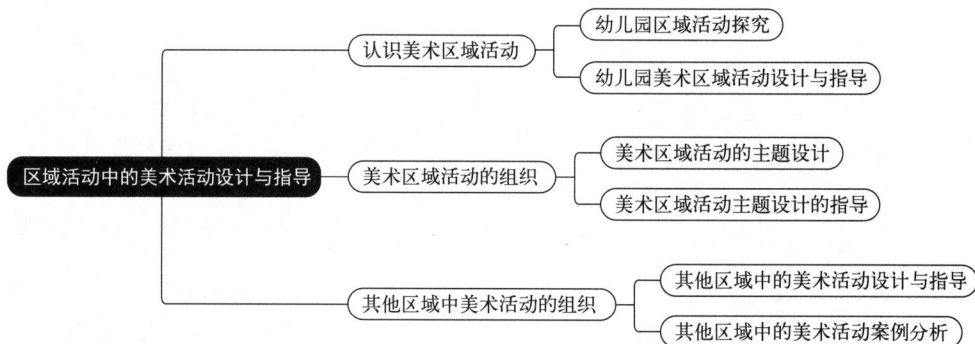

**第一节**

# 认识美术区域活动

✈ **案例导入**

材料：

图 5-1 为某幼儿园户外美工区环境创设成果展示。该区域创设理念为引导幼儿积极进行废物利用，木板和铁桶均为幼儿园装修的健康无害的废弃材料。其中木板上绘制的是幼儿喜闻乐见的绘本内容，引导幼儿用丰富的色彩与教师一起将绘本主要内容绘制出来。铁

桶的绘制运用了多种美术风格，如抽象的图形和不同的线条等艺术形式，引导幼儿大胆想象，勇于表达、创作。

图5-1 幼儿园户外美工区环境创设成果展示

图 5-2 为某幼儿园室内环境创设展示，该区域主要存放幼儿经常会用到的手工材料，风格童趣化，不仅符合幼儿年龄特点，而且还会随幼儿年龄变化而变化，伴随同一批幼儿小班—中班—大班动态成长，让幼儿在熟悉的环境中不断创新发展。

图5-2 幼儿园室内环境创设展示

要求：

请依据材料内容思考：环境区域活动有哪些意义？

## 🧩 知识讲解与案例分析

# 一、幼儿园区域活动探究

## （一）幼儿园区域活动的概念

区域活动也被称为"活动区"或"区域游戏"，活动区意味着选择的可能性，意味着幼儿可以根据自己的兴趣和需要来决定自己做什么和怎么做，而兴趣、自由选择与自主决定是幼儿主动学习的基本条件。区域活动指教师以教育目标、幼儿感兴趣的活动材料和活动类型为依据，将活动室的空间相对划分为不同区域，吸引幼儿自主选择，并在活动区中通过与材料、环境、同伴的充分互动而获得学习与发展的活动。

幼儿园可以对活动室、寝室、走廊、门厅及室外场地充分利用，并进行分割，在不同的空间开展不同的活动。可以是全班的整体空间，也可以是分隔的空间，可以是室内的空间，也可以是室外的空间；如把活动室划分为若干个区域，并设有屏障构成若干个固定的半封闭区域，为幼儿提供相应的设施和材料，引导幼儿按自己的兴趣和意愿选择活动内容和方式。区域活动是一种新型的教学活动形式。幼儿年龄小，在传统的教育中难以取得良好的教学效果，也不利于幼儿成长发育。将区域活动引入幼儿园教学中，能很好地激发幼儿的学习兴趣，锻炼幼儿动手能力，促进幼儿全面发展。开展区域活动时需要教师积极投入观察指导，才能发挥区域活动的作用。区域活动目前是很多幼儿园一日活动中重要的教育形式之一，是幼儿一种重要的自主活动形式。区域活动充分利用各类教育资源，有效运用集体、分组和个别相结合的活动形式，组织幼儿进行自主选择、合作交往、探索发现的学习、生活和游戏活动。现阶段幼儿园室内环境设计中，有多种多样的区域，归结起来，大致有以下三种类型：

（1）常规区域　如：建构区、美工区、表演区、角色游戏区（如娃娃家、理发店、超市、商店、医院、餐馆、交通岗、小记者、小警察）、阅读区、益智区、语言区、科学区、感官操作区、运动区等。

（2）特色区域　所谓特色可以是地域特色，也可以是园本、班本特色的体现。

（3）主题区域　往往伴随主题教学活动的开展，构建主题目标，将主题活动内容物化在区域材料当中，包括主题环境的建构布置墙饰挂饰等，目的是引导幼儿在主题区域自主活动中实现主题目标。

## （二）幼儿园区域活动的一般形式

### 1. 集体活动

将活动区的活动看作是对幼儿进行集体教育的途径之一。如：为使全体幼儿了解"传统中秋节日文化"，我们在阅读区投放了关于中秋节的绘本，在美工区粘贴了月饼的制作方法，在角色区准备了桌椅、做月饼的模具、各种食物等，方便孩子们玩"准备打月饼"的游戏。让幼儿通过自由探索活动来感知内容，获得经验。

### 2. 分组活动

将活动区视为对幼儿进行分组教学的场所。如，在活动区后开展分组活动，根据幼儿的不同发展需要，给他们分配不同的区域，以促进幼儿的全面发展。在活动中保证每位幼儿都能熟悉不同区域的内容、材料和工具的使用方法。当幼儿对各区的材料、玩法等都比较熟悉后，可以让他们自选区域、自选玩具开展区域活动。

### 3. 自由活动

自由活动在角色表演区体现较为明显（如：娃娃家、超市、医院等），在区域主题的确立、内容的选择、材料的投放都包含了幼儿的主动参与，幼儿在活动中"自发学习"，积极与环境互动。

## （三）开展幼儿园区域活动的意义

### 1. 促进幼儿主动活动

区域活动突破了传统教育中幼儿处于被动、静止状态的局面，不是教师把知识灌输给孩子，使孩子被动、静止地接受，而是教师通过设计、提供可供幼儿操作的环境，特别是各种活动材料，让幼儿在此环境中主动地通过活动得到发展，充分体现幼儿的主动性和实践性。

幼儿教师设置的各个活动区，以及为这些活动区提供的活动材料，可以被看作是幼儿自主活动的实际对象，也是幼儿教育内容的物化呈现。因此，我们可以把活动区材料看作是幼儿主动活动的物质基础。只有具备了这样的物质基础，孩子的主动活动才能落到实处。

### 2. 促进幼儿的自主选择

幼儿园常设的活动区有日常生活练习区、语言区、数学区、科学区、美工区、音乐表演区、娃娃家、种植区等，涉及幼儿发展的各个方面的多种活动区。这些活动区为幼儿进行自主选择提供了广泛的空间，可以满足让幼儿根据自己的兴趣爱好、发展类型、优势区域等进行自主选择的需要。

幼儿园活动区设置在表现出区域性的同时还表现出层次性，小、中、大班通过区域设置的不同、材料难易程度的不同体现层次性，即便是同一班级中同一类型的活动，也通过提供不同层次的材料来体现层次性。

适宜幼儿不同发展水平、不同学习节奏的多层次的活动材料，为幼儿进行自主选择提供了循序渐进的路径，可以满足不同幼儿根据自己的发展程度、学习节奏等做出自主选择的需要。

### 3. 促进幼儿的相互交流

幼儿在同一活动区的活动，可以看作是被共同或相似的兴趣爱好、发展需求聚拢起来的小组活动。可以说，在这个小组里，每一个幼儿都在有意无意地留意同伴的一言一行，关注同伴的言行成为幼儿身上的普遍现象。

来自同伴的激励和启发，往往比教师的说教更能激起幼儿的求知欲望和探索精神。因此，幼儿通过伙伴之间的相互交流、相互激励和启发不断地碰撞出新的火花，进而促进自己在活动区中进行新的探索。在区域活动中，幼儿之间的相互观摩、学习、启发和激励是经常性的，是区域活动的必然，也是幼儿不断进步、不断提高的重要推动力量。

### 4. 促进幼儿的持续探索

培养幼儿的好奇心、求知欲和最初的创造意识是幼儿园素质教育的一个重要方面。区域活动为幼儿提供可供他们持续探索的环境和材料，教师还给予针对性的个别指导，这些都至关重要。幼儿初步的创造意识是在不断操作实际物体的活动中萌发的，幼儿初步的创造能力也是在不断操作实际物体的活动中发展的，亲自动手、动脑，持续不断的实践活动是幼儿创造活动的起点。从这个意义上来说，幼儿园区域活动为促进幼儿的持续探索，进而促进幼儿创造意识的萌发和初步创造能力的发展，提供了广阔的空间和无限的机遇。

## 二、幼儿园美术区域活动设计与指导

### （一）美术活动区域

美术活动区域是幼儿园为开展美术活动专门开辟的区域，这个区域布置要有一定的艺术性，使身处其中的幼儿得到潜移默化的审美体验。美术区域环境创设过程中需要循序渐进，定期更换区域内的材料和工具。还要从幼儿的身心发展层面出发，尊重幼儿个性化差异，投放适合不同年龄阶段、不同能力幼儿的多元化材料，促进幼儿共同发展与进步。

### （二）幼儿美术活动区域的环境设计

#### 1. 美术活动区域的环境布置

《幼儿园教育指导纲要》指出，引导幼儿接触周围环境和生活中美好的人、事、物，丰富他们的感性经验和审美情趣，激发他们表现美、创造美的情趣。在艺术活动中面向全体幼儿，要针对他们的不同特点和需要，让每个幼儿都得到美的熏陶和培养。对有艺术天赋的幼儿要注意发展他们的艺术潜能，提供自由表现的机会，鼓励幼儿用不同的艺术形式大胆地表达自己的情感、理解和想象，尊重每个幼儿的想法和创造，肯定和接纳他们独特的审美感受和表现方式，分享他们创造的快乐。在支持、鼓励幼儿积极参加各种艺术活动并大胆表现的同时，帮助他们提高表现的技能和能力。指导幼儿利用身边的物品或废旧材料制作玩具、手工艺品等来美化自己的生活或开展其他活动。为幼儿创设展示自己作品的条件，引导幼儿相互交流、相互欣赏、共同提高。

幼儿园美术区域的设计就是要为幼儿创设一个可以自由表达情感和认知的艺术空间，让幼儿可以在潜移默化中接受良好的艺术熏陶，提高幼儿主动参与美术活动的兴趣。美工区应该成为一个让幼儿感受美、表现美的小天地，为他们的游戏、学习与创作提供适当的环境和条件，营造良好的艺术氛围。在这里，幼儿自由地观察、欣赏各种不同的艺术品，任意选用不同的工具和材料，并根据自己的兴趣和意愿与同伴友好地合作。幼儿在宽松、愉快的环境中尽情发挥创造性思维，发掘他们的创造潜能，有条理地进行各种美工活动，创造性地表达自己的情感与认识，从而培养幼儿的审美能力。

（1）创设美术活动区域选址基本条件　美术活动区域的创设要从幼儿的需求出发，需要从光源、水源、干扰、空间四个方面去考虑。因此，在幼儿园创设美术区域时，首先要选择光线充足、邻近水源、相对安静固定的空间。比如，美术活动区域选址临近绘本阅读活动区，或者安排在阳台，空间开阔，方便幼儿交流。在美术区域中悬挂符合幼儿审美的绘画作品，摆放手工艺品，同时布置张贴幼儿绘画制作的示范图片，并适当布置一些绿植，增添美术区域的温馨和雅致。

（2）美术区域中子区域的划分　美术活动区域空间布置以开放的空间居多，可以结合美术区域活动中使用的材料的不同，划分为三个子区域：绘画区、玩色区和手工材料区。

①  绘画区。主要以油画棒、彩色铅笔、蜡笔等材料为主要媒介。幼儿通过绘画，将他们见到的事物通过技法表现出来。绘画是幼儿与外界交流的情感桥梁，也能充分显示幼儿的童真世界。绘画也是幼儿心灵净化器，教师通过各种引导方法改变幼儿的思想。在绘画过程中逐渐培养幼儿的注意力集中和思维持续性的习惯，对于幼儿的成长及观察能力的提升具有重要意义。幼儿在绘画过程中，对他们看到的事物表现的手法往往特别夸张。正因为年龄尚小，对外界的思维感知还没有定性，对自己的绘画作品没有评价意识。在这一过程中能够获得满满的自信和快乐，给予了幼儿展示自我能力的机会，还能最大限度地激发幼儿的创新能力。

②  色彩区。色彩是孩子童年的一部分，孩子们喜欢颜色并迷恋着。孩子对各种颜料的喜爱与生俱来，对色彩的感知有自己的喜好和想法，从无意识的涂鸦到用心的描绘都是孩子对色彩钟爱的表现。色彩是孩子区分客观事物的特征之一。色彩区投放水粉、水彩、丙烯、国画颜料等颜料，再配以合适的纸和笔，让幼儿在涂鸦、拓印、印染、油水分离等方法下感受不同颜料、大小不同的笔刷、不同质地的纸张带来的玩色效果。色彩区的布置要邻近水源，方便清洁（如图 5-3 所示）。

图5-3  幼儿园美术活动色彩区域

③  手工区。手工制作可以丰富幼儿的生活。虽然现在手工渐渐被机器取代，但对于幼儿而言，最重要的不是坐以享用，而是要了解创造的历史，体验创造的意义。手工制作，不仅可以让幼儿学习到东西，还可以丰富他们的生活，让他们的童年充满欢乐。在手工区为幼儿投放不同的材料，他们在手工制作的过程中，是要调动所有的感官的，这不仅能锻炼左右手的协调性，还能促进手与脑的配合。通过实操，幼儿会有感性认知，从而促进大脑的进化。在手工制作中思维较其他活动更开阔，使其充分地表达现有水平。在从虚到实的过程中发展学生的观察力、记忆力、想象力、创造力，有利于脑部发育。在手工区域活动中，幼儿往往都需要多方面的配合，特别是与他人的配合，通过合作，动手制作的过程，会使幼儿更懂得与人沟通、换位思考，促进交往能力的发展（如图 5-4 所示）。

图5-4 幼儿园美术活动手工区域

（3）美术活动区域常用的布置方法

① 美术区域环境中的基础设施。基础设施通常包括画桌、椅子、手工操作台、画板、画架、材料收纳架、作品展示柜等。这些设施需要选用安全环保的材质，比如实木、塑料等。设施的高度和外形兼顾美观和实用原则，比如手工操作台，应选择表面光滑、无直角的款式，高度在50～55厘米，以原木色最佳，上面可附上透明水晶板，便于清洁。画架要选择材料厚重的，最好是实木，画架角度稳定，保证安全，不易倾倒。美术活动区域中会使用水性颜料，因此地面不宜铺地毯，使用易于清洁的防滑地面即可。基础设施的准备也包含一些特色课程的设备，比如，陶艺活动使用的拉坯机、烧制陶器的电窑、蓄泥池、陈列架等。幼儿教师在美术区域的基础设施建设过程中要结合所在幼儿园的实际情况，合理进行基础设施的准备（如图 5-5～图 5-12 所示）。

② 美术活动区域的墙面设计。美术活动区域中应体现艺术氛围，在这个区域中幼儿可沉浸在其中潜移默化地感受艺术之美。因此布置环境时可以在室内墙壁上布置一些有一定艺术性的作品，如展示板、软木墙、作品展示框、各类挂钩等。幼儿在参与美术活动室的墙面饰物的制作，使环境布置与幼儿产生互动，促进幼儿的身心发展（如图 5-13～图 5-15 所示）。

图5-5 幼儿绘画桌椅

图5-6 幼儿画架

图5-7 幼儿画装饰摆件

图5-8　幼儿园美术活动区域隔断

图5-9　幼儿园美术活动区域陈列架

图5-10　幼儿园陶艺活动室

图5-11　幼儿园扎染活动室

图5-12　幼儿园艺术展示厅

图5-13　美术区域墙面展板

图5-14　美术区域软木墙面

图5-15　美术区域墙面装饰作品

③ 美术活动区域中的隔断设计。通常可以用活动的柜子将空间划分成若干子区域。在隔断中可以摆放活动中使用的工具材料，方便幼儿选择使用，同时也可以提升美术区域的艺术氛围（如图5-16所示）。

(a)　　　　　　　　　　　　(b)

图5-16　幼儿园美术区域隔断设计

④ 美术活动区域中立体空间的设计。教师利用各种不同的挂饰对空间进行划分和美化，常用的悬挂内容有：

a. 标识的悬挂，即用美术元素设计符合幼儿认知的直观形象，帮助幼儿迅速认知区域各部分的功能。比如小班的标识可以用色彩鲜明的水果、小动物，易于幼儿识记。中班可以使用几何图形、数字等图案进行分类。大班的标识设计可以用一些抽象的符号或者简单的汉字、字母。

b. 美术作品的悬挂，教师在创设美术活动区域时可以根据实际房屋空间的高度，选择部分立体的作品进行悬挂，当然悬挂时要考虑到教师和幼儿身高视线的问题，选择适宜的高度进行悬挂。

c. 工具和材料的悬挂，教师选择适合主题的工具和材料，悬挂在区域空间里，使幼儿能快速地选择自己感兴趣的材料，在有限的时间内进行创作（如图5-17所示）。

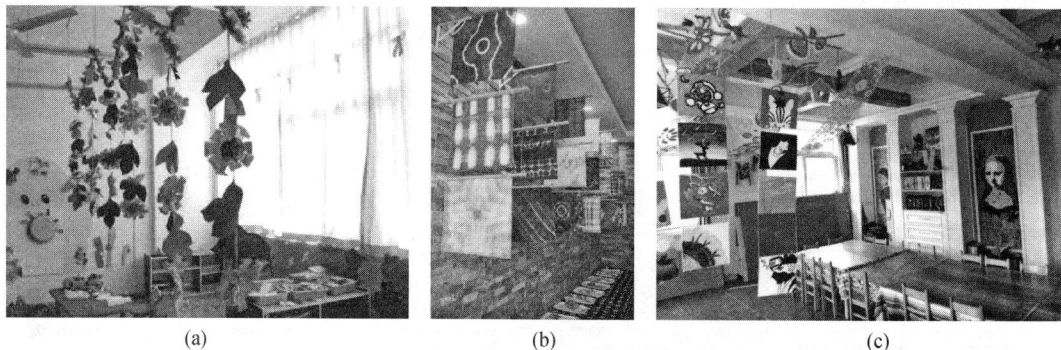

(a)　　　　　　　　(b)　　　　　　　　(c)

图5-17　美术区域挂饰设计

## 2. 在美术活动区域环境布置中的误区

在环境创设中教师很容易从成人角度出发，一味地追求空间区域的规整，往往选用一些看起来精致、漂亮的作品布置环境。这并不符合幼儿的发展规律，导致幼儿参与度不高，影响教学效果。

教师在布置环境时忽略了色彩要素，区域颜色单一或色彩过于杂乱，建议教师要利用色调营造空间氛围，选择不同质感，但色调统一的图画、工具等，结合活动主题进行色彩设计。比如，麦秸画制作，布置环境时应以黄橙色为主色调，布置麦穗、作品等。

## （三）美术活动区域的材料投放方式

皮亚杰提出："幼儿的智慧源于材料。"美术区域活动的教育功能主要通过材料来体现。我们投放材料有哪些可遵循的原则呢？

### 1. 美术区域活动材料的投放原则

（1）材料的安全性　为幼儿提供活动材料时，应选择无毒、无味、对幼儿无伤害隐患的制作原料，制作前进行彻底的清洁消毒。比如选择剪刀时应选择刀尖呈圆形，剪刀刃口开合度在 60°～90°，塑料握柄的幼儿安全剪刀。选择纸张要注意避免使用含重金属、荧光物质、甲醛的纸张。美术颜料种类较多，首先应该注意材料的安全、无毒、健康，对幼儿肌肤无刺激、无伤害，没有任何危险。

（2）材料的艺术性　在美术活动区域材料的投放尤其要注重美育功能，注意操作材料的造型美观、色彩搭配漂亮和便于操作，以吸引幼儿对活动材料充满兴趣，积极投入地参与到活动中来，利于区域活动的顺利开展。比如在区域活动中提供艺术大师的临摹作品、优秀的民间传统手工艺术品等让幼儿欣赏，随着时间的积累，在潜移默化中使幼儿的审美能力得到提升。

（3）材料的丰富性　美术区域内教师要根据活动需要为幼儿提供多样性的工具和材料。材料多元化包括为幼儿提供艺术体验的专业绘画材料。

在绘画区教师要提供各种纸张，包括图画纸、彩纸、宣纸等，以及多种画笔，如油画棒、水彩笔、蜡笔、重彩棒、彩色铅笔等。

在色彩区提供多种色彩品类，如墨汁、国画色、水粉色、水彩等。同时也要提供相应的笔洗、调色盘、水桶、画毡、镇尺、画框、水粉纸、水彩纸、纸巾、生宣纸、熟宣纸等工具材料。

在手工区为幼儿提供安全多样的手工工具材料，包括多样性纸张，如瓦楞纸、海绵纸、彩纸、卡纸、蜡纸、电光纸、硫酸纸等；可捏塑的多种材料，如超轻黏土、陶土、软陶、黄胶泥、雪花泥、纸浆等；多样性的天然材料，如鹅卵石、树叶、鲜花、木片、葫芦、麦秸、芦苇、五谷颗粒等，引导幼儿热爱自然，探索发现大自然中的美。适度投放生活废旧物品，如饮料瓶、雪糕棒、纸盒等；根据需要投放生活用品，如服装、丝线、毛线、麻绳、花瓶、厨房用品等，用以丰富幼儿的情感体验、知识储备，也拓宽了幼儿的创作宽度。当然也要为幼儿提供制作手工作品的工具，例如，安全剪刀、胶棒、双面胶、泡沫胶等多样化的材料。如图 5-18～图 5-23 所示。

（4）材料的目标性　不同年龄段的幼儿身心发展需求不同，投放的材料要满足幼儿的身心发展能力，目标性明确。吴耀华在《幼儿园美术活动创造性提供材料的研究》一文中曾

图5-18　安全剪刀

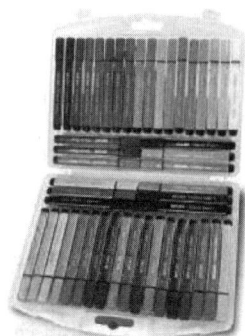

图5-19　安全彩笔

图5-20　水粉颜色

图5-21　油画棒颜色

图5-22　手工材料

图5-23　幼儿园美术区域材料

举例，活动主题为"动物宝宝的房子"，教师提供蜡笔、画纸等材料，学期初对幼儿的兴趣性、主动性、创造性等方面进行了前期的测查。参加测查的幼儿人数为31人，参加测查的幼儿平均年龄为4岁。从测查结果可以看出，刚刚升入中班的幼儿对美术活动的兴趣不是很高，有26%的幼儿能自觉从事美术活动，有45%的幼儿能高兴愉快地参加活动，另外还有29%的幼儿在活动中分心或是不够投入。从参与动机来看，58%的幼儿是对材料或活动内容感兴趣而参与；29%的幼儿是看别人干什么自己就干什么；13%的幼儿是在老师要求下进行美术活动的。从创造性和表达表现来看，大部分幼儿不能独立创作，模仿较多。

针对以上分析的情况，可调整材料的投放，提供小水桶和清水，在幼儿园的操场上作画，幼儿对这种水迹画兴趣浓厚。幼儿在泼水形成的动物水迹形象上进行添画，如绘制栅栏保护小动物，大家忙得不亦乐乎。可见材料投放的目标性很重要。只有跟着幼儿的兴趣、经验走，才能更好地发挥材料的功能，激发幼儿的创造力。

（5）材料的趣味性　3～6岁的幼儿对什么感兴趣？你所面对的幼儿目前能力怎样呢？他们已经有哪些认知的经验呢？这些是正在准备活动区域材料的教师必须了解的几个问题。材料的投放可以本着循序渐进的原则，从幼儿实际经验出发，选择与幼儿已有知识经验有一定联系，又在深度和广度上适当拓展的材料，使幼儿有足够的兴趣，并在已有经验的支持下，能自主地探索新问题的解决方法，建构新的知识经验。比如，5～6岁的幼儿已经有了一定的绘画和手工的技能基础，在进行以新年为主题的区域活动时，教师可以围绕窗花剪纸、年画、面塑等设计子区域，投放相关的彩纸、吹塑纸板、各色面团等，让幼儿自主探索。

## 2. 区域活动过程中材料使用误区分析

（1）在材料使用过程中，幼儿往往会进入自由开放的状态　在呈现千姿百态的作品同时也可能会造成卫生问题，比如，颜料洒到衣服上、碎纸落在地上等。这时幼儿教师不应该因为卫生问题停止幼儿的创作活动，可以通过为幼儿提供工作衣、在桌面上铺上桌布等手段解决遇到的问题。

（2）一次性投放的材料过于丰富　每种材料的功能如果不能针对幼儿的实际发展水平，就达不到活动目的。比如在海洋主题的活动中，一次性投入了各种小贝壳、彩色的线绳、小扣子、瓶子、彩色的沙子等，幼儿虽然能够被这些材料吸引，但是由于材料之间缺少链接，且每种材料在活动中目的性不强，幼儿在活动过程中很难呈现出较好的状态。因此，教师在投放材料时，要结合幼儿的实际需求，考虑每种材料能达到什么样的效果，要进行合理归类、优化选择。

（3）区域活动过程中材料的使用不能做到层次分明　比如绘画材料从幼儿小班开始到大班毕业一直使用油画棒、水彩笔，材料的难度没有递进，不容易引起幼儿的兴趣。建议教师在活动时可以精细化处理。比如小班用线条表达的绘画主题活动，在材料准备时可以准备两种不同粗细的笔，方便幼儿根据自己的能力选用。有的幼儿手部肌肉的精细协调能力较强，可能会喜欢把线条画得细致，会选择细笔；有的幼儿可能抓握的能力不足，使用粗线条更容易表现出自己的想法。

（4）有些幼儿园受条件等多方面的原因所限，材料投放达不到活动需求　比如材料单一、缺乏教育功能，或者数量有限，不足以满足所有在活动区的幼儿，造成幼儿之间的争执。这种情况下，教师可以考虑适度引进有地域或乡土特色的内容作为补充。比如开展草编、剪纸、面人、风筝制作等特色主题，兼顾艺术性和材料不足的问题。

## （四）美术活动区域多元化空间拓展

在幼儿园实际工作中，美术区域和其他区域往往会交织在一起，形成美术区域多元化的特点。比如，多媒体区域、美厨区域、绘本馆区域、公共美术区域等。这些多元化的美术区域，也可以是幼儿美术活动的空间，并且这些美术活动中往往伴随着亲子互动、师生互动等丰富多样的活动。多元化空间使幼儿感受动态的美术区域氛围，潜移默化地接受美术信息。比如，绘本阅读区域与美术活动设计相结合，教师在阅读绘本故事的过程中，投放合适的材料，可以让孩子们讲一讲绘本的内容，画一画，拼一拼，或者用黏土捏一捏绘本中的角色。在美厨区域与美术活动相结合，烘焙体验制作饼干时，可以动手捏出不同造型的小动物、树叶、小花等图形。

## 📚 案例分析

材料：

图5-24　春游记

图5-25　磁铁的秘密

分析：

区域活动没有绝对的划分，正如五大领域的特征一样，彼此之间既相互独立又相互联系。如图5-24 "春游记" 为美术区角展示，在进行关于春天、交友等相关内容的社会领域或语言领域的活动时，可以在此区角进行活动，在激发幼儿学习兴趣的同时，也可以帮助幼儿理解主题内涵。再如图5-25 "磁铁的秘密"，教师与幼儿合力制作完毕后可以直接进行科学活动，在活动结束后，幼儿也可以时常在此进行区域活动，借助区域材料进行知识的深入理解与手工的二次创作。

## ⚙️ 拓展训练

材料：某幼儿园美术区材料投放情况（图5-26）。

图5-26　某幼儿园美术区材料投放情况

训练要求：

材料中图片为某幼儿园美术区材料投放情况，请依据美术区域活动相关知识评析该幼儿园材料投放情况，并给出合理建议。

# 第二节
# 美术区域活动的组织

## 案例导入

材料：

一年之中有春、夏、秋、冬四季，四季轮回变换，各有特色。其中，春天生机盎然，夏天蝉鸣鸟叫，秋季萧萧落木，冬季皑皑白雪。幼儿艺术欣赏能力的培养离不开大自然的指引，大自然就是幼儿最好的老师。

要求：

请依据四季变化与中班幼儿年龄阶段发展特点设计一个关于"树"的中班活动美术主题网。

## 知识讲解与案例分析

## 一、美术区域活动的主题设计

### （一）幼儿园美术活动区域的主题设计概述

#### 1. 美术区域活动主题

《幼儿园教育指导纲要》中指出在艺术活动中面向全体幼儿，要针对他们的不同特点和需要，让每个幼儿都得到美的熏陶和培养。对有艺术天赋的幼儿要注意发展他们的艺术潜能，提供自由表现的机会，鼓励幼儿用不同艺术形式大胆地表达自己的情感、理解和想象。尊重每个幼儿的想法和创造，肯定和接纳他们独特的审美感受和表现方式，分享他们创造的快乐，这为幼儿教师在设计美术区域活动主题指明了方向。主题下的美术区域活动是教师根据幼儿年龄特点和身心发展的不同水平，以游戏为基本活动，保教并重，在美术区域活动设计时关注幼儿的个性差异，促进幼儿的个性发展。通过美术活动区域的环境创设，促使幼儿与美育相关的材料互动，促进其艺术潜能的发展。美术区域主题活动设计的课程是幼儿园活动课程的重要组成部分，是根据幼儿发展所制定的，主题活动是幼儿围绕这一个主题，进行自主观察、探索，教师适度引导、适时评价的一系列活动。

### 2. 幼儿园课程中的主题

幼儿园课程中的"主题"一词，指的是课程的某一单元、某个时间段所要讨论的中心话题。通过对这个中心话题的讨论，对中心话题中蕴含的问题、现象、事件等的探究，使幼儿获得新的整体的、系统的经验。

教育情境中，主题具有统整性，它包含幼儿学习的关键经验，统摄教育教学活动的诸多要素，即将分散的要素整合在一起的"黏合剂"，能够统摄教学系统内部的各种因素，使不同目标、内容、形式与过程之间随主题本身的性质动态变化而生成。

## （二）幼儿美术活动区域的主题设计的原则

幼儿教师在美术区域活动的设计过程中，为了达到理想的教育效果，应遵循如下几条原则：

### 1. 系统化原则

教师要根据本班幼儿的年龄特点、幼儿园总体的教学计划，分周、分月拟定美术区域活动目标。这要求教师能够认真研读每个年龄阶段的主题目标和内容，找出共同点，并根据不同年龄段幼儿的发展水平和特点，确定不同阶段的目标，层层递进。例如：中班和大班都有关于"季节"的主题活动，活动时都有关于植物的内容。中班幼儿用树叶拼贴添画的方法，把树叶压平整，组合粘贴，然后通过添画的方法画上眼睛、嘴巴和四肢，创作出风中跳舞的落叶。大班幼儿则在中班的基础上进行了拓展，在原有树叶外形的基础上，运用剪裁和形体组合的方法拼贴出一个新的人物形象，也可能是一只小孔雀，或者是一只小老鼠。可以发现大班是在原来经验的基础上的再创造（如图5-27～图5-29所示）。

图5-27　中班树叶拼贴

图5-28　大班树叶拼贴人物

图5-29 大班树叶拼贴老鼠

图5-30 端午节纸粽子材料

### 2.统一性原则

制定的美术区域活动目标贯穿了教师进行区域活动的各个环节。无论是活动中创设美工区角，还是投放相关材料，包括教师指导幼儿活动、评价效果都以此为中心。贯彻这一原则，区域活动的投放材料要紧扣教学中制定的总目标，根据目标提供操作材料，通过材料调控幼儿的操作行为，以达到教育目的。例如，弘扬传统文化的"端午节"主题，年龄段为大班，活动目标是了解端午节来历及习俗，如赛龙舟、佩香包、包粽子等。根据目标设计活动内容——折纸粽子。在活动区布置节日环境的图片，欣赏音乐。投放各色长条纸、针线、纸粽子等材料。在活动过程中，启发幼儿观察纸粽子，探索折叠方法。教师在活动中引导遇到困难的幼儿，帮助幼儿解决问题。幼儿用针线将纸粽子串在一起，悬挂起来，体验成功的快乐（如图5-30所示）。

### 3.主动性原则

兴趣是最好的老师。教师在设计美术区域活动时，所设计的内容、提供的材料要符合幼儿的能力水平及兴趣爱好，使幼儿产生活动的愿望。教师不要过多干预，要让幼儿自主选择活动内容、材料、伙伴，让幼儿自己决定玩什么、怎么玩等，只有当幼儿遇到困难和问题时，教师才适当介入，提供适时适度的帮助，给幼儿充分的自主性。

让幼儿成为艺术学习的主人，只有这样幼儿的艺术潜能和个人能力才能充分发挥出来。因此，在美术区域活动中，教师不能硬性地要求幼儿按照固定的模式去做，使幼儿只是被动地接受，完全失去了自我。而应充分尊重、信任幼儿，把幼儿当作独立的个体来看，以此唤起幼儿的主体意识，让他们按照自己喜欢的方式和方法参与艺术活动，寻找乐趣，自由地进行创作。制定的目标要适度，以免因目标过高使幼儿失去信心，或因目标过低而压抑幼儿创造力的发展。这也要求教师有敏锐的洞察力，了解幼儿的兴趣点、现阶段的能力，实时调整活动设计的内容。

## （三）幼儿园美术区域活动中主题情境设计方法

美术区域活动的主题情境的确定，要遵循幼儿的认知发展特点，教师通常从幼儿的兴趣点入手，选择幼儿游戏为主要的设计方式。主题活动根据教学需要不定期更换。主题情境往往贯穿于整个教学的全过程，使其成为诱发幼儿创作动机、引导幼儿学习技能的推动力。教师要善于从幼儿的生活中挖掘主题。比如，幼儿在4～5岁时比较喜欢的史前动物——恐龙，可以用该内容作为主题；某一阶段幼儿喜爱的动画形象，如奥特曼、蓝猫、光头强、超级飞侠等，可以发展成活动主题。美术活动主题可以拓展到其他领域相关的主题，如航空航天、环境保护、诗词配画，或者结合乡土特色开发主题活动，如金色农家、我爱家乡等。

同时，设计时也要避免流于形式化，美术活动的主题情境设计若能与幼儿的现实生活、情感经验相关联，产生一定的情感共鸣，就能更好地调动幼儿的积极性，从而使幼儿的发散思维和创新能力得以充分展现。

## （四）幼儿园美术区域活动的主题设计内容

《3～6岁幼儿学习与发展指南》中强调每个幼儿心里都有一颗美的种子。幼儿艺术领域学习的关键在于充分创造条件和机会，在大自然和社会文化生活中萌发幼儿对美的感受和体验，丰富其想象力和创造力，引导幼儿学会用心灵去感受和发现美，用自己的方式去表现和创造美。《指南》中感受与欣赏、表现与创造两个方面说明了幼儿美术活动的目标和指导性意见。

通过艺术教育活动，希望幼儿能够喜欢自然界与生活中的美好事物，喜欢欣赏多种多样的艺术形式和作品，喜欢进行艺术活动并大胆表现，具有初步的艺术表现与创造能力。

《指南》中建议："创造机会和条件，支持幼儿自发的艺术表现和创造。提供丰富的便于幼儿取放的材料、工具或物品，支持幼儿进行自主绘画、手工、歌唱等艺术活动。共同分享艺术活动的乐趣""在幼儿自主表达创作过程中，不做过多干预或把自己的意愿强加给幼儿，在幼儿需要时再给予具体的帮助""了解并倾听幼儿艺术表现的想法或感受，领会并尊重幼儿的创作意图，不简单用'像不像''好不好'等成人标准来评价。"

依据《指南》和幼儿园美术教育各年龄阶段目标，教师可以设计相关的情境主题活动，下面我们按年龄阶段示范教学内容的设计。

### 1. 小班（3～4岁）美术区域活动主题设计内容

这个年龄段的幼儿基本处于"涂鸦期"向"象征期"过渡的阶段，在活动中尽可能让幼儿多接触不同的工具材料。美术活动区域主题设计中，教师通过画线、玩色、撕纸、玩泥等造型游戏类活动的设计，为幼儿提供一个自由积极的氛围，鼓励幼儿参加美术活动，使幼儿在活动中感受到快乐和满足。

小班主题设计的内容可以围绕以下几个方面：
（1）给物体表面着色。
（2）以纸张为主要材料进行拼贴。
（3）使用橡皮泥或超轻黏土捏成各种形状。
（4）利用蔬菜、水果等自然形状进行拼摆。
（5）尝试实物拓印、版画体验等。

## 案例分析

小班（3～4岁）美术区域活动主题设计案例：美丽的秋装

【活动目标】
幼儿尝试用拓印的方法拓印出有规律的图案。

引导幼儿感受秋天天气变化、服饰变化。

【活动准备】

投放工具材料：水粉颜色、海绵、树叶、衣服外形的白卡纸、调色盘、水桶等。

【活动过程】

（1）教师引导幼儿进行交流，现在是什么季节？穿什么衣服？

（2）教师引导幼儿观察自己和小伙伴的服装上有什么样的花纹？

（3）教师讲解拓印的方法。

（4）教师分发工具，引导幼儿用海绵、树叶进行创作。

分析：

本次活动设计主要是运用实物拓印的办法，将树叶拓印在白卡纸上。通过这样服装设计的游戏，能让幼儿更好地运用材料工具，感受秋天的美丽。

### 2. 中班美术区域的主题设计

4岁左右这个年龄段的幼儿开始进入"形象期"，他们对表现自己的经验、情感、想象、思维有明确的目的，能画出简单的形状，并逐渐深入表现感知的事物。对于中班应创设宽松的氛围，提供丰富的美术工具和材料，鼓励幼儿用自己的方式表达所见、所闻、所感。

中班（4～5岁）美术区域活动设计需围绕以下几个方面展开：

（1）遵循故事性和趣味性原则，鼓励幼儿运用线条、色彩、形状表现故事情节。

（2）在手工制作中，多使用纸工和泥工进行大胆操作。

（3）在色彩方面，围绕颜色的色相、明暗过渡和调配混合进行设计。

## 案例分析

中班（4～5岁）美术区域的主题设计案例：热闹的夏天

【活动目标】

幼儿认知夏天的特点。

幼儿根据自己的想法选用多种材料表现夏天。

【活动准备】

投放工具材料：夏天植物图片、水粉颜料、彩纸、剪刀、海绵、胶棒、白卡纸、调色盘、水桶等。

【活动过程】

（1）教师引导幼儿进行交流，现在是什么季节？夏季有哪些特点？

（2）教师引导幼儿观察图片，讨论夏天植物的样子、人物的服饰以及夏日美食。

（3）幼儿可以自己选择不同的子区域进行创作。在手工区可以用彩纸、剪纸，拼贴出美味的西瓜，用黏土做出夏天茂盛的植物；在绘画区幼儿可以画出夏天的遮阳帽；色彩区可以用纸巾扎染出夏天多彩的鲜花等（如图5-31所示）。

分析：

本次活动设计主要是运用多个子区域、多种材料投放的办法，表现"热闹的夏天"这一主题，能让幼儿更多地体验多样化的材料工具，感受生活中夏天的多姿多彩。

图5-31 夏天主题绘画帽子

### 3. 大班（5～6岁）美术区域的主题设计

5～6岁幼儿美术创作能力逐步提高，认识事物之间的一些简单联系，对于事件、情节的表现成为这一时期美术活动的突出特点。教师设计课程时应提供各种美术材料和工具，引导幼儿感受物体的特性，尝试自主选择，并依据形状与质地等特点大胆修改、添加、组合，开展设计和制作。同时，要引导幼儿主动发现和运用多种方法进行创作，鼓励幼儿通过探索与尝试表达自己的想法。

大班（5～6岁）美术活动内容设计需围绕以下几个方面展开：

（1）大班的幼儿已经能熟练地运用各种美术元素和工具材料进行创作了。对于大班美术区域活动应重点培养幼儿的再造想象与创造想象能力，让幼儿可以在较为自由的空间里进行想象和创作。

（2）以游戏活动为主，可以结合科学等其他领域精心设计，全面提高幼儿的综合素养。

（3）可以利用废旧材料进行加工设计，培养幼儿的环保意识。

（4）可在活动中引入传统非遗手工设计、民间特色的工艺制作等，以此拓宽幼儿的视野，开发潜在的创造潜能。

## 案例分析

大班（5～6岁）美术区域的主题设计案例：太空探秘

【活动目标】

结合科学知识，让幼儿探索太空的奥秘。

【活动准备】

教师要了解大班幼儿的特点，在幼儿园阶段大班的幼儿动手能力、求知欲增强，自我探知的能力也有了一定提升。因此可让幼儿在活动前自己收集太空相关的绘本、图片、模型等素材（如图5-32所示）。

图5-32 太空探索素材布置

【活动过程】

教师在开展活动时将这些素材布置到活动区域中，提升幼儿的兴趣，同时还要投放油画棒、黏土、胶棒等绘画材料。通过语言引导幼儿运用艺术手段去表现对太空的认知。通过示范工具材料的使用，幼儿能够在创作过程中运用不同的材料进行自由创作（如图5-33、图5-34所示）。

图5-33 太空探索主题幼儿黏土作品

图5-34 太空探索主题幼儿绘画作品

分析：

幼儿通过自己的不断探索，包括查阅太空方面的图书、星球图片、以及人类探索太空资料等，感受太空主题，并利用各种画材进行艺术创作，完成艺术体验。在整个活动过程中，幼儿始终保持着探索的兴趣，求知欲与好奇心充满整个活动，幼儿在自主探知的过程中享受审美体验。由此可见，依据主题设计美术区域的环境，能够很好地激发幼儿学习探究的原动力。

# 二、美术区域活动主题设计的指导

## （一）美术活动区域主题设计的指导策略

幼儿通过自己的绘画或者手工制作传达自己对于外界的认知，涵盖了个人主观情感、对事物的感受以及形象思维与想象等多种元素，在一定程度上反映了幼儿成长过程中的阶段性能力，但这种认知和作品呈现往往并不对等。我们常常会遇到这种情况，幼儿兴奋地拿着自己的作品滔滔不绝地讲述自己画中的故事，可是你在作品中可能什么也发现不了，仅仅看到的是几个点或几根线条。作为幼儿教师的你需要适应幼儿心智的发展变化，首先学会欣赏幼儿的创作过程，对幼儿作品给予肯定。在活动区域中，要把保护幼儿的表现欲望放在活动设计的重要位置，把握适当引导的原则，结合幼儿年龄心智特征进行指导。

### 1. 观察性指导策略

美术区域活动是一种幼儿自主选择材料进行游戏的活动形式。幼儿在游戏中通过实际操作不断构建新的学习经验，教师在幼儿游戏的过程中是支持者、引导者、合作者。观察则是支持、引导、合作的基石。优秀的幼儿教师首先就要做一名观察员，观察幼儿对材料是否感兴趣；观察幼儿在使用材料的过程中是否专注；关注幼儿在活动过程中是否遇到了问题，如果遇到问题是怎样解决的；观察幼儿对某种材料的使用熟练程度；关注幼儿之间是否有互动合作或是矛盾纠纷。教师通过在区域活动中的细心观察，更容易发现活动设计的问题，进而反思和调整区域活动。

### 2. 示范性指导策略

幼儿在活动区域进行活动时，由于幼儿年龄特点，动手能力、思维能力、理解能力是一个螺旋上升的过程，很难迅速地掌握多种工具的使用方法和材料性能。这就需要幼儿教师充分熟悉和掌握多种材料工具的使用，在幼儿进入活动前期进行示范性指导，充分发挥教师自身的引导作用。通过语言交流和肢体动作进行重点示范，使幼儿能够明白区域内的工具材料如何使用，保证幼儿在活动期间不受材料使用问题的困扰，进而达到幼儿在美术区域活动的教育效果。

### 3. 启发性指导策略

幼儿在区域活动的过程中，教师为幼儿创设了活动环境，在环境中幼儿要通过自己的探索去解决问题。首先是对材料工具的探索，当在活动区投放新鲜的材料后，往往会引发幼儿强烈的好奇心和探索欲望，作为教师应该让幼儿自由地进行探索和游戏，只有幼儿对这些材料感兴趣才有可能进行进一步的探究。但在实际活动中，此刻往往是教师最为紧张的时刻，很有可能下一秒就要开始讲秩序规则了。如果我们换一种思路，教师在幼儿自由探索材料的这个过程中能够仔细观察幼儿的行为表现，通过语言及时交流，如"你喜欢这种颜色吗？""你觉得这块颜色像什么呢？""这只小鸟开心吗？""你能给这只小鸟再画一个家吗？"通过启发性的指导，走进幼儿的内心，尤其注意幼儿个体的差异化，让幼儿能够自主地探究实践，提升解决问题的能力。

### 4. 鼓励性指导策略

对于幼儿的活动，教师应当充分给予关注，并做出合理评价，鼓励幼儿进行自我评价、互相评价，教师要认真倾听幼儿的解释说明，明确幼儿的创作意图，珍惜幼儿的创作作品。可以将幼儿的作品布置到活动区域之中，也可以通过展览或装订成册的形式进行展示，这样可以调动幼儿的积极性，让幼儿得到成功的体验，进一步激发幼儿的创作欲望。

## （二）美术区域的主题活动典型问题的解决方法

在实际工作中，教师在开展美术区域主题活动的过程中经常出现的问题及其解决方法如下。

### 1. 教师学情分析不足，制定的教学计划与实际完成情况差距较大

（1）典型案例　在小班色彩活动"漂亮颜色"中，教师拟定教学目标是让幼儿在活动中提高涂色水平，指导时要求幼儿利用桌子上的三角形和长方形涂色，注意涂色时不能把颜色涂到线条以外的区域。

（2）诊断分析　小班幼儿年龄在3~4岁，在这个时期，涂鸦是幼儿喜欢的游戏活动。对于涂鸦期的幼儿来说，画什么并不重要，重要的是使自己的手不停地运动。也就是说，幼儿自身并不关心画的结果，而更关注在涂鸦的过程中获得动作的动感和画面线条本身所带来的愉悦感。所以案例中教师拟定的教学目标并不适合小班的活动。如果按照该目标进行活动，会出现幼儿涂色时达不到教师要求，无法将色彩都画在图形之内的现象。

（3）解决办法　教师应仔细观察幼儿的实际能力，将色彩知识与幼儿日常生活相联系，给予幼儿充分的探索和创作时间。

### 2. 教师在区域活动时拟定具体活动内容没有充分考虑到幼儿个体差异

（1）典型案例　在小班手工活动"做麻花"中，教师拟定教学目标为培养幼儿搓、拧泥的技能，活动时引导幼儿用双色黏土搓成小圆柱，然后放到一起，拧成均匀的麻花形状。

（2）诊断分析　小班的手工目标是初步熟悉泥工、纸工等工具和材料，了解泥的可塑性，掌握泥工中团圆、搓长、压扁等基本技能。手工是幼儿喜欢的游戏活动。对于小班的幼儿来说，用黏土搓成长条属于基本技能，但双色黏土均匀揉搓，按压出麻花形状不在基本要求范围内，是差异化教学内容。教师在确定具体活动内容时要面向全体幼儿，从指南的基本要求出发。

（3）解决办法　教师应仔细观察幼儿实际的能力，将能力练习目标与幼儿现有能力紧密结合，既要遵循发展指南的基本规律，又要给予幼儿差异化的发展探索和创作空间。

### 3. 游戏情境设计不符合幼儿心智发展的水平

（1）典型案例　在中班手工活动"月宫蟾兔"中，教师拟定教学目标为培养幼儿对传统文化的喜爱之情，感受光影变化，学习剪纸等技能。教师通过分析以上内容，设计游戏情境，将剪纸和光影感受融合，设计剪纸角色兔子、嫦娥，演绎嫦娥奔月的故事情节。

（2）诊断分析　在"欢度中秋节"主题美术活动中，围绕着中秋节习俗展开，在游戏情境中，把剪纸兔子的技法融入其中，教师引导幼儿展开中秋话题，并将镂空的剪纸兔子投影到墙壁上，引导幼儿观察光和影子的关系，幼儿制作剪纸角色。中秋节习俗有很多，中班幼儿对月光影有一定的感知，能够制作简单的剪纸兔子，特别喜欢角色表演。但情境设计时内容不能太多，要符合幼儿的认知能力范围。

（3）解决办法　教师应仔细观察幼儿实际心智发展程度，将情境的设计与幼儿的认知紧密结合，遵循发展指南的基本规律，设计的情境符合现阶段幼儿的兴趣能力。在这个案例中情境设计重点要在幼儿原有体验的基础上，为幼儿提供材料支持，使其获得感官审美

体验。用幼儿的视角去理解光影概念，情境设计调整为"嫦娥奔月"，让幼儿在情境中去观察和发现光影的特点。

### 4. 幼儿园中的美术活动区域的陈设简单，缺少变化

（1）典型案例　在大班"小小花店"主题活动中，教师拟定教学目标是培养幼儿动手能力，学习制作向日葵花的技能。培养幼儿对大自然的花草树木的喜爱之情。教师通过分析以上内容，安排活动计划，引导幼儿制作花卉，通过模拟交易的方式展示成果。活动区布置增添悬挂花卉图片，摆放手工花卉的作品。

（2）诊断分析　在"小小花店"主题美术活动中，主要活动目标是让幼儿在实践中感受自然之美与花草之美，增强动手能力，通过体验增强审美能力。另外，幼儿通过体验自己当老板，装饰花店，增强沟通表达的能力。但在活动区布置时没有合理地分配区域，只是常规陈设，增加了装饰挂图和花卉作品摆件。

（3）解决办法　教师应该在活动区环境布置时将空间划分成两部分，一部分区域用来投放材料作为制作区，另一部分空间布置成幼儿作品展示区，给幼儿一个充分展示作品的空间。

### 5. 活动中投放的材料数量、种类不能支撑幼儿的操作需求

（1）典型案例　在大班"花瓶设计"中，拟定教学目标是让幼儿了解环保中的废旧利用，培养社会责任心。投放各种材料用于立体装饰花瓶。

（2）诊断分析　环保主题的活动需要准备多种材料，如各种瓶子、绳子、干花、树叶、干辣椒、即时贴、餐巾纸、玉米皮等等。在活动中，要引导幼儿根据生活经验对瓶子进行形象造型联想，选择合适的材料组合装饰完成作品。环保材料的安全性要首先考虑，再者种类较多，投放时要区分功能类别。

（3）解决办法　教师应仔细观察幼儿实际的能力，将环保知识与幼儿日常生活相联系，师生要提前准备收集各种瓶子，同时要做好消毒清洁，保证安全。其他配饰的材料要根据需要分类，比如粘贴类的树叶、玉米皮，捆绑类的绳子、麻绳、丝线。这样在制作过程中方便幼儿探索和想象。

### 6. 设计的活动过程与幼儿的现实生活、情感经验关联不大

（1）典型案例　在中班美术区域活动"我爱我家"中，教师提供玩具纸盒和手工纸等材料，偶尔尝试用手工折纸的办法制作家具，然后进行房间的布置。

（2）诊断分析　幼儿在活动中需要拼出多个家具，方法单一，耗时较长，幼儿参与的兴趣不高。

（3）解决办法　教师针对这种情况调整设计，将材料在原有的基础之上增加了玩具娃娃、超轻黏土，幼儿可以用折纸的方法设计家具，也可以用黏土制作家中陈设，比如厨房餐具、床品、衣服等等。通过调整，幼儿的参与兴趣会不断增加，有更多创意的新想法。

### 7. 评价缺少针对性和有效性

（1）典型案例　在中班美术区域活动"美丽的房子"中，对比两个孩子的作品，欣欣的房子色彩鲜艳、形状各异；美涵小朋友的画色彩单调，房子只画出了方形的样子。活动结束后，教师对两个幼儿的作品都做了评价。评价欣欣的作品老师说："欣欣的画色彩很

鲜艳，房子的样子很漂亮啊！"评价美涵小朋友的画时，教师说："美涵小朋友的房子也很有特点啊！"

（2）诊断分析　教师在评价时，虽然对每个幼儿都进行了鼓励，但是评价缺少针对性和有效性，幼儿并不能通过评价知道自己哪里有问题，应该怎样去加强自己的绘画技巧。

（3）解决办法　教师在评价幼儿的作品时可以先肯定再引导，比如："欣欣的房子颜色很丰富，形状有水果的、有蘑菇的，房子的样式真多呀！欣欣房子四周会有什么呢？"通过孩子回答，有树、有花草、有汽车等等，引发幼儿思考，下次再画房子可以画上房子周围的景物。"美涵小朋友的画很有自己的特点，颜色只使用了黄色和蓝色，美涵能说说为什么房子只有这两个颜色的吗？""美涵小朋友的房子只有三角形尖顶的形状，下次可以多画几种形状吗？"这样评价，幼儿在得到鼓励的同时，也能认识到自己哪里可以画得更好。

## 案例分析

### 小班（3~4岁）美术区域活动方案：漂亮的手帕

【活动目标】

（1）引导幼儿运用胡萝卜、土豆、黄瓜、藕等蔬菜的横截面，蘸取颜色进行拓印画，初步感知印画的艺术之美。

（2）通过使用蔬菜的横截面拓印创作，培养细心观察的习惯，在生活常见的事物中发现美。

（3）养成物归原处的好习惯。

【活动准备】

（1）投放材料：胡萝卜、土豆、黄瓜、藕等蔬菜，红、黄、蓝、橙、绿、紫六种颜色，加入适量糨糊调成有色糨糊，装入调色盘中备用，调色盘按照颜色配置六个，同时准备湿毛巾六条，长方形的白纸若干张。

（2）空间布置：在操作台上摆放教师提前做好的"美丽的桌布"，花纹由多种蔬菜横截面蘸取颜色印制而成的。摆放或张贴常见蔬菜的图片或实物。

【活动重点】活动中让幼儿感受使用水粉颜料进行实物色彩印画、作画的乐趣。

【活动难点】如何掌握实物拓印技法。

【活动过程】

活动导入：教师通过语言引导幼儿思考问题。

（师）今天幼儿园里来了许多蔬菜宝宝，你们认识它们吗？

（生）思考：在哪儿呢？环顾四周，寻找。

（师）请小朋友们说说你找到了什么蔬菜宝宝？

（生）逐一回答蔬菜名称，萝卜、圆葱、西芹、青椒、莲藕等。

（师）蔬菜宝宝有个神奇的魔法，它能制作出漂亮的花纹。（展示做好的桌布引起幼儿的学习兴趣。）

教师示范：讲解用蔬菜制作印章，并用印章拓印的方法。

（师）蔬菜宝宝的魔法真好玩，你们想知道它是怎么做出来的吗？

（师）教师拿出准备好的各种蔬菜，使用工具将蔬菜切开露出横截面，制作成不同的蔬菜印章。

演示使用蔬菜印章完成印画的方法。首先选取一个蔬菜宝宝，蘸上颜色，颜色要蘸得均匀；然后盖在纸上，用手用力按压，蔬菜宝宝的魔法就出现了（如图5-35、图5-36所示）。

图5-35　蔬果截面

图5-36　实物拓印画

想换一种蔬菜怎么办？引导幼儿要把使用完的蔬菜印章放回原处。

幼儿操作，教师观察指导：幼儿尝试使用两种以上的蔬菜印章在白色纸张上进行拓印；教师注意观察幼儿的创作过程。

提示：

（1）幼儿印的时间要稍长些且用力才清晰。

（2）颜色没有干的时候不能重复叠印，印完要晾干。

（3）印好后蔬菜印章要放回原来的位置。

成果展示：

展示幼儿活动中完成的作品，请幼儿讲述自己拓印用了什么蔬菜、什么形状、什么颜色。欣赏幼儿拓印的作品"漂亮的手帕"，可以将作品简单装裱后，悬挂在活动区的墙面上，增添艺术气息，同时展示作品对幼儿也是一种鼓励。

【教师评价】

教师在活动中通过仔细观察幼儿的行为表现，及时调整幼儿活动过程中的行为表现，同时给予幼儿有针对性的评价。对印制清晰、图形和色彩印制有一定规律的幼儿予以充分肯定。对印制不清晰的幼儿及时给予指导，鼓励幼儿大胆尝试。

【活动延伸】

教师引导幼儿在蔬菜拓印的基础上，尝试寻找其他实物拓印出痕迹，激发幼儿继续深入探索的兴趣。也可以尝试不同的颜色重复拓印，激发幼儿创作的欲望。

分析：

由于小班幼儿的手部肌肉发展还不够完善，他们动手能力有限，但对颜色充满兴趣。活动中尽可能满足幼儿的求知欲，让幼儿在参与印画的过程中获得对色彩美和实物拓印形态美的体验。

## 中班（4~5岁）美术区域活动方案：美丽的建筑

【活动目标】

（1）能够用折纸的方法，折叠出如正方形、三角形、长方形等不同的形状。

（2）能够使用黏土和短木棒组合的方法搭建出房屋的形状。

（3）幼儿能够用彩笔添画，根据房屋特点进行装饰，画上房屋的门窗、墙砖以及房子周围的花草树木等景物，使画面更加丰满。

【活动准备】

投放材料：彩纸、白纸、剪刀、胶棒、彩笔、记号笔、黏土、短木棒。

区域布置：教师在活动区张贴世界知名建筑图片，在置物架上摆放搭建好的建筑模型。

【活动重点】用不同材料组合的方式构建房屋建筑。

【活动难点】幼儿搭建几何形状的方法。

【活动过程】

活动导入：

（师）小朋友们，你们喜欢和爸爸妈妈在假期出去旅行吗？在旅行时见过什么漂亮的建筑呢？

（生）思考并回答见到过的建筑，比如北京天安门、上海东方明珠塔等。

（师）今天老师和小朋友们准备一起去旅行，猜猜看旅途中会遇到什么好看的建筑呢？教师播放视频，导入情境。

（生）畅想并讨论，视频中发现建筑的样子、形状特点、颜色等。

教师示范：老师拿出准备好的建筑模型，请孩子们欣赏，一边欣赏，一边讲解分析建筑的特点（如图5-37所示）。

图5-37　建筑模型

（师）老师也想亲手建一座漂亮的房子。想一想房子要用哪些图形搭建？怎样建成呢？

（生）要先建造房屋的墙体，它是正方形的。

教师示范：教师用彩纸折出正方形，再用胶棒粘贴在白纸合适的位置上。

（师）大家观察房子的屋顶，说说它是什么形状的？

（生）房子的屋顶有三角形、半圆形，还有四边形的。

教师示范：用纸折出三角形并粘贴在正方形墙体上方，组合成一个房屋的基本形。

（师）房子还需要有什么装饰呢？

（生）房子上面有门、有窗户、有烟囱，房顶上有瓦片，还挂着灯笼。

教师示范：剪出小长方形作为门窗。

（师）房屋的周围会有什么呢？

（生）会有大树、鲜花、汽车、栅栏、小动物等。

教师示范：用彩笔勾画出房子周边的环境。

（师）小朋友想一想，除了刚刚老师示范的方法，你还可以用什么材料建造房屋呢？

幼儿操作，教师进行指导：

请幼儿们自己动手建一座美丽的房屋吧！幼儿根据自己的喜好选择彩纸，进行剪贴，粘贴不同形状的房屋，用彩笔添加房屋上的装饰物，接着描绘房屋四周的景物。教师要认真观察幼儿的情绪，差异化对待不同的幼儿，提示房屋粘贴的顺序，比如先贴墙，再添门窗，顺序反了可能就无法找到门窗合适的位置了。

活动展示：将幼儿完成的作品粘贴在区域内墙壁上作装饰，或在幼儿园廊区的公共空间展示。幼儿能够看到自己的作品，可以增添幼儿的愉悦感，增强自信心。

【教师评价】

对幼儿的作品进行鼓励性评价，比如："琪琪小朋友的房子形状是长方形的，有四个窗，是一栋楼房，琪琪小朋友是一名很厉害的建筑师呢！""小美的房屋有橙色屋顶和黄色墙壁，颜色搭配得很和谐。"

分析：

这次活动环节设计紧凑，符合幼儿的认知能力，通过引导幼儿进行观察，理解图形与物体外形之间的关系，幼儿在创作过程中通过观察房子的特点，联系生活实际的体验，自己选择喜欢的材料，探索不同的方式完成房屋建筑。幼儿可以通过折叠、添画创作出各种形态的房屋建筑，也可以通过黏土和短木棒搭建立体的建筑。活动中，教师给幼儿提供了自主探索的空间。

## 大班（5~6岁）美术区域活动方案：我给动物画肖像

【活动目标】

（1）让幼儿分享对动物世界的认知，激发幼儿绘画的热情和兴趣。

（2）启发幼儿充分发挥想象力，创作自己心中的动物世界。

（3）让幼儿能用多种材料、不同的形式表达自己对动物的认知和理解。

【活动准备】

本次活动中将美术区域划分为三个小的区域，分别是绘画区、纸艺区、综合材料区。分别布置不同区域内容，投放不同的材料。

绘画区：

（1）刮画

投放材料：刮画纸、牙签

活动小妙招：用牙签在刮画纸上划出痕迹，发挥想象画出可爱的小猫。

（2）油水分离画

投放材料：水粉颜料、水粉笔、调色盘、垫子、水桶、油画棒

活动小妙招：先用浅色油画棒画出动物的轮廓线、身上的装饰线，再用水粉色填充其他部分，适合表现各种动物与情景。例如，用油画棒画出各种海洋生物，用水粉画出海水。

纸艺区：

（1）对折剪纸

投放材料：剪刀、彩纸、胶棒、卡纸

活动小妙招：用对折的办法，剪出对称图形。通过连续折叠，剪出手拉手的小动物。

（2）纸立体

投放材料：纸杯、剪刀、彩纸、双面胶

活动小妙招：用纸杯做动物的身体，用彩纸剪贴出动物的头部、五官、四肢和尾巴等部位。

综合材料区：

投放材料：超轻黏土、棉花、美工刀、牙签、豆子、扭扭棒、吸管、盘子、美工纸、珠片。

活动小妙招：结合不同材料的特点，如超轻黏土适合塑造小动物的身体，结合扭扭棒可以制作长颈鹿的脖子和腿。幼儿自主发挥创造力，利用各种材料进行自由创作。

空间布置：

将美术活动区分成三个不同功能区，分别布置不同的相关范画或手工作品，在活动区准备小动物供幼儿观察，摆放动物挂图，为幼儿提供丰富的动物影像资料。

活动重点：幼儿能够选择不同的材料进行艺术表达，描绘动物的形象。

活动难点：引导幼儿熟练使用各种材料。

【活动过程】

活动导入：

（师）小朋友们观察一下，今天我们的活动区里多了一些神秘的客人，你们能找到它们吗？

（生）发现了一只小猫，以及狮子、绵羊、长颈鹿、小企鹅、大白鲸等动物图片。

（师）动物是我们的好朋友，今天请小朋友们为我们的动物朋友画一幅肖像吧！

（生）幼儿开始思考自己喜欢的动物。

教师示范：活动区里摆放了三类不同的材料，都能够制作出不同的动物肖像，教师来示范这些工具的使用方法。

绘画区内准备了刮画纸和油水分离材料，教师重点演示油水分离的注意事项。首先要用油画棒画出动物的形象，比如小熊的皮毛用油画棒画出点状线条，然后使用水粉颜色调适量清水画在油画棒画过的区域，由于油水相斥的原理，油画棒就保留下来，其他地方是水粉颜色。

纸艺区内准备了彩纸和剪刀，教师重点演示连续折叠的技巧，幼儿力量较小，一般对折两次即可。可以先用铅笔轻轻画出动物的形状，比如画出蝴蝶身体的一半，注意要连接到纸的边缘，然后使用剪刀沿着画稿剪下，打开折纸铺平，粘贴到其他颜色的纸上。

综合材料区内准备了豆子、扭扭棒、吸管、盘子、美工纸、珠片、牙签等材料。教师重点讲解材料的组合方法，比如使用美工纸粘贴在纸盘上，做出动物的身体，再用豆子粘贴出动物的眼睛、嘴巴，用珠片等装饰组合成动物的形象。

幼儿操作，教师指导：

幼儿进入不同的活动区前，教师提出注意事项：创作时要保持安静，使用完工具要放回原处。

幼儿按照自己的意愿进行选择材料，在各自的活动区域进行创作。教师观察指导，发现幼儿遇到问题及时给予帮助与指导（如图5-38、图5-39所示）。

图5-38　幼儿综合材料作品《绵羊》

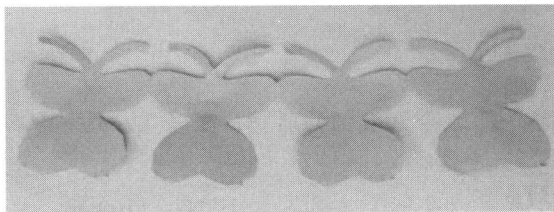

图5-39　幼儿折叠剪纸《蝴蝶》

成果展示：

如图5-40所示。

图5-40　幼儿刮画作品《小熊一家》

幼儿将自己的作品完成后，放在展示区进行展示，鼓励幼儿介绍自己的作品，增强幼儿的自信，让他们体验成功的快乐，分享自己的创作过程。

【教师评价】

本次主题活动为"我给动物画肖像",借助幼儿的生活体验,将各种材料和多种美术活动融入其中,为幼儿开设不同的小区域,并在每个区域投放相关材料,给幼儿提供了更多展现自己想法的创作空间。

【活动延伸】

教师引导幼儿在了解动物特点的基础上,尝试用不同的方式表达出来,幼儿可以尝试表现动物生存环境的特点,激发幼儿继续深入探索的兴趣。

分析:

这个年龄的幼儿观察能力增强,对事物充满着好奇,求知探索欲望增强,更加富于幻想,是幼儿阶段用艺术表达和个体思维认知的一个高峰期。幼儿喜欢各种动物、昆虫。在幼儿的世界里,动物世界是神秘而又充满乐趣的。大树下忙碌的小蚂蚁可以让幼儿观察很久,会和小伙伴争论小蚂蚁搬家的路线是怎样的。通过观察动物,可以让幼儿理解人与自然的关系,人与动物是互相依存、和谐共生的关系。

创造常常源于联想和幻想。幼儿思维最大的特点正是富于幻想,憧憬未来,探索未知世界。幼儿在活动中展开对动物的观察探讨,教师在活动中将以幼儿自主探索为主线,教师导引为辅助,不以合理性、真实性作为幼儿绘画评价标准,注重幼儿的想象力、创造力的培养,让幼儿能在绘画中充分展示自己的想法。

## ❀ 拓展训练

材料:

幼儿园小班美术活动主题:"我心爱的糖果"

幼儿园小班美术活动目标:

(1)尝试用废旧纸包出大糖果。

(2)学会使用水粉笔,可以大胆在糖果包装上进行装饰。

(3)幼儿在活动结束后将画笔等材料归回原位,养成良好习惯。

训练要求:

依据材料主题与目标设计一场美术区域活动。

# 第三节
# 其他区域中美术活动的组织

## ✈ 案例导入

材料:

图5-41为某幼儿园内的绘画式阅读角,教师与幼儿通过手工与绘画制作绘本内容,然后通过语言活动进行绘本阅读,让感受文学魅力的同时,也能提升幼儿的艺术素养。

图5-41　绘画式阅读角

要求：

请思考材料中美术活动与其他区域的联系，设计一个美术活动与其他领域相结合的活动方案，与美术活动结合的领域不限，主题为"太阳公公伴我行"。

## ❖ 知识讲解与案例分析

## 一、其他区域中的美术活动设计与指导

### （一）其他区域活动中的美术主题设计

幼儿进入区域活动，教师需要依据幼儿的身心特点，设计相关的美术活动主题。主题活动的内容要结合幼儿年龄特点、生活经验，结合不同区域的特点，挖掘适合美术表现的主题，如美厨区将幼儿的美食体验与美育相结合设计相关的主题活动；绘本区教师要挖掘绘本中的美术元素，以绘本为载体进行美术活动设计等。

### （二）活动区域的材料投放方式

在不同区域内，教师要根据美术主题活动设计的需要为幼儿提供多样性的工具和材料。材料往往不局限于传统意义上的美术画材，可以根据不同区域的特点，如美厨区教师可以准备面团或是蔬菜水果，作为美术创作的材料。教师在构建区可以准备搭建用的小木棒。材料的投放要充分考虑幼儿的情感体验、知识储备，拓宽幼儿的创作宽度，使幼儿能够体验到艺术来源于生活，艺术活动与其他活动紧密相关。

### （三）幼儿园其他区域中的美术活动指导

幼儿园不同的活动区域有不同的区域特点和教育价值，将美术主题活动与不同区域活动有机地整合，有利于尊重和发展幼儿的主动性、积极参与感，更容易使幼儿有明确的角色感，有利于教师将活动中的教育目标转化为幼儿的游戏行为，从而完成不同区域的活动目标。

在其他区域进行美术活动时，首先要结合不同区域的特色设计活动内容，挖掘不同区域的特点。比如，绘本区的美术活动设计，教师要通过引导幼儿阅读绘本故事激发幼儿强烈的创作愿望，在阅读中找到和美术教育相关的艺术元素设计活动内容。例如，教师引导幼儿阅读绘本故事《独一无二的你》，欣赏绘本中小鱼身上的花纹设计。重复出现的点线

面的组合方式，就可以作为设计美术区域活动的内容，幼儿有绘本阅读的经验，更加容易想象内化通过绘画表达出自己的想法。这就为美术教学提供了更多的教育契机。

在不同区域的美术活动中，教师是一个观察者、倾听者和引导者。教师要利用不同区域的活动情境，激发幼儿的兴趣，在潜移默化中唤醒幼儿的认知，让幼儿无拘无束地去想象，不要拘泥于传统美术教学中重技法学习的方式，更多地给幼儿天马行空自由想象的空间。教师在活动中要细心观察、倾听、记录、分析幼儿的行为，建立行之有效的评价指导机制，在活动中可以使用鼓励引导性语言，如"想一想还有没有更好的方法？""你观察一下，有什么秘密吗？可以再试试看"。帮助幼儿在活动中培养不拘一格的表现力。

### （四）其他区域的美术主题活动典型问题的解决方法

不同区域的活动各具特色，在活动中给幼儿更多的自主性和主体性，但是作为美术主题活动，在不同区域怎样更好地体现美育功能，是教师面临的问题。教师在实际工作中要明确美育是不等同于绘画或手工技法的学习，需要引导幼儿通过参与各种活动，包括不同区域的游戏活动，积累各种经验、认知，再通过幼儿绘画、手工制作等方式表现出来，完成审美体验。教师可以将一些美术技能知识的传递设计在美术活动区域去完成，比如，如何画出各种图形、怎样使用黏土等；而在其他区域开展的美术活动更多地体现美术在生活中的应用，建立美术和生活体验的关联，比如，美厨活动中面塑的造型、不同饼干造型的设计、水果蔬菜的艺术造型摆盘等等。教师要不断创新美术活动的组织方式，让幼儿在快乐中完成自我学习、自我探索，提高审美体验。

## 案例分析

材料：

【活动目标】

（1）引导幼儿欣赏绘本画面，感受作品呈现的色彩、布局之美。

（2）鼓励幼儿运用图画拓印的方式进行创作，表现雨天多彩的美。

【活动准备】

黑色与白色颜料、大排笔（每人一支）、调好的各种颜色的颜料盘（每组一个，每种颜色里放一个棉球）、画纸（每人一张）、湿抹布（每组一条）、小水桶（每组一个）、雨天背景图、课件

【活动过程】

1.问题导入

（1）你们喜欢雨天吗？为什么？

幼A：不喜欢，不能出去玩。

幼B：喜欢，可以给车洗澡。

幼C：喜欢，会溅出水花。

（评析：幼儿能够结合自己的生活经验表达自己的想法。）

（2）有的喜欢，有的不喜欢，那你们观察过雨天的天空吗？是什么样的？

幼A：黑黑的，马上要下大雨了。

幼B：有灰色的，有黑色的。

2.尝试用黑色、白色和水画出雨天的天空

（1）老师这里有黑色和白色的颜料，请你们用它们画出雨天灰蒙蒙的感觉。有时间规

定的哟！5分钟的时间。

（评析：规定了幼儿的尝试时间，这样既能够提高孩子们的效率，也培养了孩子们的时间观念和规则意识。）

（2）幼儿尝试，教师巡回帮助。（动脑筋想想看，灰色怎么变呢？）

（3）你是怎么画出雨天的？用了什么方法？

幼A：用黑色和白色加在一起，弄点水就变出灰色了。

幼B：先涂点黑色，再涂点白色，多加一些水也可以让颜色变淡哟。

（4）灰蒙蒙的雨天让你的心情怎么样？

幼儿：不开心。

3. 欣赏绘本，感受画面的美

（1）听！（播放音乐）像什么？

幼儿：像下雨了。（播放课件）

（2）小黄是谁？

幼儿：一把雨伞。

为什么小黄说雨天是鲜艳的？原来是雨伞把雨天变漂亮的。你能用什么好听的词来说说看吗？

幼儿：五颜六色。

（3）你看到了什么颜色？除了五颜六色还可以用什么好听的词？老师来告诉你们，还可以用色彩缤纷来说哟！（幼儿学说色彩缤纷。）

（评析：这里先请幼儿用好听的词来形容，教师再给孩子们一个新的词，增加了孩子们的词汇量，但是两个问题之间又问了一个"你看到了什么颜色？"将两个递进的问题分开来了，可以将这个问题提前放在让孩子们用好听的词来形容的前面更好。）

（4）有了这么多色彩的雨天，难怪小黄说雨天是鲜艳的。

（5）（出示绘本中的4幅画）你喜欢哪一幅？为什么喜欢这一幅？

幼儿：我喜欢这幅。这里有很多很多的伞，画面满满的，很漂亮。

你在哪里也见到过这种的样子？

幼儿：花园里。

你喜欢这里的什么颜色？这上面伞的颜色有的深，有的浅，这么多雨伞，有的都被挡起来了。画面丰富就是一种美。

分析：

幼儿园区分于其他阶段教学的最大特点就是教学不是学科化的，而是领域之分。陈鹤琴先生所说的五大领域既相互独立，又是一个不可分割的主体，就如我们的五根手指一样。因此，教师应当善于将其他领域的知识、资源与美术活动有机结合，如材料中的绘本美术活动。教师可以将绘本的故事情节、绚丽的画面与美术情感有机结合，引导幼儿感知色彩、运用色彩，学会用色彩来表达自己的思想感情。

# 二、其他区域中的美术活动案例分析

## 绘本区美术活动方案：小班美术活动"你看起来好像很好吃"

【活动目标】

（1）引导幼儿阅读宫西达也的绘本《你看起来好像很好吃》，欣赏绘本简洁的画风。

（2）帮助幼儿了解恐龙的生活习性和环境。

（3）引导幼儿用肢体语言模仿恐龙的不同动态。

（4）用油画棒和报纸等材料画出恐龙的样子。

【活动准备】

投放材料：绘本《你看起来很好吃》、油画笔、报纸、剪刀、胶棒等。

【活动重点】

活动中引导幼儿感受艺术家绘本创作的艺术风格。

【活动难点】

使用油画棒等工具画出恐龙的形态特征。

【活动过程】

活动导入：师生共同阅读宫西达也的绘本《你看起来很好吃》。

教师通过语言引导幼儿思考问题。

（师）小朋友们，你们喜欢绘本中的恐龙吗？能说一说恐龙走路时腿的样子吗？

（生）观察并思考绘本中的恐龙图画。

（师）请小朋友们说说恐龙的前肢和后腿有什么不同？来模仿恐龙行走的动作吧。

（生）幼儿逐一回答，书中的恐龙前肢较短、后腿粗壮有力。

（师）小朋友们，想一想用什么样的线条来画恐龙的身体？

（生）教师带领幼儿一起分析绘本中恐龙的形象，感受恐龙身体的线条流畅简洁且凸显凶猛的感觉，几笔简单的线条也能很生动地表现恐龙的动作。

教师示范：

步骤一：讲解用油画棒在报纸上画出恐龙的外形，要画出不同恐龙的外形特点，比如霸王龙前肢短、后腿粗壮有力，蛇颈龙脖子较长。

步骤二：将画好的恐龙用剪刀沿着外边线剪下来。

步骤三：将剪好的恐龙剪影用胶棒粘贴到准备好的空白展示区进行展示。

幼儿绘画，教师观察指导：

幼儿尝试画出不同种类的恐龙，如霸王龙、迅猛龙、蛇颈龙等，表现恐龙的不同姿态，画好后剪下来。教师注意观察幼儿的创作过程，帮助幼儿解决遇到的问题。提示幼儿要保持整洁，使用完物品要注意放回原处（图5-42）。

图5-42　幼儿绘画《恐龙》

成果展示：幼儿将画好的恐龙粘贴到大张白纸上，进行集体展示。请幼儿分享经验，交流自己画中恐龙故事，彼此欣赏作品。

【教师评价】

教师在活动中通过仔细观察幼儿的行为表现，及时调整幼儿在绘画中出现的问题。对于报纸上的印刷文字和图片，鼓励幼儿选择喜欢的部分，把它们转化成恐龙的"衣服"，比如，"可乐小朋友画的恐龙，身上的文字好像盔甲，看起来很威风啊！"另外，教师评价时要结合绘本故事情节，比如"博文，你画的恐龙身上有水果，看起来很好吃的样子啊！"

【活动延伸】

绘本阅读和美术教育相结合，可以设计很多新颖的活动。比如，可以根据原绘本的思路进行绘本创编，也可以让幼儿扮演绘本中的恐龙角色，表演短剧。

分析：

在绘本区域的美育活动中，教师应注意营造良好的学习氛围，注重幼儿对绘本内容的理解和认识，提高幼儿的综合能力。在与绘本相结合的美术活动中要巧妙地选择绘本中有价值的资源，比如，学习绘本中的图案表现方法，拓展幼儿的想象空间，借助绘本的思维角度引导幼儿从新的角度去思考问题，体验想象绘画的乐趣。绘本无疑是美好的，展示了不同艺术家的风格和艺术追求。美妙的绘本就像通往幼儿心里的一条秘密通道。在活动时教师应注意游戏情境的设定与应用，使学生在游戏过程中理解绘本内容，进而使幼儿对美术活动始终保持较高的期待，能够积极参与到活动中来。

### 绘本区美术活动方案：中班美术活动"地球小卫士"

【活动目标】

（1）引导幼儿阅读绘本《地球小卫士》，了解地球对人类和动植物的重要性，培养热爱地球、保护地球的情感。

（2）介绍保护环境、保护地球的方法，鼓励幼儿从身边的小事做起，为我们美丽的"家园"贡献自己的一份力量。

（3）指导幼儿用彩笔、油画棒等工具描绘我们的地球家园。

【活动准备】

投放材料：绘本《地球小卫士》、油画笔、彩笔等。

【活动重点】

让幼儿感受艺术家创作绘本的思想，保护地球，爱护环境。

【活动难点】

幼儿使用油画棒、彩笔等工具画出地球生态环境的形态特点。

【活动过程】

活动导入：师生共同阅读绘本《地球小卫士》。

教师通过语言引导幼儿思考问题。

（师）我们生活在哪里？

（生）地球。

（师）如果我们每天不吃饭可以吗？不用水可以吗？为什么？

（生）不可以，我们每天都要吃饭，我们离不开食物。每天都要用水洗脸、刷牙、洗衣服、浇花，动物也要喝水，每个人都离不开水。

（师）地球如果缺水会怎样呢？如果冰山融化会怎样？

（生）地球缺水小草会枯萎，树木不能生长，动物会饿死。冰山融化了小企鹅就没有家了。

（师）如果到处都是垃圾会怎样？如果树木都被砍光会怎样？

（生）周围的环境会被污染，人们容易生病。树木没有了，良田会变成沙漠。

（师）我们都是地球的主人，在日常生活中我们能做些什么来保护环境？

（生）幼儿仔细观察绘本中的图画，并思考老师提出的问题。

（师）阅读绘本故事，与孩子一起围绕提出的问题进行讨论，大胆猜测故事情节，可以让幼儿自由想象，我们可以怎么样保护地球？

（生）幼儿逐一回答，大胆说出自己的想法。

（师）引导孩子节约资源、绿色出行、不乱丢垃圾并进行分类，保护地球的生态环境，爱护我们自己的家园。

教师示范：

步骤一：画出地球的圆形轮廓。

步骤二：画出地球表面，如山川河流、盛开的鲜花等。

步骤三：重点演示油画棒涂色的技巧。

幼儿绘画，教师观察指导：

幼儿尝试画出地球，并使用油画棒和水彩笔涂色，教师注意观察幼儿的创作过程，帮助幼儿解决遇到的问题。提示幼儿要保持整洁，使用完物品要注意放回原处。

成果展示：幼儿将画好的地球进行集体展示，分享自己画中地球的故事，彼此欣赏。

【教师评价】

教师在活动中通过仔细观察活动中幼儿的行为表现，及时纠正幼儿在绘画中出现的问题，引导幼儿思考环保方式，鼓励幼儿选择喜欢的颜色涂色。教师评价时结合绘本故事情节，比如，"小卫士要从小事做起，养成不乱丢垃圾的好习惯"。通过绘本美术活动使幼儿建立初步的环保意识。

【活动延伸】

绘本阅读和美术相结合可以设计很多新颖的活动。比如，可以根据原绘本的思路进行绘本创编，还可以拓展环保主题的手工制作。

分析：

在绘本区域的美育活动中，教师应注重幼儿对绘本内容的理解和认识，提高幼儿的综合能力。此次活动中教师要重视幼儿情感的培养。地球是我们唯一的家园，是我们共同生活的地方，是我们美丽的家。然而，气温的变暖、垃圾的增多、森林的砍伐、动物的灭绝，这种种的现象无时无刻不在提醒我们，我们应与自然和谐相处。通过活动让幼儿了解保护环境、保护地球的方法，从身边的小事做起，为保护地球贡献力量。

### 绘本区美术活动方案：大班美术活动"飞屋环游记"

【活动目标】

（1）引导幼儿阅读绘本《飞屋环游记》，了解绘本中的故事情节。

（2）帮助幼儿认识热气球的外形色彩、飞行原理。

（3）让幼儿熟悉彩色绒球、胶棒、彩笔、油画棒等材料的使用方法。

（4）引导幼儿运用点、线的形式表现热气球的特征。

【活动准备】

投放材料：绘本《飞屋环游记》、油画棒、彩笔、彩色绒球、胶棒等。

【活动重点】

在活动中，使幼儿感受绘本故事的艺术风格，启发幼儿发挥想象力和创造力，鼓励幼儿自己设计房屋的各种形态。

【活动难点】

指导幼儿使用绒球、胶棒、油画棒、彩笔等工具表现热气球的特点。

【活动过程】

活动导入：师生共同阅读《飞屋环游记》绘本故事。教师通过语言引导幼儿思考问题。

（师）《飞屋环游记》讲了一位性格孤僻、脾气古怪的老人卡尔·费迪逊，妻子艾莉从小就梦想着能环游世界，但直到艾莉去世也没能实现这个愿望。为了完成艾莉的梦想以及自己对艾莉的承诺，卡尔用气球将自己的房子打造成了一座可以飞的屋子，还邂逅了开朗乐观的小男孩小罗。这一对看似完全不搭调的组合，坐着"飞屋"开始了他们奇特的冒险旅程。卡尔希望自己成为探险家，他实现了吗？什么原因让他决定带着小屋起飞呢？

（生）幼儿观察绘本中的图画并思考回答，因为小屋要被拆除，所以卡尔决定开始探险之旅。

（师）阅读绘本，与孩子一起围绕绘本进行讨论，大胆猜测故事情节，房屋是怎样飞起来的？

（生）幼儿逐一回答，因为很多气球让房屋飞了起来。

（师）引导幼儿理解气球飞上天空的原理。

小朋友，想一想，怎样表现热气球呢？试着用笔画一画，做一做。

教师示范：示范如何使用彩色绒球粘贴，并讲解粘贴时颜色选择的原则。

幼儿绘画，教师观察指导：

首先鼓励幼儿尝试用勾线笔画出飞屋结构，大胆设计不同样式，并使用油画棒和水彩笔涂色，教师注意观察幼儿的创作过程，帮助幼儿解决构图等方面的问题。然后提示幼儿用彩色绒球粘贴表现气球，注意颜色对比搭配，使用完物品要注意放回原处。

成果展示：

幼儿将画好的作品进行集体展示，分享创作经验，讲述飞屋故事，幼儿彼此欣赏学习。

【教师评价】

教师在活动中通过仔细观察幼儿的行为表现，及时处理幼儿在绘画中出现的问题，引导幼儿思考飞屋设计的特点，鼓励幼儿选择喜欢的颜色涂色。教师评价时结合绘本故事情节，比如，"津津的直升机和气球一起带动小屋起飞，好酷啊！""西雅的气球带动彩虹小屋一起飞到梦想中的地方去吧！"

【活动延伸】

绘本阅读和美术相结合可以设计很多新颖的活动。可以根据绘本的故事思路进行绘本创编，也可以让幼儿创编自己的冒险故事并进行舞台表演。

分析：

在绘本区域的美育活动中，教师应注重幼儿对绘本内容的理解和认识，提高幼儿的综合能力。此次活动中教师要重视幼儿情感的培养。比如，理解故事中老人的情感经历，以及小男孩和老人在经历了惊心动魄的大冒险之后，成为好朋友，最后到达了仙境瀑布，实现了卡尔和艾莉一生的梦想。在活动中让幼儿体会到爱的力量，它能帮助我们战胜一切困难。人要有梦想，更要坚持不懈地去实现梦想。

### 科学建构区域美术活动方案：小班（3~4岁）美术活动"颜色变变变"

【活动背景】

颜色使世界美丽，也能滋养幼儿的心灵。小班的幼儿对五彩缤纷的颜色尤其喜爱，为了满足幼儿探究色彩的好奇心，也为了熏陶美感，通过科学实验的探究活动，帮助幼儿进一步认识色彩，了解有趣的颜色。

【活动目标】

（1）引导幼儿认识红、黄、蓝三种颜色。

（2）让幼儿能够联系生活中的事物，说出周围环境中的红、黄、蓝颜色的物体。

（3）培养幼儿积极动手实验的兴趣，激发幼儿对色彩变化的探究欲望。

（4）引导幼儿发现颜色混合后产生的一些新变化，提高幼儿的观察能力和辨别能力。

（5）鼓励幼儿自己动手操作，体验成功的喜悦心情。

【活动准备】

投放材料：分别装有红、黄、蓝三种颜色的透明塑料实验盒，透明塑料滴管，三原色搭配图例，抹布等。

【活动重点】

启发幼儿对色彩变化产生兴趣和探究欲望，引导其发现颜色混合后产生的一些新变化。

【活动难点】

指导幼儿在使用滴管操作时，精准掌控颜色取用的量，以呈现理想的颜色变化效果。

【活动过程】

活动导入：

（1）教师组织幼儿到科学构建区。教师将三个瓶子里无色的水分别变成红、黄、蓝三种颜色的水。

（师）老师可厉害了！今天要给小朋友们变一个魔术呢！仔细看，老师这有三个瓶子，我数一二三，变变变，瞧！这三个瓶子变魔术了！

（生）幼儿观察三个瓶子里水的颜色变化。

（师）这是什么颜色的瓶子呢？

（生）幼儿识别出红、黄、蓝三种颜色。

（2）教师讲故事。

（师）小朋友们，这些魔术里的颜色宝宝很想出去玩，它们想要找到和自己颜色一样的好朋友，你们能帮它们找到吗？说一说红、黄、蓝颜色宝宝的朋友有哪些呢？先说说红色宝宝的好朋友有哪些？

（生）红色宝宝的朋友有红太阳、红苹果、红色的花朵……

（师）小朋友们，黄色宝宝的好朋友有哪些呢？

（生）黄色的香蕉、鸭子、月亮……

（师）看看谁找到了蓝色宝宝的好朋友？

（生）蓝色宝宝的好朋友有蓝色的大海、天空、湖水……

（师）小朋友们真能干，帮颜色宝宝找到了这么多好朋友。这些颜色宝宝真开心啊！它们拥抱到了一起，神奇的魔法再次出现了！小朋友们仔细看！

教师将红色和黄色放到一起，颜色变成了橙色。

（生）颜色宝宝真神奇啊！红色和黄色遇到一起就变成了橙色。

（师）小朋友们想不想也当一回魔法师呢？变出漂亮的颜色来呢？

教师示范：

步骤一：教师用滴管将红色的水吸出几滴，滴入黄色的杯子里，颜色变成橙色。

步骤二：教师用滴管将黄色的水吸出几滴，滴入蓝色的杯子里，颜色变成绿色。

步骤三：教师用滴管将蓝色的水吸出几滴，滴入红色的杯子里，颜色变成紫色。

步骤四：用准备好的纸巾，折叠两下，把四个角分别放进不同颜色的杯子里，待纸巾吸色后展开，颜色扩散形成了一张彩色的图画。

（师）小朋友们也能变成神奇的魔法师，试一试吧！

幼儿操作，教师巡回指导。

开展"三原色变变变"探索活动，引导幼儿将两种颜色混合在一起，大胆交流自己的探究过程和结果。教师要关注能力较弱的幼儿，帮助他们完成操作（如图5-43所示）。

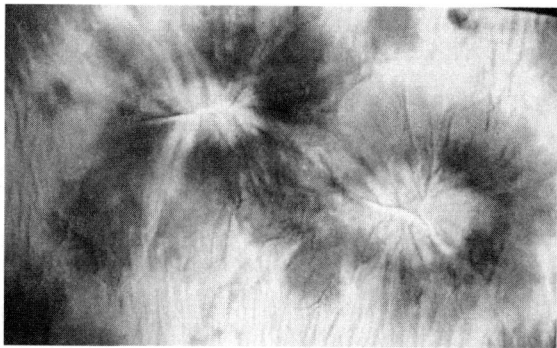

图5-43　幼儿染色纸巾作品

活动中的注意事项：

（1）教师要启发幼儿观察色彩的变化。

（2）教师指导幼儿用吸管吸出颜色，避免洒到桌子上。

（3）提醒幼儿吸色时要一个颜色吸好，再吸下一个颜色，注意不要弄破纸巾。

（4）教师指导幼儿颜色实验的先后顺序，注意清洁。

成果展示：

幼儿实验混色，相互欣赏混色的效果。请幼儿说一说，自己是怎样混合颜色的，色彩有什么变化，共同欣赏纸巾画的绚丽色彩。

【教师评价】

小朋友们，今天的魔法表演得真精彩。通过实验，大家发现了颜色神奇的变化，红色遇到黄色变成橙色，黄色遇到蓝色变成绿色，蓝色遇到红色变成紫色。小朋友们的魔法纸巾都非常美丽。

【活动延伸】

这次活动幼儿兴趣浓厚，三原色搭配出来的橙色、紫色、绿色，再和三原色分别搭配会发生什么变化呢？把材料投放到科学区，孩子们可以在活动时一起动手试试。也可以安排颜色区涂色活动，如给好看的风景填色。

分析：

这次活动中，幼儿亲身感受了颜色的变化，不仅认识了三原色及其对应的物体，还亲手操作了颜色两两调配的实验，感受了颜色的变化规律。对于小班幼儿来说，实验部分操作时需要老师协助完成，重点应该放在认识颜色，引导幼儿观察色彩的变化。可以考虑用游戏的方式巩固幼儿对颜色的分类认识。

## 科学建构区域美术活动方案：中班（4～5岁）美术活动"彩色的章鱼"

【活动背景】

为了开阔幼儿的视野，增长科学知识，亲近自然，保护生态平衡，结合圆锥体认知，顺应幼儿的兴趣，开展这一活动。考虑以下几个问题：幼儿能否将彩纸卷曲成圆锥体？鱼的眼睛怎么固定？章鱼触手怎么表现？怎么引导幼儿自主表现章鱼的动态？

【活动目标】

（1）引导幼儿用彩纸半圆形通过折剪的方法，卷曲制作成圆锥体。

（2）让幼儿初步了解章鱼形态，由圆锥的身体和几条长长的触手组成。

（3）帮助幼儿掌握用彩纸、扭扭棒等装饰章鱼的方法。

（4）培养幼儿的形象思维和初步的空间直觉。

（5）鼓励幼儿积极动手塑造，尝试自己解决活动中遇到的问题，体验成功的喜悦。

【活动准备】

投放材料：大小不同的圆形、半圆形彩纸，剪刀、胶棒、卡纸、扭扭棒、超轻黏土、水粉颜色、水粉笔、调色盘等。海底章鱼图片，圆锥体范例等。

【活动重点】

帮助幼儿初步了解章鱼由圆锥身体和长触手组成的形态特征，学习用彩纸、扭扭棒等装饰章鱼的方法。

【活动难点】

引导幼儿用半圆形彩纸，通过折剪的方式卷曲并固定，成功制作出圆锥体。

【活动过程】

活动导入：

（师）小朋友们大家好！今天我们班来了几位新朋友，大家快来猜猜它们是谁呀？接下来，请小朋友们安安静静地看一段有趣的视频。

观看视频，通过语言引导幼儿思考问题。

（师）小朋友们，你们发现新朋友是谁了吗？

（生）章鱼。

（师）大家观察一下，章鱼生活在什么地方？

（生）大海里、水里。

（师）大海里还有什么呢？

（生）大海里有珊瑚、岩石、水草等。

（师）章鱼是什么样子的？

（生）章鱼有两只眼睛、一个嘴巴、圆锥形的身体，还有八条长长的弯弯的触手。

（师）章鱼在海里是怎样游泳的呢？你知道它们是怎么保护自己的吗？

（生）幼儿模仿章鱼的游泳动作，重点观察章鱼不同的姿态。

（师）章鱼在遇到危险时会喷出墨汁保护自己，小朋友们也应该学会保护自己。

教师示范：

步骤一：教师用彩纸剪成半圆形，弯曲折叠成圆锥形，用双面胶固定粘牢。

步骤二：选用与身体同色的彩纸，剪成三角形作为章鱼的头部。

步骤三：用白色和黑色超轻黏土分别搓圆压扁，做成章鱼的眼睛，并粘在圆锥下端。

步骤四：用几根扭扭棒弯曲成不同的弧度，粘在圆锥内侧，作为章鱼的触手。

步骤五：取黑色卡纸作为背景，用水粉颜料画水草和小鱼群。

（师）小朋友们，你们想画出海底的章鱼吗？请小朋友们试一试吧！

幼儿操作，教师巡回指导：

先用彩纸做成圆锥体，再用黏土做眼睛，扭扭棒做章鱼的触手。幼儿可根据自己的观察做出不同姿态的章鱼，把做好的章鱼粘贴到黑色的卡纸上，再用水粉笔画上水草和一群群小鱼（如图5-44、图5-45所示）。

图5-44　圆锥体折纸

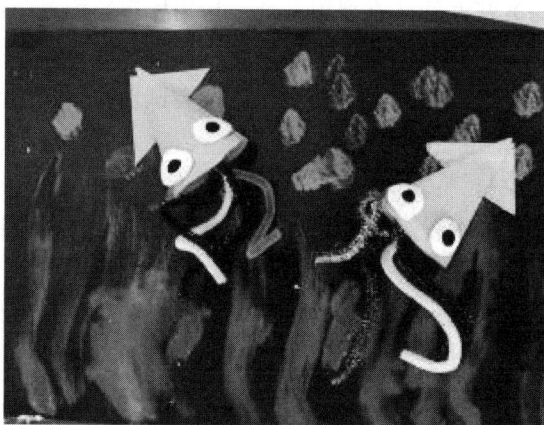

图5-45　幼儿绘画作品

活动中注意事项：

（1）教师要启发幼儿用圆形或半圆形材料制作圆锥体。

（2）教师指导幼儿安全使用剪刀。

（3）用黏土搓圆时，白色部分略大，黑色部分略小，将黑色黏上粘贴在白色圆形上方作为眼睛。

（4）教师指导幼儿用扭扭棒弯曲成不同曲线姿态，粘贴在圆锥内侧。

成果展示：

展示幼儿作品，将幼儿作品放在一起，幼儿相互欣赏彼此的作品。请幼儿说一说，自己是怎样表现章鱼动态的，大海里还有什么？

【教师评价】

今天，我们用圆锥体做成了章鱼的身体，小朋友们的章鱼姿态各异，还可以画上珊瑚、贝壳，等元素，这样画面会更丰富。

【活动延伸】

这次活动幼儿兴趣浓厚，可以拓展用圆锥体创作其他的动物，比如老鼠、刺猬。也可以拓展海洋知识，绘画海洋生物，科普环境保护知识。

分析：

这次活动中，幼儿通过制作圆锥体的章鱼，理解了圆锥体的几何特点，同时增长了海洋科学知识。课程中，通过运用剪贴技巧，搭配黏土、扭扭棒进行造型创作，表现出章鱼的形态，增强画面表现力，提高学生的创作兴趣。从作品呈现来看，小朋友们大胆地表现画面，画出不同方向和动态的章鱼，画面生动自然，富有感染力。

**科学建构区域美术活动方案：大班（5~6岁）美术活动"夏天的萤火虫"**

【活动背景】

星星和萤火虫是夏天夜晚的好伙伴，在宁静的仲夏之夜，夜晚闪烁着点点光亮，让我们分不清是星光还是萤火虫的微光，是一种如梦如幻的美妙奇境。孩子们喜欢萤火虫的神秘，渴望了解它是怎样发光的，以及它的外形特征和昆虫常识。通过欣赏萤火虫的相关电影，鼓励幼儿用绘画表现孩子们眼中的萤火虫。

【活动目标】

（1）巩固幼儿对昆虫基本特征的认识，明确萤火虫的外形特征，了解其发光的原因。

（2）借助萤火虫影片，让幼儿感受故事主人公克服困难、刻苦读书的精神。

（3）引导幼儿用彩笔、油画棒、剪刀、水粉颜料等多种材料和方法表现萤火虫的姿态，巩固海绵拓印的方法。

（4）鼓励幼儿在生活中探索、发现萤火虫。

（5）培养幼儿积极动手塑造，以及敢想、勤学、乐学的品质，让幼儿体验成功的喜悦。

【活动准备】

投放材料：4开黑色卡纸、白色图画纸、水彩笔、油画棒、水粉颜料、双面胶、调色盘、海绵等。

其他资源：《车胤囊萤》影片剪辑、萤火虫多媒体课件、多媒体设备、小电池照明器若干。

【活动重点】

鼓励幼儿用绘画的方式表现对萤火虫的理解。

【活动难点】

引导幼儿用彩笔、油画棒等多种工具表现萤火虫的形态，并通过色彩对比的方法展现萤火虫的微光。

【活动过程】

活动导入：

教师组织幼儿观看有关萤火虫的影片。教师引导幼儿仔细观察萤火虫的样子，了解萤火虫的特征并通过提问引导幼儿思考问题。

（师）小朋友们，大家看看大屏幕上，这是什么时间？什么地方？花丛中一闪一闪发光的是什么呢？

（生）这是夏天的夜晚，花园里飞舞的萤火虫。

（师）它们是一群小昆虫，名字叫萤火虫，我们放大一只，仔细看看它长什么样。

（生）萤火虫有头、胸、腹三部分，头上有触角，身体上有翅膀，有三对足。

（师）小朋友们观察一下，萤火虫的身体特征与我们了解的昆虫特征相符吗？想一想，它是不是昆虫呢？

（生）萤火虫属于昆虫的一种。

（师）刚才我们看到的只是萤火虫的一种，其实萤火虫有很多不同的模样，就像我们每个人都是独一无二的。大家再仔细观察这些萤火虫，想一想萤火虫发光的原因。

（生）幼儿分组讨论发光原因。

（师）原来萤火虫的腹部后两节长着发光器。萤火虫是人类的好朋友，观看《车胤囊萤》影片时提问：影片中主人公用萤火虫做了什么？你想用萤火虫做什么呢？

（生）晋代车胤从小就好学不倦。因家贫没钱买灯油供他晚上读书，他认为浪费晚上的时间十分可惜。他见室外到处飞舞着萤火虫，就把捉来的几十只萤火虫放在白纱布袋中，并吊在书本的上方，借着微弱的光线读书。

（师）教师出示发光器，让幼儿感知发光器可以像萤火虫的腹部一样发光，引导幼儿像萤火虫一样翩翩起舞。

（师）我们还可以怎样表现萤火虫发光呢？

教师示范：

步骤一：教师用海绵蘸取深浅不同的绿色，在黑色卡纸上拓印，表现夏天茂密的植物。

步骤二：在白纸上画出几只萤火虫外形，用剪刀剪下来备用。

步骤三：在剪好的萤火虫头部画眼睛，翅膀上画条纹，表现半透明的翅膀。

步骤四：用水粉颜料的黄色、白色，在画好的绿色草丛中画出几簇光芒。

步骤五：把画好的萤火虫粘贴在黄色光芒稍前位置，调整画面细节，让画面更加美观。

步骤六：用水粉笔蘸白色颜料，另一支笔敲打笔杆，喷洒出白色光点，完成作品。

（师）小朋友们想画出夏天夜晚美丽的萤火虫吗？请小朋友们试一试吧！

幼儿操作，教师巡回指导：

小朋友们先在白纸上画出几只萤火虫的轮廓，用剪刀剪下来，背面用双面胶粘好。用海绵蘸绿色颜料拓印出茂密的树林，用黄色表现萤火虫的光芒，把剪好的萤火虫粘贴到绿色的树叶中间，最后用白色喷绘出微光（如图5-46所示）。

图5-46　学生作品《夏天的萤火虫》

活动中注意事项：

（1）教师要启发幼儿了解萤火虫的身体结构特点。

（2）教师指导幼儿安全使用剪刀。

（3）教师提醒幼儿拓印时注意搭配深浅不同的绿色。

（4）教师指导幼儿把握萤火虫粘贴的先后顺序。

成果展示：

展示幼儿作品，让他们相互欣赏。请幼儿说一说，自己是如何表现画中萤火虫的光，以及分享发现萤火虫的经历。

【教师评价】

此次活动中小朋友们的萤火虫作品都非常生动，表现了夏天夜晚的景象。小朋友了解到萤火虫在夜晚飞行时，尾巴像小灯笼一样发光，这是与好朋友传递信息的方式。小朋友用对比的方法，出色地表现出了萤火虫的光亮。

【活动延伸】

这次活动幼儿兴趣浓厚，可以拓展其他的昆虫主题活动，比如蚂蚁、蜜蜂、蟋蟀等。进一步巩固昆虫知识，了解昆虫传递信息的奥秘。

分析：

这次活动中，幼儿通过亲手绘画了解了萤火虫发光的秘密。课程中，通过欣赏影片，将电影与科学相结合，发挥了电影的优势，既使幼儿获得了丰富的知识，也提高了幼儿绘画创作的兴趣。幼儿在轻松愉快的气氛中，感受到人与自然的美好、和谐，体会到我国古代人们的智慧，感受电影中主人公刻苦读书的恒心与毅力。此次活动将人文艺术与科学探究很好地融合到一起，让幼儿体验到什么是真、善、美。

## 美厨区美术活动方案：小班美术活动"五彩元宵"

【活动背景】

元宵节是我国的传统节日，也是新年之后的又一个重要节日，又称"上元节""灯节"。民间正月十五闹元宵历史悠久，它伴随人们迎来春天，是习俗体现最为彻底和典型的传统节日。为让幼儿对元宵节的传统文化和民俗习惯有基本了解，通过做元宵、自制灯笼、听故事、念儿歌、猜灯谜等系列活动，让幼儿充分感受"元宵节"的意义、喜气和欢乐。

【活动目标】

（1）让幼儿知道元宵节是团圆节日，初步了解元宵节的活动和特别食品——元宵。

（2）了解做元宵的过程，愉快参与元宵节各种活动，感受节日的欢乐气氛。

（3）幼儿尝试用黏土，通过团、压、捏等技能做元宵。

（4）锻炼幼儿手部动作的灵活性，鼓励幼儿大胆创作，培养幼儿动手能力、想象力、创造力。

【活动准备】

投放材料：黏土、剪好的半张纸盘、油画棒、棉花、白胶、音乐《喜洋洋》、元宵节习俗课件。

【活动过程】

活动导入（背景音乐《喜洋洋》）：

（师）小朋友们，今天我们班里喜气洋洋，因为马上就要迎来元宵节啦，孩子们，你们高兴吗？让我们一起来表演一个关于元宵节的节目，好吗？

（生）幼儿一起唱起元宵节的歌谣。正月十五闹元宵，欢庆锣鼓使劲敲。敲得狮子大抖毛，敲得旱船街上漂。爷爷乐得抬花轿，姑姑扭腰踩高跷。我拍拍巴掌奶奶笑，放声高唱丰收歌谣。

（师）小朋友们表演得真棒！请回到位置坐好。教师播放元宵节习俗的视频。小朋友们，请说一说元宵节的由来和习俗。

（生）思考并回答。吃元宵、挂灯笼。

（师）请小朋友们说说元宵是什么形状的？什么味道的？皮里面包着什么馅？

（生）元宵是圆形的，香甜的味道，馅不同，有黑芝麻、花生、水果等。

（师）今天我们用黏土制作一碗热气腾腾的元宵吧！

教师示范：

步骤一：先取出准备好的半张纸盘，用蜡笔涂上喜欢的颜色，做成盛元宵的碗，粘在黑色卡纸上。

步骤二：用棉花粘到纸盘里面，做出热气腾腾的效果。

步骤三：用黏土揉出几个不同颜色的球，粘到纸盘上方，就是五彩的元宵。

幼儿操作，教师观察指导：

幼儿自由选择材料颜色制作元宵，教师观察幼儿制作情况，适时给予提示、示范等帮助（播放音乐）。

展示作品：小朋友们将做好的热气腾腾的"元宵"进行集体展示。

【教师评价】

本次活动是元宵节主题活动的一部分，以手工制作元宵为主要内容。幼儿在制作元宵的过程中，充分感受节日的气氛。

【活动延伸】

美厨区的美术活动，也是一次与传统节日有关的教学活动，可以做成亲子活动，邀约家长参与元宵节活动。这不仅能充分发挥幼儿的想象力和创造力，还能提升他们对美的感知、理解和表现力。

分析：

元宵节是我国的传统团圆节日，有吃元宵的习俗，元宵也是幼儿非常喜欢的食品。幼儿在整个过程中兴趣浓厚，通过亲自动手制作元宵，将美育与生活相联系，很好地保护了幼儿的创造力。在自由创作的过程中，老师大胆放手，让幼儿自由发挥，锻炼幼儿手部动作的灵活性。分享手工制作环节，既增强了幼儿的感官体验，也提升了他们的自信心。

## 美厨区美术活动方案：中班美术活动"蔬果造型"

【活动目标】

（1）引导幼儿认识各种蔬菜水果，了解它们在生活中的营养价值与食用方法。

（2）让幼儿能够利用蔬菜水果的特征，通过简单的处理，组合制作成不同蔬果艺术造型。

（3）通过欣赏蔬菜大拼盘，尝试用不同形状、色彩的蔬菜切片有规律地装饰美化盘子，培养幼儿动手制作能力、造型能力、想象能力。

【活动准备】

投放材料：各种蔬菜、水果（如苹果、黄瓜、西红柿等）、牙签、塑料刀具、盘子等。教师制作好的各种蔬菜水果造型的果盘范例。

【活动过程】

活动导入：

教师展示用蔬菜水果制作的各种造型的食物拼盘，通过提问引发幼儿思考问题。

（师）小朋友们，请说一说在老师的盘子里都有什么呀？

（生）思考并回答。有小狗、绵羊，还有一张笑脸。

（师）请小朋友们找一找，这些盘子的图案里藏着什么水果、蔬菜呢？

（生）小狗是香蕉做的，花菜做的绵羊，还有西红柿、豌豆等。

（师）请小朋友们试一试，选择合适的蔬菜水果，自由创作出自己的蔬果造型拼盘吧！

教师示范：

步骤一：让幼儿选择喜欢的蔬菜、水果，并准备好盘子和刀具。教师以火龙果为例，拿出备用。

步骤二：将火龙果去皮后横切成几片。

步骤三：将切好的火龙果片进行塑形，选择四片摆放在果盘中央。

步骤四：将火龙果切条，当作螃蟹的八条腿，摆放在两侧。

步骤五：将火龙果切成锯齿形做成钳子。

步骤六：取两颗豆子作为眼睛，完成制作。

幼儿操作，教师观察指导：

幼儿尝试选择几种喜欢的食材，进行简单的处理后，再自由创作出想象的图像。教师要特别强调安全事项，在幼儿进行食物穿插时给予帮助，强调使用刀具的安全问题。

成果展示：

将幼儿作品放到陈列区进行展示，拍照留念。请幼儿分享经验，介绍自己的创意、自己用的材料和设计制作的造型。畅想未来的蔬菜水果可能有的各种形状、颜色和独特口味。欣赏幼儿创作的作品，并及时给予鼓励（如图5-47、图5-48所示）。享用美食，幼儿将完成的蔬果拼盘分享给其他小朋友，共同享受舌尖美味。

图5-47　水果拼盘　　　　　　　图5-48　水果拼盘《螃蟹》

【教师评价】

美厨区的美术活动，是一次和生活有关的教学活动。本活动是以收集蔬菜为主，在课前通知需要准备的蔬菜种类和要求。在评价时，教师对于在蔬果造型上有创意的小朋友给予肯定；对使用刀具切割造型不熟练的幼儿给予及时的帮助和鼓励。

【活动延伸】

与美厨活动相结合，可以制作出很多美味又美观的食物。比如可以做单品果盘，选时令水果制作，如橘子、草莓等都是很好的食材。也可以做成亲子活动，邀约家长参与美厨大比拼。

分析：

利用蔬菜水果的自然形态和色彩进行造型设计，对幼儿来说是一项新鲜有趣的审美体验。活动中幼儿了解了不同蔬菜水果的外形特点和生活用途，通过自由联想和动手拼接、摆放，完成作品设计。拍照留念等环节增强了幼儿的自信心，巧妙地挖掘生活中美食的艺术美，很好地保护了幼儿创造力的发展。

## 美厨区美术活动方案：大班美术活动"打月饼"

【活动目标】

（1）使幼儿感受中秋节的欢乐气氛，知道中秋节是中国的传统节日，有赏月、吃月饼等习俗。

（2）引导幼儿了解制作月饼的过程，练习团、压、捏、刻、印等技能，尝试在面团上用模具印花的方法表现月饼的花纹、图案。

（3）锻炼幼儿手部动作的灵活性，鼓励幼儿大胆制作，培养幼儿动手制作能力、想象力、创造力。

【活动准备】

投放材料：面粉、月饼馅、月饼模具、帽子、桌布、口罩、音乐。实物月饼、月饼卡片、中秋节习俗的课件。

【活动过程】

活动导入：

（师）小朋友们，你们知道中国有哪些特别的节日吗？

（生）春节、元宵节、清明节、端午节、中秋节、敬老节。

（师）播放视频。小朋友们，请说一说中秋节的由来、传说和习俗吧。

（生）思考并回答。"嫦娥奔月""后羿射日"等。习俗有吃月饼、赏月。

歌唱《爷爷为我打月饼》。

（师）请小朋友们说说月饼是什么形状的？什么味道的？皮里面包着什么馅呢？

（生）月饼一般是圆形，还有方形、心形等。月饼上有花纹，有的是图案，有的还有文字，馅料有豆沙、玫瑰、鲜肉等。

（师）月饼还有冰淇淋月饼、冰皮月饼、广式月饼、苏式月饼。我们可以用什么方法制作月饼呢？

（师）出示不同造型的月饼让幼儿观察。小朋友们愿意做一个香喷喷的月饼送给你最喜欢的人吗？现在老师就教大家来做月饼。

教师示范：

步骤一：先将面揉好，取适量的面团在手中搓圆、团压，然后包馅，一手托皮，一手沿皮边缘包上、捏紧。

步骤二：将包好的面团放入模具，用模具轻轻一压，然后轻轻磕出，保持月饼表面光滑。

步骤三：拿出塑料小刀，在月饼上刻上花纹。

步骤四：将做好的月饼放入容器备用。

步骤五：把月饼放入厨房的烤箱烤熟。

幼儿操作，教师观察指导：

幼儿自由结伴选择材料制作。教师观察幼儿制作情况，适时给予提示、示范等帮助（播放音乐）。

师生一起做游戏，期待欣赏自己的作品，体验成功的喜悦。

教师讲解游戏要求：老师带来很多月饼卡片，请小朋友们按要求把它们分别装上不同的"车"，分别送到不同小动物的家里。

游戏环节：首先教师发给每人一份卡片，让幼儿观察卡片的颜色、形状。鼓励幼儿大胆发言，讲一讲月饼的形状、颜色。然后用两个纸盒当作车，请幼儿按照月饼的形状（正方形和圆形），将大小不同的月饼分别装到两辆"汽车"。装好车的月饼再按照颜色分别送给不同的小动物（小兔、小狗、小鸡、小鸭）。

幼儿：按照老师的指令，将月饼按照形状和颜色分别送到小动物的家里。

成果展示：

将幼儿做好的月饼拿到食堂烤制，烤好后拿回活动区，让孩子们品尝亲手制作的月饼。

【教师评价】

美厨区的美术活动，紧密关联生活，是中秋节主题活动的一部分，以打月饼为主要活动内容。幼儿设计月饼花纹，制作独一无二的月饼，在分享的过程中感受节日的气氛。

【活动延伸】

可以开展成亲子活动，邀约家长参与月饼制作。幼儿可以将月饼包装盒带到幼儿园，举行月饼包装展，观赏美丽的包装，设计制作包装容器，充分发挥幼儿的想象力和创造力，提升对美的感知、理解和表现力。

分析：

中秋节是我国的传统节日，"每逢佳节倍思亲"，中秋节有打月饼的习俗，月饼是幼儿非常喜欢的食品。幼儿在整个过程中兴趣浓厚，通过亲自动手制作月饼、设计花纹，将美育与生活相联系，引导幼儿感受美食中的艺术之美，很好地保护了幼儿的创造力。在自由创作过程中，老师大胆放手，让幼儿自由发挥，锻炼了幼儿手部的灵活性。通过分享月饼环节，增强了幼儿感官体验，也增强了幼儿的自信心。

## 户外活动区域美术活动方案：小班（3～4岁）美术活动"秋天的树"

【活动背景】

金秋时节，大地一片金黄，万物都改变了模样。秋天的落叶也在这个季节悄悄飘落。秋季来临，各种树叶悄悄地变化着，树林中黄色、红色、绿色构成绚烂多彩的画面。

【活动目标】

（1）引导幼儿发现并仔细观察户外秋天树林的变化，感受秋天树叶色彩的绚烂多彩。

（2）探索用色彩拓印的方法，表现秋天树林丰富的色彩。

（3）学习调配使用水粉颜料，通过不同色彩，表现树叶的层次。

【活动准备】

投放材料：卡纸、水粉颜料、调色盘、水粉笔、水桶、自制拓印笔刷、抹布等。

户外实地考察，秋天树木课件。

【活动重点】带领幼儿在室外观察树木秋天的颜色变化。

【活动难点】幼儿学习色彩原理，能够独自调色，用拓印笔刷蘸色拓印。

【活动过程】

活动导入：

（1）教师组织幼儿到幼儿园户外活动区，引导幼儿仔细观察园区里的树木，欣赏秋天树林的美丽景色。

（2）教师组织幼儿在户外观察树木，通过提问引导幼儿思考。

（师）老师和跟小朋友们一样，非常喜欢秋天的树。大家仔细观察这片美丽的树林，说一说这些树美在哪里呢？

（生）树叶的颜色特别漂亮。

（师）从远处看，一部分树叶变成了红色，另一部分变成橙色，还有的是绿色，不同颜色的树叶层层叠叠。小朋友们，想不想把这些美丽的色彩留在我们的画纸上呢？现在我们就去画出来吧！

教师带领幼儿回到美术活动区域，安排幼儿分组坐好，分发工具。

教师示范：

步骤一：教师用油画棒在黑色卡纸上画出大树枝干，注意树干要粗壮一些。

步骤二：取出红色、黄色、绿色等颜料，分别放在调色盘中。

步骤三：用自制笔刷带有细纸条的一端蘸色，注意颜色要蘸得均匀，几种颜色可以混合使用。

步骤四：用蘸好颜料的笔刷在画好的树干上方拓印，颜色要丰富，可以反复多拓印几次，完成秋天的树的绘制。

（师）小朋友们，想画出美丽的树林吗？那就选择自己喜欢的颜色，开始画秋天的树吧！

幼儿操作，教师巡回指导：

幼儿先用油画棒画出树干，再用笔刷拓印出树叶的颜色。

活动中注意事项：

（1）教师要启发幼儿在调色盘内混合蘸色。

（2）教师指导幼儿正确使用笔刷，反复上下蘸色。

（3）提醒幼儿换颜色时，在抹布上把水粉笔擦干净再换色。

（4）教师指导幼儿画树的先后顺序。

成果展示：

展示幼儿作品，相互欣赏。请幼儿说一说自己画中秋天的树有哪些颜色。

【教师评价】

教师在活动中仔细观察幼儿表现，及时纠正制作中出现的问题。鼓励幼儿根据观察选择颜色，通过评价给予正确引导，有益于幼儿自信心的建立。

【活动延伸】

这次活动是秋天主题活动的一部分，可以拓展为亲子秋游活动，让家长和幼儿一起去秋游，在户外进行绘画活动。

分析：

《指南》中指出："鼓励幼儿在生活中细心观察、体验，为艺术活动积累经验与素材。"此次活动结合秋天丰富的资源，选择幼儿身边的树林，设计了一节"秋天的树"主题活动。活动重点是让幼儿通过拓印表现秋天树林中色彩斑斓的树叶，依据《指南》中"和幼儿一起发现美的事物特征，感受和欣赏美"。通过户外观察和欣赏，不仅调动了幼儿参与活动的积极性，也让幼儿有了直观的视觉体验。幼儿会发现一棵树有不同颜色的树叶，展现树林的色彩斑斓。

### 户外活动区域美术活动方案：中班（4~5岁）美术活动"豌豆熟了"

【活动背景】

为拓宽幼儿的视野，增长知识，亲近自然，加强师生、同伴间的交流，让幼儿在与大自然的接触中感受季节特征，感受植物生长过程，走进田野感受采摘的乐趣。

【活动目标】

（1）引导幼儿感受大自然的季节特征，感受植物生长的特征。

（2）让幼儿初步了解豌豆的形态特征，知道豌豆由圆圆的豆粒和豆荚组成。

（3）指导幼儿学习用彩笔、油画棒等工具表现豌豆苗，用黏土团圆的方法制作豌豆粒，运用剪纸剪出椭圆形制作豌豆荚，并将豌豆粒排列在豆荚里。

（4）培养幼儿积极动手创作的习惯，体验成功的喜悦。

【活动准备】

投放材料：黑色圆形卡纸、水彩笔、油画棒、超轻黏土、双面胶、环保袋等。

户外农场实地采摘观察，豌豆课件。

【活动重点】

带领幼儿去农场的豌豆地，实地观察豌豆的生长状态。

【活动难点】

幼儿掌握用水彩笔、油画棒等工具表现豌豆苗的方法，学习用黏土团圆的方法制作豌豆粒，运用剪纸制作椭圆形豌豆荚，并将豌豆粒排列在豆荚里。

【活动过程】

活动导入：

（1）教师组织幼儿到幼儿园附近的农场参观，采摘农场里的豌豆（图 5-49 所示）。

（2）教师引导幼儿仔细观察豌豆的外形，了解豌豆的组成结构，并通过提问引导幼儿思考。

（师）小朋友们，看看豌豆荚是什么形状？什么颜色的？

（生）豌豆荚是弯弯的，像月牙一样，颜色是碧绿的。

（师）小朋友们观察一下，成熟的豌豆是什么样的呢？

（生）成熟的豌豆荚里面有五六颗豌豆粒，涨得满满的，要裂开似的。

图5-49　豌豆

（师）大家找一找成熟的豌豆荚，把它们采摘下来放到环保手袋里。

教师带领幼儿回到幼儿园，将采摘的豌豆交给食堂做成美食。教师带领幼儿回到美术活动区域，安排幼儿分组坐好，分发工具。

（师）请幼儿谈谈今天观察到的豌豆花、豌豆茎、豌豆叶、豌豆的样子，如果用画笔和黏土表现豌豆，自己会怎样做呢？

教师示范：

步骤一：教师用油画棒在黑色卡纸上画出豌豆苗的枝干、藤蔓和叶子。

步骤二：用浅紫色画出豌豆花。

步骤三：用深浅不同的绿色卡纸，剪出豌豆荚的形状。

步骤四：用超轻黏土做出豆粒，排列在豌豆荚里。

步骤五：表现大小不同的豌豆，让画面更加丰富。调整画面细节，让画面更加美观。

（师）小朋友们想画出美丽的豌豆吗？那就动手试一试吧！

幼儿操作，教师巡回指导：

小朋友们先用油画棒画出豌豆苗的茎，再画出豌豆叶子和藤蔓。用剪刀剪出绿色的豌豆荚，在背面用双面胶粘好后，粘贴到豌豆叶子中间。用超轻黏土搓成圆球做豌豆粒，排列到豆荚里。

活动中注意事项：

（1）教师要启发幼儿注意豌豆苗的位置及构图的疏密关系。

（2）教师指导幼儿使用剪刀时注意安全。

（3）用黏土搓圆时可以先搓成长条，并分成大小不同的几段，做出大小不同的豆粒。

（4）教师指导幼儿注意粘贴豌豆荚的先后顺序。

成果展示：

展示幼儿作品，相互欣赏。请幼儿说一说，自己是怎样表现画中豌豆生长的。

【教师评价】

今天，大家去农场采摘，看到豌豆的生长过程，小朋友们知道豌豆不仅可以制作出很多好吃的食品，而且营养丰富，小朋友们都画出了自己观察到的豌豆的样子。

【活动延伸】

这次活动幼儿兴趣浓厚，可以拓展为亲子活动。家长和幼儿可以一起去农场采摘，在户外进行绘画活动。

分析：

这次活动中，幼儿通过亲身感受，了解了豌豆的生长过程。①课程中，运用剪贴和黏土表现豌豆荚的形态，增加画面表现力，提高学生的创作兴趣。②在画面中，小朋友们大胆地表现，画出大小不同的叶子和藤蔓。③用剪纸粘贴的方式表现在画面中的豆荚，提高画面视觉效果。④用黏土表现的豌豆非常有趣，画面生动自然，富有感染力。在作品评价时，教师需要注意，不能以幼儿模仿教师作品的相似程度作为评价标准，要站在幼儿的角度去看待，尊重、肯定幼儿的表现方式。

### 户外活动区域美术活动方案：大班（5~6岁）美术活动"昆虫记"

【活动目标】

（1）引导幼儿发现并仔细观察户外花园中的蝴蝶、蜻蜓等昆虫的特点。

（2）探索用卡纸、吸管等制作昆虫模型。

（3）引导幼儿感受昆虫飞行的原理，体验合作游戏的快乐。

【活动准备】

投放材料：卡纸、剪刀、吸管、绳子、水彩、昆虫模型笔等。

户外实地考察，准备活动用的活动垫。

【活动重点】

带领幼儿在室外花园里观察蝴蝶、蜻蜓等昆虫，认识这些昆虫的形体特点。

【活动难点】

幼儿理解昆虫飞行原理，独立制作昆虫模型，并解决活动中遇到的困难。

【活动过程】

活动导入：

（1）教师组织幼儿到幼儿园户外活动区，引导幼儿仔细观察小花园里的昆虫，如小蚂蚁、蚂蚱、蜻蜓、蝴蝶等，发现的过程带给幼儿很多惊喜和体验。

（2）教师组织幼儿在户外的活动垫上坐下，通过提问引导幼儿思考问题。

（师）老师和小朋友们一样，非常喜欢花园里的昆虫，请小朋友们仔细观察这些美丽的蝴蝶、蜻蜓，看看这些昆虫是怎样飞行的？

（生）昆虫需要扇动翅膀飞行。幼儿可以一边说一边模仿昆虫飞行的样子。

（师）拿出设计好的昆虫模型。小朋友们想一想，这只会飞的昆虫是怎么飞起来的呢？

（生）幼儿展开讨论，思考昆虫飞的方法。

教师示范：

老师引导幼儿观察制作的飞飞虫，请小朋友帮忙拉住绳子的源头，老师拉住绳子的两端往外拉，昆虫就缓缓地飞起来了。

（师）小朋友们，老师制作的飞飞虫能够飞行，有什么小秘密呢？

（生）幼儿仔细观察模型，进行自主探索。

（师）老师展示飞飞虫的反面，揭晓秘密：原来这只飞飞虫的肚子下面藏着两段吸管。

老师演示飞飞虫的制作过程：

步骤一：在卡纸上画出自己喜爱的飞飞虫外形，如蝴蝶、蜜蜂等。

步骤二：用彩笔装饰，给飞飞虫穿上美丽的外衣。

步骤三：将两段吸管用透明胶粘贴到飞飞虫背面，将一条长绳对折后，绳子两端分别穿过吸管，完成飞行装置制作。

幼儿操作，教师指导：

小朋友们根据老师的示范，自己选择昆虫的种类，画出翅膀花纹，再粘贴吸管，穿好线绳（如图5-50、图5-51所示）。

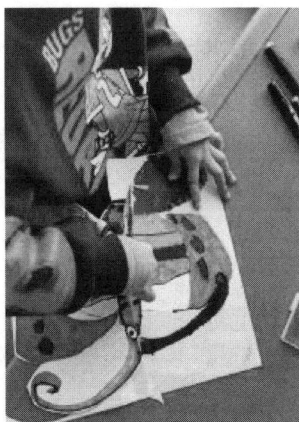

图5-50　幼儿操作

图5-51　幼儿作品《飞飞虫——蝴蝶》

活动中注意事项：

（1）教师启发幼儿根据昆虫的天然形态进行联想造型。

（2）教师指导幼儿用剪刀对折剪出蝴蝶等昆虫外形，提醒幼儿保持安全距离。

（3）幼儿使用双面胶粘贴时，教师适时给予帮助。

（4）教师指导幼儿穿绳时注意顺序。

成果展示：

展示幼儿作品，请小朋友们合作游戏，一人拉住绳子的一端，另一人拉住绳子另外一端向外拉，可以让几只飞飞虫同时飞行。孩子们体验飞行成功的乐趣。

【教师评价】

教师在活动中通过仔细观察幼儿表现，及时调整幼儿在制作中出现的问题。鼓励幼儿结合自己的生活体验去设计，例如，"茜淼小朋友的飞飞虫是一只小蜜蜂，有着金黄的翅膀，要飞到花丛中采蜜了。""若菲小朋友，穿绳子可以请小伙伴帮忙，两人一起合作完成。"评价时注重活动过程中的评价，更有针对性，通过评价给予幼儿行为正确的引导，有益于幼儿自信心的建立。

【活动延伸】

在"昆虫记"主题活动中，可以将制作好的昆虫陈列到展示区，请幼儿相互欣赏作品，分享自己画的昆虫的特点。也可以将飞飞虫做好后组织幼儿分组活动，开展飞飞虫飞行比赛，进一步增强幼儿相互欣赏、配合协作的能力。

分析：

通过观察自然界的昆虫，结合对昆虫飞行原理的认识，激发幼儿制作飞飞虫的兴趣。当孩子们看到一只只昆虫起飞时，都很兴奋，大部分作品多为蝴蝶、蜜蜂。教师对幼儿要及时给予鼓励，让孩子在大自然中锻炼了能力。在认识自然、社会的活动中，使孩子的审美能力得到了进一步的发展，同时也激发了孩子的求知探索欲望。

## 🗂 小贴士

### 《3~6岁幼儿学习与发展指南》节选

（五）艺术

艺术是人类感受美、表现美和创造美的重要形式，也是表达自己对周围世界的认识和情绪态度的独特方式。

每个幼儿心里都有一颗美的种子。幼儿艺术领域学习的关键在于充分创造条件和机会，在大自然和社会文化生活中萌发幼儿对美的感受和体验，丰富其想象力和创造力，引导幼儿学会用心灵去感受和发现美，用自己的方式去表现和创造美。

幼儿对事物的感受和理解不同于成人，他们表达自己认识和情感的方式也有别于成人。幼儿独特的笔触、动作和语言往往蕴含着丰富的想象和情感，成人应对幼儿的艺术表现给予充分的理解和尊重，不能用自己的审美标准去评判幼儿，更不能为追求结果的"完美"而对幼儿进行千篇一律的训练，以免扼杀其想象与创造的萌芽。

1.感受与欣赏

**目标1　喜欢自然界与生活中美的事物**

| 3~4岁 | 4~5岁 | 5~6岁 |
| --- | --- | --- |
| （1）喜欢观看花草树木、日月星空等大自然中美的事物。<br>（2）容易被自然界中的鸟鸣、风声、雨声等好听的声音所吸引 | （1）在欣赏自然界和生活环境中美的事物时，关注其色彩、形态等特征。<br>（2）喜欢倾听各种好听的声音，感知声音的高低、长短、强弱等变化 | （1）乐于收集美的物品或向别人介绍所发现的美的事物。<br>（2）乐于模仿自然界和生活环境中有特点的声音，并产生相应的联想 |

教育建议：

（1）和幼儿一起感受、发现和欣赏自然环境和人文景观中美的事物。如：

让幼儿多接触大自然，感受和欣赏美丽的景色和好听的声音。

经常带幼儿参观园林、名胜古迹等人文景观，讲讲有关的历史故事、传说，与幼儿一起讨论和交流对美的感受。

（2）和幼儿一起发现美的事物的特征，感受和欣赏美。如：

让幼儿观察常见动植物以及其他物体，引导幼儿用自己的语言、动作等描述它们美的方面，如颜色、形状、形态等。

让幼儿倾听和分辨各种声响，引导幼儿用自己的方式来表达他对音色、强弱、快慢的感受。

支持幼儿收集喜欢的物品并和他一起欣赏。

### 目标2　喜欢欣赏多种多样的艺术形式和作品

| 3～4岁 | 4～5岁 | 5～6岁 |
| --- | --- | --- |
| （1）喜欢听音乐或观看舞蹈、戏剧等表演。<br>（2）乐于观看绘画、泥塑或其他艺术形式的作品 | （1）能够专心地观看自己喜欢的文艺演出或艺术品，有模仿和参与的愿望。<br>（2）欣赏艺术作品时会产生相应的联想和情绪反应 | （1）艺术欣赏时常常用表情、动作、语言等方式表达自己的理解。<br>（2）愿意和别人分享、交流自己喜爱的艺术作品和美感体验 |

教育建议：

（1）创造条件让幼儿接触多种艺术形式和作品。如：

经常让幼儿接触适宜的、各种形式的音乐作品，丰富幼儿对音乐的感受和体验。

和幼儿一起用图画、手工制品等装饰和美化环境。

带幼儿观看或共同参与传统民间艺术和地方民俗文化活动，如皮影戏、剪纸和捏面人等。

有条件的情况下，带幼儿去剧院、美术馆、博物馆等欣赏文艺表演和艺术作品。

（2）尊重幼儿的兴趣和独特感受，理解他们欣赏时的行为。如：

理解和尊重幼儿在欣赏艺术作品时的手舞足蹈、即兴模仿等行为。

当幼儿主动介绍自己喜爱的舞蹈、戏曲、绘画或工艺品时，要耐心倾听并给予积极回应和鼓励。

2. 表现与创造

### 目标1　喜欢进行艺术活动并大胆表现

| 3～4岁 | 4～5岁 | 5～6岁 |
| --- | --- | --- |
| （1）经常自哼自唱或模仿有趣的动作、表情和声调。<br>（2）经常涂涂画画、粘粘贴贴并乐在其中 | （1）经常唱唱跳跳，愿意参加歌唱、律动、舞蹈、表演等活动。<br>（2）经常用绘画、捏泥、手工制作等多种方式表现自己的所见所想 | （1）积极参与艺术活动，有自己比较喜欢的活动形式。<br>（2）能用多种工具、材料或不同的表现手法表达自己的感受和想象。<br>（3）艺术活动中能与他人相互配合，也能独立表现 |

教育建议：

（1）创造机会和条件，支持幼儿自发的艺术表现和创造。

提供丰富的便于幼儿取放的材料、工具或物品，支持幼儿进行自主绘画、手工、歌唱、表演等艺术活动。

经常和幼儿一起唱歌、表演、绘画、制作，共同分享艺术活动的乐趣。

（2）营造安全的心理氛围，让幼儿敢于并乐于表达表现。如：

欣赏和回应幼儿的哼哼唱唱、模仿表演等自发的艺术活动，赞赏他独特的表现方式。

在幼儿自主表达创作过程中，不做过多干预或把自己的意愿强加给幼儿，在幼儿需要时再给予具体的帮助。

了解并倾听幼儿艺术表现的想法或感受，领会并尊重幼儿的创作意图，不简单用"像不像""好不好"等成人标准来评价。

展示幼儿的作品，鼓励幼儿用自己的作品或艺术品布置环境。

目标2　具有初步的艺术表现与创造能力

| 3～4岁 | 4～5岁 | 5～6岁 |
|---|---|---|
| （1）能模仿学唱短小歌曲。<br>（2）能跟随熟悉的音乐做身体动作。<br>（3）能用声音、动作、姿态模拟自然界的事物和生活情景。<br>（4）能用简单的线条和色彩大体画出自己想画的人或事物 | （1）能用自然的、音量适中的声音基本准确地唱歌。<br>（2）能通过即兴哼唱、即兴表演或给熟悉的歌曲编词来表达自己的心情。<br>（3）能用拍手、踏脚等身体动作或可敲击的物品敲打节拍和基本节奏。<br>（4）能运用绘画、手工制作等表现自己观察到或想象的事物 | （1）能用基本准确的节奏和音调唱歌。<br>（2）能用律动或简单的舞蹈动作表现自己的情绪或自然界的情景。<br>（3）能自编自演故事，并为表演选择和搭配简单的服饰、道具或布景。<br>（4）能用自己制作的美术作品布置环境、美化生活 |

教育建议：

尊重幼儿自发的表现和创造，并给予适当的指导。如：

鼓励幼儿在生活中细心观察、体验，为艺术活动积累经验与素材。如，观察不同树种的形态、色彩等。

提供丰富的材料，如图书、照片、绘画或音乐作品等，让幼儿自主选择，用自己喜欢的方式去模仿或创作，成人不做过多要求。

根据幼儿的生活经验，与幼儿共同确定艺术表达表现的主题，引导幼儿围绕主题展开想象，进行艺术表现。

幼儿绘画时，不宜提供范画，特别不应要求幼儿完全按照范画来画。

肯定幼儿作品的优点，用表达自己感受的方式引导其提高。如，"你的画用了这么多红颜色，感觉就像过年一样喜庆""你扮演的大灰狼声音真像，要是表情再凶一点就更好了"等。

# ❂ 拓展训练

训练一：

材料：

端午节，是集拜神祭祖、祈福辟邪、欢庆娱乐和饮食于一体的民俗大节。习俗主要有划龙舟、祭龙、采草药、挂艾草、打午时水、洗草药水、浸龙舟水、吃龙舟饭、食粽子、放纸龙、放纸鸢、拴五色丝线、佩香囊等等。作为中国的四大传统节日之一，它不仅清晰地记录着先民丰富多彩的社会生活文化内容，也积淀着博大精深的历史文化内涵。

训练要求：

以端午节为主题，参考文中案例，拟定一份适用于3～6岁幼儿共同参与的幼儿园美术活动方案，包括活动目标、活动准备、指导过程等。

训练二：

材料：

民间艺术是针对学院派艺术、文人艺术的概念提出来的。广义上说，民间艺术是劳动者为满足自己的生活和审美需求而创造的艺术，包括了民间工艺美术、民间音乐、民间舞蹈和戏曲等多种艺术形式。狭义上说，民间艺术指的是民间造型艺术，包括了民间美术和工艺美术各种表现形式。按照材质分类，有纸、布、竹、木、石、皮革、金属、面、泥、陶瓷、草柳、棕藤、漆等不同材料制成的各类民间手工艺品。它们以天然材料为主，就地取材，以传统的手工方式制作，带有浓郁的地方特色和民族风格，与民俗活动密切结合，与生活密切相关。

训练要求：

结合我国优秀的民间艺术工艺，如陶艺、扎染、剪纸、风筝等，拟定一次区域美术主题活动，并尝试评价幼儿的作品。

## 📋 学习总结

本章以《指南》中的幼儿美术教育活动为出发点，提供了幼儿园区域活动中的美术主题活动的设计方案，介绍了幼儿园美术区域环境创设的基本原则和方法，为幼儿的游戏、学习与创作活动营造了合适的环境和条件，打造良好的艺术氛围。教师能够根据不同年龄段幼儿身心特点，选择不同的工具和材料，有条理地进行教学活动，引导幼儿自由地观察生活，从生活中感受美，培养幼儿的审美能力。能够引导幼儿自主地学习使用各种工具，参与多样的技能活动。提出了在区域活动教学中容易出现的典型问题及其解决方法，为学生未来在工作岗位中开展相关工作提供了方法。

# 第六章
## 亲子美术活动设计与指导

## 🌱 导学

　　亲子美术教育是最能体现家园共育的活动形式之一，幼儿在与家长、教师的互动中使用美术材料，掌握美术技能，获得身体、智力、情感、个性、社会性的全面和谐发展。《纲要》指出，家庭是幼儿园重要的合作伙伴，应本着尊重、平等、合作的原则，着力培养和加强幼儿的创造性思维能力。鉴于亲子美术教育的特点和优势，这类活动深受许多幼儿园教师的喜爱。在幼儿园的美术展示活动以及幼儿园的环境当中，常常可以看到亲子美术作品的展示。本章着重阐述了如何举行亲子美术教育活动，包括布置美术活动场地、选择适合的材料，以及开展丰富多彩的美术教学活动，为幼儿教师组织和指导幼儿园亲子美术活动提供参考。

## 📋 学习目标

　　（1）了解幼儿园亲子美术活动特点和优势。

　　（2）能够设计亲子美术活动方案，并为幼儿的游戏、学习与创作提供适宜的环境和条件，营造良好的艺术氛围。

　　（3）能够根据不同年龄段幼儿的身心特点，选择合适的亲子内容，进行教学活动。

　　（4）能够在亲子活动过程中，与幼儿家长进行必要的沟通与引导。

## 🔗 思维导图

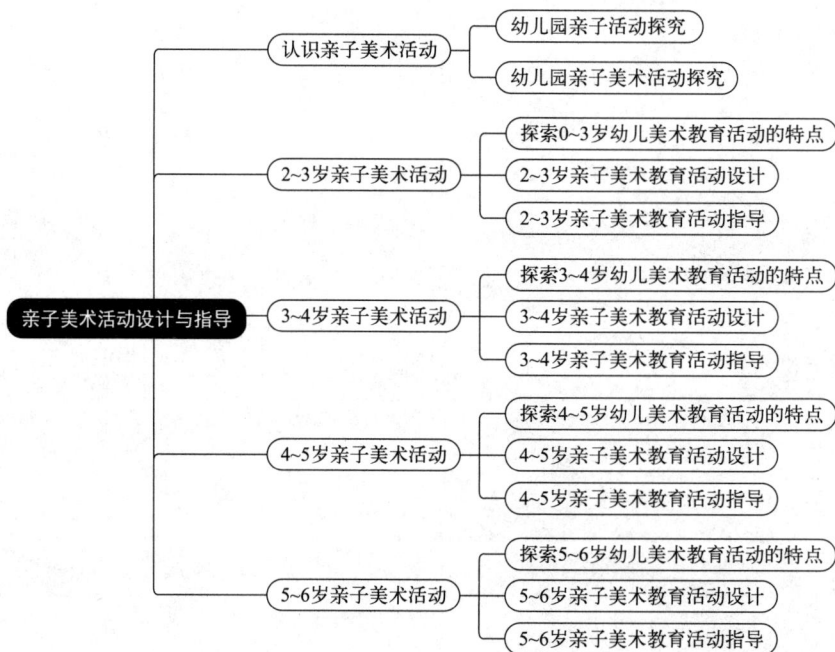

亲子美术活动设计与指导
- 认识亲子美术活动
  - 幼儿园亲子活动探究
  - 幼儿园亲子美术活动探究
- 2~3岁亲子美术活动
  - 探索0~3岁幼儿美术教育活动的特点
  - 2~3岁亲子美术教育活动设计
  - 2~3岁亲子美术教育活动指导
- 3~4岁亲子美术活动
  - 探索3~4岁幼儿美术教育活动的特点
  - 3~4岁亲子美术教育活动设计
  - 3~4岁亲子美术教育活动指导
- 4~5岁亲子美术活动
  - 探索4~5岁幼儿美术教育活动的特点
  - 4~5岁亲子美术教育活动设计
  - 4~5岁亲子美术教育活动指导
- 5~6岁亲子美术活动
  - 探索5~6岁幼儿美术教育活动的特点
  - 5~6岁亲子美术教育活动设计
  - 5~6岁亲子美术教育活动指导

# 第一节
# 认识亲子美术活动

## 🛩 案例导入

材料：

图 6-1 为某幼儿园的亲子绘本制作活动的展示角。幼儿与家长共同选择自己最喜爱的绘本故事，然后通过美工活动将其制作出来。该亲子美术活动属于综合活动区域亲子美术活动。

图6-1 亲子绘本制作活动展示角

要求：

请结合"第五章 区域活动中的美术活动设计与指导"中"第三节 其他区域中的美术活动的组织"的知识内容，分析"幼儿园综合活动区域亲子美术活动"的特点与作用。

## 🧩 知识讲解与案例分析

## 一、幼儿园亲子活动探究

### 1. 幼儿园亲子活动

《幼儿园教育指导纲要》在总则中提出："幼儿园应与家庭、社区密切合作，与小学衔接，综合利用各种教育资源，共同为幼儿的发展创造良好的条件。"《纲要》还指出：家庭是幼儿园的重要合作伙伴，应本着尊重、平等、合作的原则，争取家长的理解、支持和主动参与，并积极支持、帮助家长提高教育能力。充分利用自然环境和社区的教育资源，扩展幼儿生活和学习空间，幼儿园同时应为社区的早期教育提供服务。亲子活动是一种辅助日常教育活动的有效活动形式，能够促进家长转变教育观念，对提高幼儿园的教育质量有着积极作用。有效的亲子活动可以增进亲子关系，促进家园共育，从而为幼儿的全面和谐发展提供有效途径。

## 2. 亲子活动的含义

20世纪末兴起了一种新型教育模式——"亲子活动"，这里"子"指孩子，"亲"就是指孩子以外的家庭内部成员，主要指孩子的双亲，其核心内容是父母与其子女相互尊重、共同教育、一起成长。亲子教育是以亲缘关系为基础，以和谐亲子关系为基石，以提高科学育儿能力和促进婴幼儿身心健康、优化发展为目的的教育，包括亲职教育，即对家长进行的尽职教育和对婴幼儿进行的子女教育。

卢术夷指出，幼儿园亲子活动是由幼儿园遵循幼儿身心发展的特点，为增进教师与家长、教师与孩子、家长和孩子之间的交流和合作，创设特定条件，主要由教师主导、家长共同组织对幼儿的教育活动。可见，幼儿园亲子活动是在幼儿园内进行的亲子教育活动，是家园共育的重要形式之一。

## 3. 幼儿园亲子活动的种类

幼儿园亲子活动是家园共育的重要形式，活动中教师可以在组织活动的过程中，通过和家长、幼儿之间的交流，了解幼儿个体发展的需要，帮助家长更好地配合幼儿园教育工作。幼儿园亲子活动的类型众多，根据活动开展空间的不同，可以分为室内综合亲子活动和户外综合亲子活动；根据活动参与者的不同，可以分为家长、幼儿双方参与的亲子活动，教师、家长、幼儿三方参与的亲子活动和包括社会人士在内的多方参与的综合亲子活动；根据活动的目的不同，可以分为游戏型亲子活动、探索性亲子活动、节日性亲子活动。卢术夷、郝一玲、陆红梅等人根据各自的研究将亲子活动分成不同的类型，他们分类大同小异。归纳起来，幼儿园亲子活动的表现形式大致分为以下几种类型：亲子节日活动、亲子运动会、亲子助教活动、亲子自然探索活动、亲子制作活动等。

（1）游戏型亲子活动 亲子游戏是亲子教育活动的基本组织形式，可以有效地满足婴幼儿的各种需要，是幼儿获得发展的最佳途径，也是学习的基本方式。游戏型亲子活动包括各种亲子互动游戏，如体育类游戏"运送皮球""抢凳子""踩气球"，语言类游戏"脑筋急转弯""猜灯谜"，音乐类游戏"听音变方向"，美术类"画鼻子"等。在游戏中使幼儿的身体得到锻炼，心智得到发展，使幼儿感到愉快，从而积极参与亲子活动。

（2）探索型亲子活动 好奇心是每个幼儿学习的动力，通过开展探索型亲子活动，满足幼儿的好奇心和求知欲。活动围绕某个主题展开，通过幼儿与家长、教师与教育环境的互动，帮助幼儿学习各种技能，积累实践经验。如"我是小小服装设计师""地球环保小卫士""我是志愿者"等活动。探索型亲子活动的实施，需要家长积极配合，发挥自身资源优势为活动提供必要的帮助，教师在活动中更需要作为引导者、观察者、组织者，具备必要的组织整合能力。

（3）节日型亲子活动 我国节日众多，比如纪念性的节日如国庆节、建军节、劳动节、儿童节等，还有很多传统节日，如中秋节、重阳节、端午节等，这些节日往往承载着传统文化的传承功能，是中国传统文化的代表。通过在节日开展丰富的亲子活动，既能使幼儿体验到节日的内涵，又能增强知识经验。节日对幼儿来说无疑是愉悦的，教师要根据不同节日的特点组织好节日亲子活动，让使幼儿的身心在和谐、愉快的环境中健康成长。

### 4. 亲子活动的特点

（1）活动目的的双重性　有效的亲子活动既是家长学习育儿的活动，也是幼儿游戏和学习的活动。亲子活动是以亲缘关系为基础，构建良好的亲子互动关系，实施亲情影响的有目的、有计划的教育活动。它将游戏活动作为主要教育手段，教学活动遵循幼儿的身心发展特点而设计，为父母和孩子提供了共同游戏与学习的机会和条件。这使父母获得恰当的先进教育行为和教育观念，提高家长的科学育儿水平，体现了幼儿学习与家长培训相结合的指导思想。

（2）活动主体的多元性　亲子活动不同于一般的活动，亲子活动的主体具有多元性。活动中既有教师、家长、幼儿参与，又有幼儿园内部其他管理人员参与，也可能有社会其他专业人员参与。其中教师在活动中作为协调组织活动的主体，家长在亲子活动中耍掌握引导幼儿活动的具体办法，也要参与到必要的准备活动中，也是活动的主体之一。幼儿作为亲子活动的主体，整个亲子活动的设计过程、活动安排都是依据幼儿的认知规律设计完成的，在活动中幼儿是亲子活动的主要参与者，形成教师、家长与幼儿进行互动游戏的教学模式，这是亲子活动的最大特点。

（3）活动互动的多向性　活动中教师、家长、幼儿之间的互动具有多向性。比如，教师要在活动前做好家园沟通，赢得家长的信任和支持，对家长进行一定的活动指导。家长可以利用自身的经验为教师提供必要的活动支持。幼儿在亲子活动中获得社会经验，教师在活动中通过观察幼儿的行为得到活动反馈，家长在活动中与幼儿的亲密关系得到加强。

（4）活动时空的连续性　幼儿园经常性地开展亲子活动，能使幼儿在活动中得到愉悦的体验，能够使家长真正地参与到幼儿教育中来。这种效应不仅体现在幼儿园亲子活动过程中，还会延续到幼儿的家庭教育中。比如，在现实生活中，很多家庭对幼儿的教育过程中，母亲扮演着主要教育者的角色，父亲往往缺失。在幼儿园组织的亲子活动中，父亲通过参与活动比较容易增进与幼儿之间的感情，从而在家庭教育中得以延续。

### 5. 亲子活动的功能

（1）为幼儿与家长、教师与家长、家长与家长之间搭建一座沟通的桥梁　亲子活动密切了幼儿与家长、教师三者之间的关系，实现家园共建。亲子活动同时满足了幼儿对父母的情感依恋需要和家长了解幼儿在集体生活中情况的愿望，同时也密切了家长与教师之间的联系。教师可以在活动中提供示范与指导，提高家长科学育儿能力。家长也可以在活动中相互学习、交流，共同探讨教育经验。

（2）亲子活动激发孩子的内在潜能　亲子活动中父母的鼓励是幼儿取得进步的力量，也往往能够激发幼儿内在潜能。每个孩子都有这样一种心理，希望有人看着他，希望自己是亲人视线的焦点，让父母为他们骄傲！因此，有父母参与的活动，幼儿往往表现得更出色。幼儿在亲子游戏中所获得的知识、经验和技能往往比在独自游戏或伙伴游戏中更丰富，更有益于认知发展。

（3）促进良好和谐的亲子关系健康发展　亲子活动有助于加强父母和孩子之间的情感交流。古希腊哲学家曾说过，情感是通过交流建立起来的，任何感情的升华都取决于交流，亲子游戏有助于亲子间安全依恋的形成。安全依恋与游戏中获得的快乐体验，有助于幼儿人际交往兴趣的形成与发展，有助于幼儿活泼开朗性格的形成。成人能够敏感地觉察到幼儿对游戏方式的情绪与体力反应，采取适合于幼儿发展水平与能力的方式来构建和调整游戏，使游戏有利于幼儿的安全、健康与发展。在游戏中，家长与幼儿形成的和谐亲密的亲子关系，是其他任何方式都无法替代的。

（4）增进幼儿的人际交往，提高社会适应能力　幼儿在活动中体验了初步的交往关系，有助于社会性关系的发展。亲子活动全方位地开发了孩子们的运动、语言、认知、情感、创造、社会交往等多种能力，使孩子在快乐的游戏活动中，增进亲子感情，促进亲子间的交流，最终促进孩子健康和谐地发展。比如在"三八"妇女节时，组织"自制美丽的鲜花"亲子活动，为妈妈开展庆祝活动，激发孩子爱的情感，在节日给妈妈带来问候，懂得妈妈养育的辛苦，学会尊重和关心妈妈，在制作的过程中感受关爱他人的快乐，体验合作、分享和交往的乐趣。

## 案例分析

材料：幼儿园亲子活动总结

掸去五月的浮尘，迎来六月的时光。六月是小朋友的节日，在这欢快的日子里，我们幼儿园举行了"庆六一亲子游园活动"。这次，我们把活动日提前定在五月二十九日上午，幼儿园里人头攒动，欢声笑语不断。一百多名孩子和他们的爸爸妈妈在这里度过了快乐的节日时光。为了能让孩子度过一个愉快而有意义的节日，我园安排了一系列的活动来欢庆六一。

活动内容包括亲子游戏、幼儿及家长作品展、知识汇报展示、才艺展示等一系列的活动，让孩子和家长们感受到节日的来临，共同分享节日的欢乐。活动中，设计了八组亲子游戏，在游戏过程中孩子与家长之间、家长与教师之间充满了愉快的情绪，欢声笑语此起彼伏，充满了整个幼儿园。同时，游戏中的奖品各种各样，孩子们情绪高涨，家长们感动万分，他们重温了久违的亲子关系。我班在开展庆六一活动的过程中，除了积极配合园里组织的一些活动外，还特意安排了庆"六一"课程活动设计，想借此进一步地烘托节日的气氛，让孩子们对儿童节有初步的认识，知道这个节日是属于他们的。对于我们小班的小朋友来说，儿童节带给他们的意义与众不同，因为这是小班小朋友在幼儿园所经历的第一个儿童节。因此我们要加倍利用好这样的一个机会，希望通过这样的活动给他们带来某种程度上的启发教育和情感触动。在整个活动过程中，我们也发现了很多工作中的失误和不足。其一，活动的准备工作做得不够到位，显得有些仓促，一些细枝末节考虑得不成熟。其二，楼顶的游戏很丰富，但是由于烈日炎炎，家长们没能踊跃参加。当然，活动也不完全没有成功之处。活动的过程中，家长的心态是比较积极的，非常乐意主动参与到楼下室内的活动中。此外，教师之间的衔接配合做得还不错，充分体现了团结的凝聚力。同时我们也积累到了一些组织活动的经验，看到了我们的不足和弱点，但我们不视它为缺憾，而把它看成我们走向成功的阶梯。人总是在不足中慢慢学会成长的，从而让自己不断完善。我们坚信通过自己的努力会做得更加完美！

分析：

通过案例材料的内容我们可以对亲子活动有一个初步的概念认知，了解什么是亲子活动，亲子活动需要老师做一些什么，亲子活动对亲子关系的意义是什么，对幼儿发展的意义是什么，对家园合作的意义是什么。

## 二、幼儿园亲子美术活动探究

### 1. 亲子美术活动

亲子美术活动是指家长根据幼儿园美术教育的要求或家庭中美术活动需要，亲自参与幼儿美术活动，并对幼儿的美术活动给予必要的指导与帮助。它是幼儿美术活动的形式之一，备受幼儿与家长的关注和喜爱。《纲要》指出："家庭是幼儿园重要的合作伙伴，本着尊重、平等、合作的原则，争取家长的理解、支持和积极参与。"幼儿美术教育应充分利用家庭的教育资源。

幼儿从 2～3 岁进入涂鸦期开始，绘画就成为幼儿表达内心情感的一种自由的游戏活动，这个过程是幼儿内心情感和体验的表达。著名的教育家第斯多惠认为"教育的艺术不在于传授知识，而在于唤醒、激励和鼓舞。"在幼儿园亲子美术活动中，我们借助情景化的设计过程，教师与幼儿和家长的情感沟通，鼓励幼儿主动学习绘画表现的方法，把握"教"的时机，给幼儿更多的关爱，激发幼儿的创作潜能，使幼儿获得审美体验。

### 2. 幼儿园开展亲子美术活动的意义

亲子美术活动是幼儿美术活动的形式之一，备受幼儿与家长的关注和喜爱。

（1）通过亲子美术活动引导家长建立正确的美育观念　"美术教育是美育的重要组成部分，对塑造美好心灵具有重要作用。"习近平总书记给中央美术学院 8 位老教授回信强调，弘扬中华美育精神，让祖国青年一代身心都健康成长。这一要求充分体现了美术教育的重要性。通过在亲子活动中与家长沟通，引导家长建立正确的美育观念，鼓励幼儿在美术活动中积极创造，自由想象，大胆地表现自我。给予幼儿作品正面的评价，不要用"像不像"作为评判幼儿作品的准绳，而是要让幼儿更多地体验成功，给予幼儿继续创造的力量，尝试启发幼儿自己去观察、探究，培养幼儿的感知能力、思维能力，培养创造意识，促进幼儿个性发展。

（2）亲子美术活动中有助于建立和谐的亲子关系　绘画是一种无声的语言，是幼儿表达自身情感与情绪的媒介，家长通过观察幼儿的绘画可以了解孩子的内心世界。在心理学课程中，专门有一门幼儿绘画心理学，主要有两个研究方向，一个是以幼儿绘画的认知缺陷观为代表，将幼儿画视为幼儿不成熟的世界观念的展现，认为幼儿画是一种图形表达，可以给研究者提供幼儿心理的"输出资料"。另一个方向则强调幼儿绘画的投射意义，认为幼儿画是幼儿情绪的镜子。我们可以从中发现，无论哪个方向的研究都认为绘画反映了幼儿的情感，是幼儿自我特征的体现，家长通过幼儿的绘画可以更加深入地了解幼儿心理，完善亲子关系。另外，在活动中家长通过参与活动和幼儿一起解决遇到的问题，共同完成任务目标，从而促进亲子关系的和谐发展。

（3）通过亲子美术活动促进家园合作　幼儿教育是个系统工程，需要幼儿园、家庭、社会保持一致的教育目标，多方共同努力才能取得理想的效果。亲子美术活动中，通过家长课堂、主题互动、亲子画展等多种活动形式，在家园之间架起一座沟通的桥梁。这使教师对工作有更深刻的理解，使家长在活动中理解幼儿园的工作，从而形成教育合力，为幼儿构建起健康的成长环境。

### 3. 幼儿园亲子美术活动的分类

幼儿园亲子美术活动的分类，按照活动的地点、内容、幼儿年龄等可以有不同的分法。例如：

按照活动地点不同，可以分为：

（1）幼儿园活动美术区域亲子活动　将幼儿园美术区域活动与亲子活动相结合，在活动中积极引导家长参与活动准备。可以利用家中生活化的素材与美术区域投放的工具材料共同完成亲子美术活动。比如，环保主题亲子活动，可以在家中带来废旧的塑料瓶，包装盒等等，这样活动中更容易激发幼儿的生活经验和生活情感，结合生活实际创作自己的作品。

（2）幼儿园综合活动区域亲子美术活动　幼儿对外界环境充满好奇心，在幼儿园可以打造不同的活动区域开展主题活动，在主题活动中结合亲子美术活动展开。比如：绘本区的亲子美术活动中，家长可以和幼儿共同阅读，在阅读中尽量模仿角色的语气，把抽象的东西具体化，幼儿在家长的声音中可以加深对绘本内容的理解，提高创作绘画的兴趣和愿望。

（3）户外自然环境中的亲子美术活动　现代社会中，尤其是在城市长大的幼儿在享受现代社会带来的舒适的同时，与大自然接触的机会越来越少，很多国家把自然教育作为学前教育优先发展的领域。比如美国的 Spark 教育课程鼓励 3～7 岁幼儿及他们的家庭参与自然学习，德国出现"林间幼儿园"，我国《指南》中也强调让幼儿接触自然。亲子美术活动可以在大自然优美轻松的环境中开展，有助于营造和谐的亲子气氛，能更好地释放幼儿的艺术天性，挖掘他们的潜能。

（4）公共场馆的亲子美术活动　幼儿园可以利用一些地方公共场馆开展亲子美术活动，比如博物馆、科技馆、图书馆等。伴随知识经济时代的来临和终身教育的倡导，幼儿教育的场所不仅仅局限于幼儿园。大量的公共资源介入，为幼儿创造了愉快的学习氛围，提供了更广阔的视野。在这样的亲子美术活动中，有利于调动幼儿无意识的潜能，激发学习的兴趣。同时，家长在活动中更容易从单方面关注幼儿课堂效果，转换到与幼儿共同学习，协作者的角色。

幼儿园亲子美术活动按幼儿年龄划分，可以分成：

① 2～3 岁幼儿亲子美术活动。2～3 岁幼儿年龄较小，感知经验少，小手肌肉也不完善。这个阶段的亲子美术活动要顺应幼儿的发展，保证身心健康，重在审美情趣、认知能力的培养，构建和谐的亲子关系。

② 3～4 岁幼儿亲子美术活动。小班处于"涂鸦期"，年龄小，能力较弱。在亲子美术活动中要争取家长的理解和支持，鼓励家长正确指导幼儿开展绘画活动，不要过于干扰幼儿绘画。

③ 4～5 岁幼儿亲子美术活动。中班的幼儿有一定的经验，可以表现一些线条和平面

图形，表达自己的想法。这阶段的亲子美术活动中，教师和家长要尊重幼儿的意愿，活动中提供丰富的材料鼓励幼儿大胆表达。

④ 5～6 岁幼儿亲子美术活动。大班幼儿思维活跃，有一定的认识基础，善于学习。这阶段亲子美术活动中要建立一个平等、自由、和谐的环境，父母和幼儿之间可以充分地交流、协作，这样有利于艺术潜能的调动，激发幼儿的兴趣。

### 4. 幼儿园亲子美术活动的特点

（1）亲子美术活动的游戏性　《纲要》中指出"玩是孩子的天性，要发现、保护和引导幼儿固有的天性"。实际生活中，家长往往认为游戏就是玩，更有重智育、轻游戏的倾向。喜欢游戏是幼儿的天性，在亲子活动中应充分满足幼儿对游戏的美术需求，建立一种互动、信任和交流的方式，使幼儿能够大胆地进行想象、自由创造，使家长和教师充分沟通和交流，促进幼儿健康成长。

（2）亲子美术活动有助于幼儿艺术潜力的激发　亲子活动具有许多特殊的意义，它有助于孩子增长见识、拓宽视野，要比孩子在伙伴活动或单独活动中学到的东西多得多。父母重视孩子的活动并参与其中，有助于孩子的创造力的发展。亲子活动中，家长的参与和鼓励让幼儿更容易表达自己的想法，流露内心的情感。

（3）亲子美术活动的多元互动性　在美术活动中，幼儿、教师、家长之间要通过彼此积极地交流、互动、协作，达成活动目标，在多元互动中增进彼此的情感，促进幼儿健康发展。

（4）亲子美术教育活动价值的延展性　一次幼儿园亲子美术活动的结束，并不代表活动意义的终结，实际上，可能一次亲子美术活动的结束恰恰是一种新的开始。比如，可以将活动中的作品作为礼物送给亲朋好友表达心意，促进社会交往能力的发展；可以把活动交流评价中遇到的某个问题带回家思考，通过与家人共同商讨，继续进行进一步的创作，将亲子活动延伸到家庭中开展，让家长进一步提高亲子质量；家长可以和幼儿一起通过互联网平台、图书馆阅读等方式，探索新方法、新材料，解决活动中产生的问题，促进幼儿全面、和谐且富有个性地发展。

### 5. 亲子美术活动中常见问题及其解决办法

（1）在亲子美术活动中，家长的分工任务不明确　活动中家长和孩子缺少交流，没有合作，家长要么成为活动中的旁观者，表现为默不作声，主要负责帮助孩子拿工具、填涂颜色；要么成为活动中的主宰，替代幼儿完成活动内容，指挥幼儿去完成活动环节，家长和幼儿之间没有形成良好的互动。家长没有在活动中找到自己的位置，幼儿也没得到相应的锻炼和发展。

解决方法：

引导家长和幼儿共同积累的相关经验，亲子美术教育活动，需要把孩子和家长的生活、情感、技能以及幼儿在美术以外其他领域的学习经验，都很好地关联、整合到一起。在实际亲子美术活动中，我们会经常发现大人和孩子之间没有很好的配合。造成这个现象的重要原因之一是：家长和孩子在活动前期缺少共同的情感体验，没有共同的知识经验做支撑。这就需要教师在活动前做好相应的准备，内容选择要照顾到家长和孩子的水平，要有家长发展的空间，也要有孩子发展的空间。教师在设计活动内容的难易程度时，充分考虑到家长和孩子合作的可能。活动内容难度有一定弹性梯度，家长和孩子才有合作的兴趣，否则幼儿都能自己完成，根本不需要家长参与，家长就成了旁观者。难度过大，家长必然会包办替代幼儿充当主要角色，这样也就失去了亲子活动的意义。所以我们要意识到亲子活动的目的不仅是完成活动，而且是通过在亲子美术活动中创造出很多家长和孩子接触的机会，共同探索美育世界，一起去感受生活中的美，一起去发现艺术世界的美，一起去探究如何更好地表现所认知的美，一起去寻找活动需要的材料，一起创作艺术作品，完成审美体验，这样才是亲子美术的真正乐趣。

（2）在亲子美术活动中，家长的固有思维与幼儿园的美术教育理念有一定差距　现实生活中，幼儿家长的审美认知及育儿经验受各自学习经历、生活环境影响差异很大。在活动中，家长不能正确地认识幼儿现阶段的行为表现特点，难以给幼儿积极的指导和协助，无法对幼儿的作品进行积极性评价。

解决方法：

通过家长课堂等多种形式，营造交流平台，引导家长更新教育观念。亲子美术活动中，教师、家长、孩子是多元互动的共同体。在以往的认知中，常常强调幼儿是受教育的主体，在亲子活动中更注重美术活动的人文性和愉悦性，并不过分去强调谁是教育者，谁是受教育者。因为活动的主要参与者都有可能成为教育者和受教育者。在活动的过程中，我们就会发现，其实幼儿的表现常常会启发教师进一步思考活动的问题；幼儿在幼儿园学到的表现技法可能比部分家长还要丰富，许多工具材料家长不清楚它的使用技巧，而幼儿都能当家长的老师；在活动中幼儿凭直觉思维所创作出的线条组合、色彩搭配，往往会让家长和教师感到惊艳。

在活动展示交流环节，教师要引导家长和幼儿对作品的人文价值、视觉效果做出评价。例如，在特色粘贴画活动中，以每个家庭为单位来介绍自己的粘贴画作品，可以讲解自己粘贴画作品名字的意义，分享在粘贴创作过程中幼儿和爸爸妈妈遇到的问题及解决的方法等。粘贴时使用了什么样的废旧材料，这些废旧物品是怎样产生的，我们应该怎样保护环境，养成勤俭节约的好习惯。这样，每一幅作品都因为有了幼儿和家长所赋予的情感和思考，变得有灵性、有思想、有感情，作品也就生动起来了。教师再从作品的视觉性和实践性方面来引导幼儿、家长从色彩、线条、构图、材料使用等方面进行适当交流，老师也可以表达自己的想法和建议。通过这样的评价交流，使幼儿和家长共同获得有益的知识技能，感受亲子美术活动所带来的情感体验。

（3）亲子美术活动中教师设计的活动主题和幼儿及家长的兴趣认知相差较大

解决办法：

教师在活动主题设计时，首选来自家庭生活的内容。比如，环保服装设计主题活动、美食创意大比拼活动等，最好是现阶段家长和孩子都熟悉且感兴趣的内容，这样更容易引起共鸣。这不仅为幼儿和家长提供了交流的机会，满足了他们感受美、发现美、了解美、探索美的欲望，也为孩子在亲子美术教育活动中更好地表达自己的情感愿望奠定了良好的基础。教师要利用各种方式，调动幼儿和家长的情感体验，比如根据要进行的活动内容设置相关的活动场景，通过环境的布置、张贴海报、灯光音乐等多渠道的安排，让幼儿和家长感受美，从而激发兴趣。例如春节主题场景，播放新年喜庆的音乐，展示春节活动相关的图片、物品，分享之前相关的作品，最好是家长和孩子共同参与完成的作品，如手绘年画、春联、福字，制作的生肖手工等。设计针对新年的问题，比如猜灯谜、制作花灯等。在与幼儿和家长的互动中，围绕新年活动目标准确地抓住困惑点和矛盾点，抛出花灯制作问题让幼儿和家长思考，启发幼儿和家长利用已有的美术知识和经验来解决问题。在进行新年主题活动时，特别强调教师在活动引导时，要注重幼儿和家长之间的交流。

（4）亲子美术活动中投放材料不当，影响亲子活动的效果　在实际活动中，亲子活动的材料准备是非常重要的环节。在活动区域投放种类丰富的材料，才能给幼儿和家长提供想象创造的空间，保证活动顺利进行。

解决办法：

一方面，部分材料的问题可以通过家长资源提前准备，比如生活中的废旧物、谷物等。另一方面，在幼儿园日常美术活动中，幼儿会接触大量材料，可能很多材料幼儿知道而家长并不熟悉。因此，恰当地投放材料可以使活动更加有互动性。比如，投放幼儿比较熟悉而家长不熟悉的材料，给幼儿一次当小老师的机会，促进家长和幼儿的互动。在活动前，教师要充分考虑参与的人数、需要的材料品类，在活动中投放丰富的材料。材料丰富往往意味着活动中家长和幼儿有丰富的表现手法。在材料利用上，教师可以引导家长和幼儿发挥想象，做足材料的文章，给幼儿和家长无限想象和创造的空间，真正发挥亲子活动合作互动的特点。

## 案例分析

材料：

在一次家长开放日活动中，老师举行了"全家福"的手工活动，全班的小朋友都兴致昂扬，期待着和爸爸妈妈一起制作全家福，只有明明独自一人和妈妈坐在角落中闷闷不乐。老师询问原因后得知，原来明明的爸爸以工作繁忙为由不来参加家长开放日的活动了。

分析：

通过上述案例可以发现，幼儿园亲子活动举办的首要问题就是家长的参与问题。家长若是缺席不来，亲子活动也就失去了意义。因此，教师在进行亲子美术活动之前，首先要做好家长动员工作，确保亲子美术活动的顺利开展。

## 拓展训练

材料：图6-2为大班幼儿在美术亲子活动中设计的个人名片。

图6-2　个人名片

训练要求：请以设计个人名片为主题，设计一场中班幼儿美术亲子活动。

# 第二节
# 2~3岁亲子美术活动

## 案例导入

材料：

幼儿园欲举行亲子美术活动，活动对象为2~3岁托班幼儿与幼儿家长。现美工区有活动材料如下：不同颜色的格子布若干、白色衣服作业纸、手套作业纸、围巾作业纸、裙子作业纸、裤子作业纸若干张、水彩画笔及油画棒若干。

要求：

请依据美工区现有材料与亲子活动主题，设计2~3岁亲子美术活动的三维活动目标，活动名称为《妈妈的格子衣》。在设计活动目标时，请仔细思考幼儿生长发展的生理特点与活动方式，以及亲子关系的促进等问题。

## 知识讲解与案例分析

## 一、探索0~3岁幼儿美术教育活动的特点

### （一）0~3岁幼儿活动特点

0~3岁是人的一生中发展最复杂的一个时期，俗话说"三岁之貌，百岁之才"，三岁之前是幼儿心智发展的黄金时期。这一时期幼儿有哪些特点呢？

#### 1.发展的主动性，强烈的生存意识

幼儿从出生就具备有主动生长的内在力量和对生存发展有利的行为。蒙台梭利认为人从出生那一刻起就具备自我发展的积极力量，幼儿这种与生俱来的"潜在生命力"是一种积极的发展存在，教育的任务是激发和促进幼儿的潜能发展。幼儿智慧的开端始于六种感觉：视、听、嗅、触、尝、操作。视觉：看，手眼配合。听觉：听，触及中枢，反应行动。味觉：尝，酸甜苦辣。触觉：触摸，越丰富越好。操作：好奇和好动的孩子喜欢探索，喜欢动手，在不同的活动中享受快乐，在不同的操作中感受到满足，能力得到提高，情绪就能得到满足，智慧就能得到发展，尤其是创造力得到极大发展。孩子在一生中的最初几年获得的经验丰富与否，在很大程度上影响着大脑的发育，早期教育越丰富，大脑的效率越高，其获得的每一份经验都会强化大脑的神经细胞，成为永久的记忆。

#### 2.发展的有序性和阶段性

幼儿发展极为有序，以运动领域来说：遵循抬头—翻身—坐—爬—站—走—跑—跳的顺序，幼儿从出生开始就一步一步地有序完成。

感觉运动阶段（0~2岁）；

反射练习（0~1个月）；

动作重复（1～4个月）；

偶然的目的（4～8个月）；

目的协调（8～10个月）；

尝试错误反应（10～18个月）。

### 3.0～3岁的敏感期及其特征

（1）外在的秩序感（场所、顺序、拥有物、习惯、约定）；

（2）内在的循序感；

（3）精神大额秩序感（秩序破坏、精神不逊、发脾气）；

（4）语言的敏感期（听、表达、语言、词、句子）；

（5）朝向独立的敏感期（独立、自主）；

（6）感觉器官的敏感期（视听嗅、味、触）；

（7）肌肉运动协调发展的敏感期（走、爬）；

（8）社会化发展的敏感期。

在这个时期，孩子最易接受环境和教育的影响，进而发展其智力和能力。

## （二）0～3岁幼儿美术活动的萌芽

近年来，早期教育越来越受到重视，也有越来越多的人关注早期美术启蒙教育。0～3岁期间按照幼儿美育相关能力的发展，我们粗略地分成两个阶段：0～2岁和2～3岁。

我们知道婴儿从出生开始，通过视觉、听觉、感知等多渠道的刺激形成初步的记忆。生活中我们发现婴儿在一个月后对身边的亲人已经有辨识的能力，7～8个月大的婴儿可以指认一些图片，9个月左右大的婴儿开始喜欢听父母讲解图片的情节，到了一周岁左右幼儿能够识别简单的图形，认识颜色，可以进行简单的形状大小的分类，甚至可以欣喜地看到他们握笔画出一些点点和线条涂鸦，而这些正是幼儿自发地开启自己的美术之旅。作为家长是幼儿的第一个老师，在这个阶段发挥着重要作用，可以为幼儿提供更多方式，创造感知体验的机会，通过对形状和颜色的感知，促进幼儿手、脑、眼、体的协调性。

2岁以后幼儿开始进入"涂鸦期"，幼儿在绘画的过程中视觉、触觉、力量、思维、情感、智力等都得到了发展。这一阶段幼儿的美术活动是以游戏的形式呈现出来的，幼儿在游戏中学会手脑配合、手眼协调，在游戏中感知色彩，感受图形，满足情绪上的愉悦。幼儿前期的体验为接下来的美术活动奠定了基础，早期的美术教育对幼儿多元智能的发展具有重大的意义（图6-3）。

图6-3　幼儿涂鸦（一）

## 📚 案例分析

材料：

【活动目标】

（1）通过亲子活动，引导幼儿养成耐心细致的操作习惯，感受和爸妈一起做手工的乐趣，增进亲子感情。

（2）幼儿的创新思维初步得到发展。

（3）幼儿初步掌握粘贴、折剪的基本技能，发展小手协调能力。

【活动流程】

一、教师交代亲子手工活动意图

引导幼儿学习基本的粘贴技能，发展幼儿动手能力和小手协调运作能力，在亲子合作中粘贴和表演活动中增进感情。

二、讲解制作方法，进行制作

（1）展示纸箱的多种变化（镂空小车、小孩、大嘴巴……），开拓家长及幼儿的思路。

（2）家长与幼儿进行创新制作。

三、手工完成并简单地渗透环保知识

将制作的作品进行户外展示、欣赏，再次感受废旧物品的可重复利用及亲自制作带来的快乐。

【活动反思】

在这次活动中，家长都非常积极地参与，也都提前做了准备，所以整个活动进行得非常顺利。但是在活动题材的选择上没有考虑幼儿能力的发展水平，导致整个活动基本上都是家长在制作，孩子参与得比较少。

值得提出的是，在活动结束后家长们都配合老师，带领着孩子自觉地将撕剪下来的材料打扫干净，潜移默化地培养了孩子讲卫生、爱护环境的好习惯。

分析：

亲子互动思路：处在入园预备阶段的低龄幼儿，非常喜欢友伴人数相对较少的、家长陪伴式的游戏。这归因于低龄幼儿朴素的探索需求和具象的情感需要。这一时期，教师为幼儿设置的游戏要体现家幼的"衔接性"。因此，从幼儿入园前暑期开始，就可以安排组织亲园游艺活动，旨在通过亲子互动类游戏的开展，让幼儿逐步熟悉班级环境，淡化与家长的分离焦虑，初步消除幼儿对幼儿园人、事、物的陌生感。

# 二、2~3岁亲子美术教育活动设计

## （一）2~3岁幼儿美术活动的特点

法国启蒙思想家卢梭认为，在幼儿2岁起通过绘画能训练幼儿观察的敏锐性和触觉的真实性，这是幼儿智育的前提。2岁以后幼儿开始进入"涂鸦期"，虽然小手的肌肉群还不够完善，但是幼儿已经开始主动观察身边的事物，并且形成记忆，用简单的线条尝试表达。最初我们看到的线条是清淡、凌乱、无序的，正是这些杂乱无章的线条给幼儿打开了艺术之门。幼儿在手臂反复运动与出现的长长短短的线条之间发现了自己动作与线条痕迹的关系，这种关联是幼儿一种新的探索，让他们感到无比激动和愉悦。这一时期幼儿用他们能接触到的任何工具，如蜡笔、树枝，不分地点地涂涂画画，生活中我们看到很多幼儿的家里此时墙壁上满是幼儿的涂鸦了。涂鸦后期，我们惊喜地发现，杂乱的线条变成了许多不规则的圆形。在幼儿的世界里圆形可以包罗万象，圆形可以是一只小猫、一朵鲜花，也可以是妈妈或是爸爸。这一时期，幼儿常常一边画一边说，这是幼儿对自己的画做出的注释。他们不是想什么画什么，而是画什么想什么。这时幼儿的画还不能被看作真正的绘画，但是对幼儿来说又是一次巨大的进步，幼儿把自己的动作和想象结合在一起，促进了思维的发展。作为绘画的初期，幼儿在涂鸦过程中所获得的经验与今后的绘画造型表现有着紧密的联系（图6-4）。

图6-4　幼儿涂鸦（二）

2～3岁的幼儿手工活动仅仅只是游戏的一部分，还没有形成自己对手工制作的想法。但是在这个阶段，幼儿往往会对很多材料感兴趣。比如纸张，幼儿最擅长做的动作就是撕纸、团纸团，反复重复动作，乐此不疲。再比如对泥的渴望，不论是户外的黄泥，还是手工的橡皮泥，幼儿在抓、握、掰成小块等动作的过程中锻炼了手部肌肉动作。幼儿在游戏中了解各种材料的特征，也为未来的美术教育活动奠定了基础。

## （二）2～3岁亲子美术教育活动的特点

罗丹说："世上不缺少美，而是缺少发现美的眼睛。"早期美术教育目的不是美术技能的学习，而是在尊重生命规律的基础上，让幼儿的身心更加和谐健康地发展，让幼儿在涂鸦中得到审美的最初体验，养成一双发现美的眼睛。

相对于3～6岁阶段幼儿美术教育活动，在2～3岁年龄的早期美术教育活动具有如下特点：

### 1.美术能够启发孩子的智慧

2～3岁幼儿美术的启蒙教育不是美术技法的学习，而是幼儿的视觉体验和感官经验的积累。这个时期的婴幼儿常常是五个手指头抓着笔（如粉笔、蜡笔等较粗易抓住的笔）在纸上乱涂乱画些杂乱的线条，属于无目的地乱画，这是缺少视觉控制的肌肉运动，无明确的作画意图。幼儿在涂鸦后期，出现简单的目的，但不能成形，不注意色彩变化，常常使用单色笔，偶尔换另一种颜色笔涂画。亲子活动过程中既能利用和发挥孩子现有的能力，又能够引导和发展他们新的能力。

### 2. 亲子活动具有多样性

游戏是美育活动的主要形式，对于幼儿来说，涂鸦本身就是一种游戏的过程。手工活动主要以玩为主，活动中满足幼儿随时画线、撕纸、玩泥的愿望。

### 3. 在2～3岁亲子美术教育环境中创设

适宜使用较为单纯的抽象色块，用色彩和形状带来感官体验，影响幼儿的心理体验。

### 4. 亲子美术活动

通过活动环节，使亲子双方都获得乐趣。在亲子活动中既让孩子体会到创造和成功的欢乐，也让家长体会到参与交流的幸福，亲子双方平等参与。美术教育的亲子活动不是上课，家长不能居高临下对孩子指手画脚、包办代替，而应当是活动的平等参与者，在活动中随时随地在各个环节与孩子进行沟通交流。

### 5. 亲子活动的延续性

家长在活动中学习的美术教育理念具有延展性。不应将亲子活动局限于某些特殊的活动，对于2～3岁的幼儿，更多的时间是在家长的陪伴之中，亲子美术活动的影响可以延伸到家庭中的亲子沟通交流，拓展美术教育的广度和深度，促进孩子的多样性发展。

## （三）2～3岁亲子美术教育活动的意义

### 1. 有利于增进家长和孩子之间的情感交流

感情由交流堆积而成，任何一种感情的升华都有赖于交流。血浓于水，亲子之情虽是与生俱来，但由于现代社会竞争的日趋激烈，年轻的父母大多把大部分精力都用在工作及不断学习、提高上，与孩子共同游戏的时间明显减少。通过在亲子美术活动中，家长与幼儿共同参与游戏活动，增进彼此间的情感交流。

### 2. 家庭是幼儿成长的第一站，家长是幼儿第一个艺术启蒙的老师

对于2～3岁幼儿来说，家是幼儿具有安全感、充满爱心的港湾，但是我们无法忽视家长的教育理念参差不齐，尤其对美术教育方面的教育理念差异也比较大。通过参与多种形式的亲子美术教育活动，家长在亲子活动中学习美术教育的方法，更新美术教育观念。作为亲子活动的主体之一，家长既是幼儿美术教育的施教者，也是学习者。

### 3. 有利于幼儿身心的健康成长

现代健康理念已将健康的概念拓宽到生理、心理及社会适应能力三方面。亲子美术活动寓教于乐，将美术知识融入游戏中，同时开发孩子的智力，提高其动手能力、反应力、创造力，使孩子能在德、智、体、美、劳各方面得到全面发展。

### 4. 有利于激发孩子的内在潜能

幼儿美术教育的核心意义之一是开发幼儿智力，培养幼儿的创造能力和思维能力。对于2～3岁的幼儿，美术教育不是色彩造型的技法能力训练，而是幼儿在游戏活动中的艺术体验。美术能力的提高也标志着幼儿智力的发展，亲子美术教育活动中有家长的参与，幼儿比较容易全身心地投入到活动中来。2～3岁的幼儿在活动中需要足够的安全感，希望自己是亲人视线的焦点。父母鼓励的目光是幼儿不断进取的动力，往往能激发他们的内

在潜能。

## （四）2~3岁亲子美术教育活动目标

2~3岁幼儿亲子美术教育活动是幼儿教育领域中重要的组成部分，是促进幼儿积极情绪情感和学习体验目标的主要时期。

### 1. 通过亲子美术教育活动，培养幼儿的学习兴趣

著名心理学家皮亚杰在《教育科学与幼儿心理》一书中指出，所有智力方面的工作，都依赖于兴趣。2~3岁幼儿活动以游戏为主要形式，幼儿在亲子游戏中感受艺术活动的无限乐趣。

### 2. 通过亲子美术教育活动，培养幼儿的形象思维能力

涂鸦期的幼儿，笔下的涂涂抹抹是其内心多姿多彩世界的精彩呈现。在亲子活动中，家长和老师要通过活动予以恰当的引导，发现幼儿所画的杂乱无章的线条或是小手揉捏的不规则泥团中所隐藏的形象，引导幼儿将所涂抹勾画的线条、不规则的橡皮泥团块、撕开的纸条等与生活中的事物建立联系。鼓励幼儿增强自信心，家长和教师多和幼儿交流，多听多问，在游戏中逐步发展幼儿的形象思维能力。

### 3. 通过亲子美术教育活动，让幼儿感受丰富的材料

让幼儿通过操作对多种工具材料形成感受和认知。在活动中以玩为主，为幼儿提供多种多样的玩具、材料，特别是非专业化的玩具材料，如纸张、积木、积塑、沙土等。各种各样的直观材料、玩具是帮助幼儿探索知识、发现知识、主动发现的工具。爱因斯坦认为想象力比知识更重要，因为知识是有限的，而想象力概括世界的一切，推动进步，并且是知识进化的源泉。没有想象力，一切发明创造将失去动力。幼儿在动手操作中由机械变为积极主动，按照幼儿自身的发展阶段的速度循序渐进，手工操作更能发展幼儿的发散思维，体验成功感。

### 4. 通过亲子美术教育活动，开发幼儿智力，激发想象能力

帮助幼儿感受绘画的乐趣，为幼儿由涂鸦期过渡到象征期做准备。根据涂鸦期幼儿的行为特点，通过添画的活动内容，运用启发性提问的方式，把幼儿熟悉的内容和涂鸦的圆形、点线，尽可能地建立连接，如一个圆，添加两个点，可能是饼干，也可能是小猫。引导幼儿清晰地用语言描述自己的绘画作品，通过亲子美术活动使幼儿感受到美术教育中的绘画、手工是件快乐的事情，使幼儿愿意去探索。在活动中培养幼儿的学习兴趣，对幼儿的未来有着至关重要的作用。

### 5. 通过亲子美术教育活动，认识颜色

在活动中教师为幼儿提供色彩鲜艳而温暖的色彩，如粉、蓝、绿、红等以及大块的涂鸦场地，便于幼儿涂抹和操作工具。涂抹出来的颜色是比较鲜艳和温暖的，冲击着幼儿的视觉，也能够缓解幼儿的焦虑情绪。正如美国学者斯蒂尔所说，"在这个过程中，幼儿会感到他从自己的恐惧中走了出来。这是一个内部控制感和能力更新的过程。只要对幼儿画表现出好奇和探究，就能使幼儿消除可怕的感觉，并用积极愉快的记忆替换那些可怕的记忆"。

### 6. 建立和谐的亲子关系，构筑良好的家园关系

为衔接3～6岁幼儿园阶段的发展做准备。通过组织丰富多彩的亲子美术教育活动，如讲故事、做游戏等方式，激发幼儿主动探索的积极性。教师和家长要善于发现幼儿的创造萌芽，热情地给予鼓励、赞扬。家长在活动中应积极和教师沟通，学习完善育儿理念，在活动中建立和谐亲子关系，促进家园共育，为幼儿顺利过渡到幼儿园小班阶段做准备。

## （五）2～3岁亲子美术教育活动具体内容

### 1. 满足幼儿情感需求，使用油画棒等工具快乐涂鸦

亲子游戏是0～3岁亲子教育活动的基本形式，可以有效地满足婴幼儿的各种需求。幼儿从2～3岁开始进入涂鸦期，涂画本身对幼儿来说就是一种游戏活动，喜欢用笔随意涂抹，画出一些杂乱无章的涂鸦作品。通过观察我们发现，幼儿的涂鸦期绘画活动大致可以经历四个阶段，即杂乱的点线阶段、单线条阶段、不规则圆圈阶段和图像命名阶段。在亲子活动中需要教师充分准备好纸、笔等活动材料，满足幼儿自身发展需求，满足幼儿涂鸦的需要。比如，在彩色的泡泡亲子美术活动中，幼儿可以先体验玩吹泡泡，感受泡泡的世界，是多彩的大小不一的圆形世界，然后鼓励幼儿用画笔去表达自己的生活体验，满足幼儿的绘画欲望。同时家长需要与幼儿不断沟通，引导幼儿用语言表达所画的线条、圆圈，还可以为这些内容取名字——泡泡爸爸、泡泡宝宝等。家长可以在亲子活动中了解幼儿的思想过程，幼儿体验在涂画过程中的快乐情绪。

### 2. 提供多种美育手工材料，使幼儿体验操作乐趣

在亲子美术教育活动中，教师可以提供充足的材料，比如，纸（卫生纸、面巾纸或其他比较柔软的纸张）、泥（橡皮泥、超轻黏土等）、布条、棉签等，幼儿在活动中通过撕纸、团纸团、捏泥团、掰泥块等动作，了解不同材料的性质，形成自己的感知经验记忆。当然，所有的材料都是经过处理的无害、无毒的自然物品和安全的专业手工制品。2～3岁幼儿思维属于直觉行动性，对自己活动的控制性不足，小手肌肉发展也不完善。亲子美术活动为幼儿提供了丰富有趣的材料，使幼儿体验手工的过程就是游戏的过程，充满乐趣，同时在活动中发展手部肌肉，锻炼了手的灵活性（如图6-5所示）。

图6-5 撕纸

### 3. 引导幼儿感受色彩的魅力

首先在亲子美育活动中，创设舒适的色彩环境。色彩具有辐射力量和暗示功能，如红色令人兴奋，蓝色令人沉静。2～3岁亲子活动室内环境的色彩适合选择一些温暖的颜色作为主色调，可以选择一些纯色为主、颜色鲜艳的工具材料，比

较容易吸引幼儿的活动兴趣。在活动中选择适宜的色彩工具，比如油画棒、海绵、手指画颜色等尽情地涂抹，感受色彩的游戏是多么绚丽缤纷。在亲子活动中，也可以走入大自然，有意识地引导幼儿去发现大自然的丰富色彩，春天的新绿，夏天的姹紫嫣红，秋天的落叶金黄，冬季的洁白，启发幼儿去观察大自然，感受大自然的色彩瑰丽和神奇，引发幼儿对色彩的探知欲望。

### 4. 引导幼儿欣赏体验艺术之美

教育是一个互动的整体。2～3岁幼儿美术教育并不是技能的美术训练，对于2～3岁的幼儿来说美术教育主要是促进幼儿健康发展，促进他们全面发展的重要过程。通过美术启蒙使幼儿能获得审美的直觉体验，培养艺术思维、美感直觉和观察能力以及创新意识。2～3岁幼儿的美术作品是幼儿情感体验的重要体现，在亲子活动中家长和教师通过语言沟通，了解幼儿的作品，理解幼儿作品中的思维过程。幼儿在未来的学习生活中，教师和家长帮助幼儿将获得的美术素养迁移到生活中，培养幼儿参与美术活动的兴趣，提高幼儿的素质。

## 📚 案例分析

*亲子活动主题：绘画启蒙*

*材料：*

*在易于清洗的平台上铺上一张画纸，在纸张旁边准备好绘画材料，包括画笔、剪裁好的各种形状的海绵块、无毒颜料若干盘。父母给幼儿示范如何使用海绵蘸取颜料在纸上作画，然后让幼儿按照自己的想法在画纸上自由创作。*

*分析：*

*幼儿开始认识到他能够创造东西，让他画任何他想画的东西，帮助幼儿自信地表达自己。将日常用品变成艺术工具，既锻炼了幼儿小动作的控制能力和手眼协调能力，也发展了创造力。*

# 三、2～3岁亲子美术教育活动指导

现实生活中，2～3岁幼儿的美术作品，往往是最容易被忽略的，在幼儿的语言没有与自己的思维相匹配的情况下，涂鸦是幼儿表达自己想法的最好的途径，这一时期画面是无序的，是幼儿情感、认知、心理、经验等方面的积累。家长作为幼儿的第一任教师，在早期教育中的责任重大，随着知识经济时代的发展，人们越来越认识到早期美术教育的重要性。在早期美术教育中作为亲子活动的参与者，家长处于怎样的角色？幼儿如何获得更多的发展？教师又面临什么问题呢？

## （一）2～3岁亲子美术教育活动现状分析

由于我国婴幼儿早期教育起步较晚，美术早期教育的方式比较模糊。在现实生活中，由各种早教机构、活动中心开展这一阶段的亲子美术活动，亲子美术活动并没有形成一个完备的教育体系，下面就当前的情况予以分析：

### 1. 受传统教育影响，教师对幼儿早教美术教育把握不准

3～6岁幼儿园阶段美术教育可操作性比较强，部分教师的教学观落后于当代幼儿早

教的发展。教师受传统3～6岁幼儿教育的教学观影响较大，不能准确地把握2～3岁幼儿早教中美术教育的指导本质、目的和任务，不能系统地设计这一阶段的幼儿早教的亲子活动美术课程，更不能轻松、准确地驾驭亲子活动的过程，甚至无法解读幼儿在活动中呈现的问题。

### 2. 教师对幼儿年龄特点把握不准确，对家长指导不足

幼儿在活动中被动"配合"教师的指导，忽视了自主探索感知的过程。家长包办代替完成活动的任务，幼儿没有形成积极主动的学习兴趣。

### 3. 家长在亲子美术教育中有着不可替代的作用

在现实中，我们发现家长对幼儿的教育态度参差不齐，首先从教育观念上，活动时存在对幼儿现阶段特点了解不足，不能正确看待幼儿的行为，不能够给幼儿恰当的指导。在活动时家长参与的主动性不足。

### 4. 2～3岁亲子美术活动的环境布置缺乏特色

在实际活动中，美术教育和其他亲子活动密不可分，导致活动中环境布置装饰特征不鲜明，幼儿活动作品不方便进行后期的展示。

### 5. 亲子美术活动的开展时间频率不固定

有平均每周一次的活动，也有每月一次的活动。每个机构的亲子活动开展的时间长短不一，单次活动没有固定的时间长度标准。

## （二）2～3岁亲子美术教育活动指导策略

《纲要》指出："家庭是幼儿园重要的合作伙伴。应本着尊重、平等、合作的原则，争取家长的理解、支持和主动参与，并支持、帮助家长提高教育能力。"2～3岁幼儿亲子美术活动是幼儿早期美术教育中重要的一部分，通过亲子活动发挥父母对幼儿的美术教育指导功能，建立和谐的亲子感情。同时通过家园互动，整合多种教育资源，为幼儿进入幼儿园做准备。

### 1. 调动家长参与亲子美术活动的积极性

2～3岁龄亲子美术活动中，家长的作用不可替代，家长的教育观念和行为，是否与早教园的教育观念达成一致，直接影响着幼儿的身心发展。在亲子活动中，让家长放下所有的繁杂事务，陪伴幼儿体验亲子时光，一起享受美术活动中的涂涂抹抹、手作之美，和幼儿一起交流，改变教育观念，对幼儿的成长有着重要的促进作用。在开展美术活动前，可以召开家长会议向家长说明活动内容、意义和作用，讲解活动中需要家长配合的具体事项，也可以根据活动方案与家长共享资源，比如有特殊专长的家长，可以参与活动的准备。在活动中，要利用各种方式调动家长的审美感受，比如展示幼儿和家长共同完成的作品；设计有针对性行动问题，让家长和幼儿共同解决，营造家长和幼儿共同表达的活动空间。

### 2. 亲子美术活动设计的主题贴近幼儿生活，鼓励幼儿与父母共同参与

首先创设良好的活动环境，根据主题要求设置相关的活动场景，选择2～3岁幼儿比较喜欢的温暖色调布置环境，选用幼儿熟悉的图片或物品装饰活动环境，减少幼儿的焦虑感。设计活动主题符合幼儿现阶段的能力，能调动幼儿的各种感官，在活动中对原有知识

经验进行重新组合与再创造。例如"好饿的小蛇"绘本亲子美术主题活动，指导家长讲、做结合，爸爸妈妈和孩子一起解读，能用手指随着故事情节的展开在画面上移动，幼儿的注意力能追随家长指向。也可以提出一些问题，如"小蛇吃了什么？""这是什么？"等，父母在与孩子交流过程中促进幼儿的语言表达能力。在后面的绘画过程中，幼儿用笔下杂乱的线条，将自己的体验进行加工，呈现出自己的想法，此时家长应该以孩子边画边说为主，注意倾听，发现幼儿笔下隐藏的形象。亲子美术活动在家长"讲述"、幼儿"复述"这样的互动过程中完成，幼儿用涂鸦期特有的符号化画面表达自己的所思所想，使无意绘画转化为有意绘画。

### 3. 亲子美术活动中提供丰富多样的操作材料，幼儿体验成功的感受

2～3 岁的幼儿小手肌肉发育还不完善，自己控制活动能力有限。在活动中提供丰富的材料，能够使幼儿对美术产生兴趣，轻松获得成功的感受。比较常见的材料有记号笔、蜡笔、水粉笔、各色手工纸、白纸、橡皮泥等。还可根据不同主题，教师提供其他辅助材料，如实物拓印用的蔬菜、水果、扭扭棒、纽扣等，丰富的材料使活动的过程变得更有趣。避免在活动中幼儿因把有用的东西撕坏，或是弄脏衣服和地面，遭到家长、老师的批评，受到责备，挫伤幼儿的积极性。幼儿在玩纸、玩泥、玩色的过程中，满足了游戏的愿望，熟悉了画笔的性能，锻炼了手部肌肉的灵活性，体验到了成功的喜悦。

### 4. 设计多样的游戏形式，促进幼儿创造力的发展

2～3 岁幼儿正处在涂鸦期或命名涂鸦期阶段，可以结合这一年龄段幼儿的特点设计多种多样的游戏形式。比如，设计"猜猜看"游戏，教师要注意引导幼儿画出与生活中所熟悉的事物相关的线条或形状，启发家长从幼儿无序的画面里寻找隐藏的形象，多去倾听幼儿的想法，在幼儿画画的时候多听、多问、多看。例如，活动中家长和幼儿一起玩猜图游戏，幼儿在猜的过程中形象思维得到发展，绘画的目的性也加强了。再比如添画游戏，亲子活动中幼儿和家长可以先任意涂鸦，问问幼儿："它像什么？"家长添上一笔、两笔，再问幼儿："变成了什么？"添画游戏帮助幼儿理解图像和物体之间的关系，有助于幼儿由涂鸦期向象征期过渡，也使绘画活动充满了乐趣。这种亲子活动可以培养幼儿的学习兴趣，使幼儿愿意去探索，对幼儿发展思维想象力和创造力有着至关重要的作用。

### 5. 正确把握评价尺度，鼓励幼儿参与活动获得情感上的满足

活动中以表扬为主，多用"宝宝真棒""宝宝画得真好"之类的话鼓励幼儿，激发幼儿的表现欲望。在幼儿涂鸦时，不要干扰或者试图改变幼儿的涂鸦，更不要用成人的"像不像"来评价幼儿的涂鸦。这个阶段的幼儿，父母的鼓励是幼儿认识自己的重要依据。经常受到表扬和激励的孩子，能较好地体验成功的快乐，更容易接纳自我，建立信心。亲子活动过程中评价要贯穿到整个活动中，家长参与评价能够使父母更加了解自己孩子的成长过程。教师根据观察客观地考虑幼儿的生活经验和实际需求，实时与家长进行沟通，介入指导活动的整个过程，特别是面对涂鸦期幼儿的作品时，理解幼儿个性化的表现形式，使用生动恰当的语言多角度地给予鼓励和赞赏。

### 6. 欣赏作品，展示交流

心理学家发现，美术是比语言文字更早被幼儿用以认识事物、表达思想、抒发感情、想象和创造自己世界的一种有效的途径，涂鸦是学龄前幼儿自我表现的一种特别方式。虽

然这种表达技能无法与成人世界接轨，在色彩、造型上有时无法还原真实世界，但却是他们独特视角的反映，是他们童真、童趣和独特个性情感的表达和表现。2～3岁幼儿处在涂鸦期无目的地乱画，无明确的作画意图。涂鸦后期，出现简单的目的，但不能成形，不注意色彩变化，只是满足于手工操作的过程，享受着自主活动的快感，体验手工工具和材料的特性，还没有明确表现的意图。正是这些涂鸦的符号，使幼儿会感到满足，感觉到自己的存在和能力。倘若成人发现了他的作品并给予夸赞，定会激起他更多的创作欲望。因此，在亲子美术活动过程中，欣赏作品、交流展示是不可缺少的环节。活动中可以以家庭为单位分享各自的作品，进行交流。完成的作品也可以作为环境创设的作品摆放到活动区，给幼儿带来美的享受和成功的体验。

## （三）2～3岁亲子美术教育活动案例典型问题及解决方法

下面我们一起看一看，在实际工作中幼儿园（小托班）2～3岁亲子美术教育活动中经常出现的问题及其解决方法。

### 1. 亲子美术活动中，家长处于中心位置，幼儿主体性缺失

（1）典型案例　在亲子美术活动"魔法箱"中，教师拟定教学目标是让幼儿在活动中提高手部肌肉的协调性，提高动手能力水平。在亲子活动指导时要求幼儿和家长共同制作纸箱造型和借助纸箱造型进行表演，增进亲子感情。

（2）诊断分析　幼儿年龄在2～3岁，在这个时期，幼儿喜欢游戏活动，手工制作对于幼儿来说还没有明确的制作想法，只是对手工材料的感知体验阶段。对于涂鸦期的幼儿来说，做什么并不重要，重要的是使自己的手不停地运动。也就是说，幼儿自身并不关心制作的结果，而更关注在做的过程中获得愉悦感。所以案例中教师拟定的教学目标并不适合这个阶段幼儿的特点。如果按照该目标进行活动，会出现家长在活动中包办主导，幼儿参与度低，达不到教师要求，无法实现亲子活动的目标。

（3）解决办法　教师应仔细观察幼儿实际的能力，将活动的具体内容的设计与幼儿日常生活相联系，给予幼儿和家长充分的探索和共同制作的空间。

### 2. 亲子美术活动中，家长与幼儿不能形成良好的协作互动

（1）典型案例　在2～3岁亲子美术活动"糖果多多"中，教师拟定教学目标是培养幼儿练习团纸技能。活动时引导幼儿用彩色纸搓成小圆球，然后放到制作好的糖果罐中，训练幼儿的手眼协调能力。

（2）诊断分析　幼儿的手工目标初步熟悉皱纹纸等手工工具和材料，感受纸的特性，幼儿在活动中掌握动手团圆、搓纸、撕纸等基本技能。团纸是幼儿喜欢的游戏活动。对于2～3岁的幼儿来说，团纸属于基本技能，幼儿自己可以完成活动任务。在活动中家长处于旁观的角色，参与度不高，教师在确定具体活动内容时要面向全体幼儿和家长，从幼儿和家长共同参与的角度出发。

（3）解决办法　教师应仔细观察幼儿实际的能力，将练习目标与幼儿现有能力紧密结合，既要遵循幼儿的发展基本规律，又要给予幼儿差异化的发展探索空间。案例中设计的团纸环节投放到糖果罐，可以调整一下要求，把纸团粘在糖果罐的表面做装饰，完成后以家庭为单位欣赏糖果罐上粘贴的纸团装饰，达到家长和幼儿共同参与、相互配合的

目的。

### 3. 教师对于活动目标不清晰

拟定具体活动内容与幼儿实际的能力差别较大，游戏情境设计不符合根幼儿心智发展的水平。

（1）典型案例　2～3岁亲子美术活动"影子游戏"中，教师拟定教学目标是培养幼儿对动物的喜爱之情，感受光影变化，学习在纸上填涂颜色等技能。教师通过分析以上内容，设计游戏情境，将幼儿对光影感受与游戏融为一体。

（2）诊断分析　在"影子游戏"亲子美术活动中，围绕着光影展开，在游戏情境中，教师引导家长和幼儿做手影游戏投影到墙壁上，引导幼儿观察光和影子的关系，幼儿和家长在彩色纸上画出影子的形状，并要求涂上黑色。这个活动中使幼儿对光影有一定的感知，但是在绘制投影形状的环节完全只能家长主导。幼儿在这个阶段无法准确地控制形象和填涂颜色，这不符合幼儿认知能力范围。亲子活动设计前后环节不够紧密，衔接不流畅。

（3）解决办法　教师应仔细观察幼儿实际心智发展程度，与设计情境紧密结合，遵循幼儿发展基本规律，设计的情境符合现阶段幼儿的兴趣和能力。在这个案例中情境设计重点要在幼儿原有体验的基础上，为幼儿提供材料支持，使其获得感官审美体验。案例情境设计调整为家长勾画动物影子轮廓，协助幼儿用小手蘸上颜色拓印涂抹，让幼儿在涂抹游戏中感受色彩痕迹与自己小手动作之间的关联。

### 4. 缺少针对该年龄段的布置特色

（1）典型案例　在2～3岁亲子美术活动"有趣的纸浆画"中，教师拟定教学目标培养是培养幼儿动手能力，学习撕纸、搅拌、调色等。培养幼儿对纸浆材料的兴趣，创设一个有利于幼儿发展的环境。教师通过分析以上内容，安排活动计划，布置活动场地。在活动区布置纸浆画作品图片渲染气氛，摆放纸浆画制作材料，如水、白乳胶、卫生纸、镊子、木板、牙签、塑料瓶、硬纸板等。

（2）诊断分析　在"有趣的纸浆画"主题美术活动中，教师缺少对2～3岁幼儿行为特点的认知，这个年龄段没有形成明确的制作或绘画目的性，幼儿处在直接思维阶段，材料对于幼儿来说是用来抓、握，体验到感知的媒介，在布置环境时要尤其注意材料的安全性。

（3）解决办法　教师应该在活动区布置时充分考虑亲子活动的特点，活动区布置中注意低龄幼儿的安全问题，纸浆画材料要分环节投放，去掉牙签等不安全的材料，调整活动环节。同时强调家长的共同参与，达成目标。

### 5. 活动中投放的材料数量、种类不能支撑活动中幼儿的操作需求

（1）典型案例　在2～3岁亲子美术活动"会画画的遥控汽车"中，拟定教学目标是让幼儿在游戏中感受颜色的魅力，培养幼儿手脑协调性和创造性思维方式。

（2）诊断分析　该亲子美术主题活动需要准备多种材料，包括遥控汽车、电池、水性颜色盘、多种颜料、画笔、大幅画纸、活动衣服、活动地垫等。现有准备不足。

（3）解决办法　教师应仔细观察幼儿实际的能力，与幼儿日常生活相联系。教师要提前与家长沟通，准备玩具遥控汽车，同时要做好消毒清洁，保证安全。其他材料要根据需

要分类准备，要在活动前确定参加亲子活动的家庭人数，根据统计人数准备作画的材料，准备足量的大幅纸张，根据活动人数和作品大小确定活动地点。按照家庭数量准备颜色盘和画笔等工具，注意颜色的配色方案，比如同色系或单色系加黑白灰，都是不错的配色效果，当然也可以是冷暖色或对比色的配色，这样在涂鸦过程中方便幼儿和家长使用，呈现出较好的色彩效果。

### 6. 营造交流平台，引导幼儿和家长正确评价

（1）典型案例　在2～3岁幼儿亲子美术活动"爱我你就画画我"中，活动目标是幼儿和家长在活动中感受亲子感情，培养幼儿的动手能力。活动中幼儿完成的涂鸦作品形象不清晰，有的幼儿反复涂抹，画面一团凌乱。

（2）诊断分析　活动中需要家长和幼儿相互配合，共同完成涂鸦，幼儿处于直觉思维阶段，涂鸦的线条形状属于无意识阶段向有意阶段的过渡，需要家长在活动中不断地通过语言引导启发，比如这是妈妈的眼睛吗？爸爸的嘴在哪儿呢？

（3）解决办法　教师和家长在评价作品时需要从人文性、愉悦性的角度进行评价，比如请每个家庭分享绘画的感受，营造愉快的亲子氛围。家长在亲子活动中具有重要的作用，家长的想法会潜移默化地影响幼儿的行为。因此教师要与家长沟通，通过家长会等平台提高家长的认识，了解幼儿美术的重要性，了解幼儿年龄生理特点，树立正确的评价观，指导幼儿时能够尊重幼儿的个体发展规律，给幼儿提供足够的空间和材料，用正确的眼光衡量幼儿的涂鸦，倾听幼儿的心声。在评价时家长应给予积极肯定、正面的评价，这对幼儿的成长至关重要的。

### 7. 关注亲子美术教育活动的延展性，构建更为完善的美术早教体系

（1）典型案例　在2～3岁幼儿亲子美术活动结束后，幼儿的体验活动画上了句号。在日常的家庭生活中，由于多种原因，如家长不希望幼儿在家里四处涂鸦，不希望看到幼儿撕纸等等，在生活中很少给幼儿提供亲子活动中的材料体验。

（2）诊断分析　对2～3岁的幼儿来说，家长的影响是特别重要的，由于幼儿的生理因素，精细动作方面发展不够完善，所以会出现乱涂乱画的现象，许多家长认为是浪费时间、浪费材料，甚至责备幼儿，制止幼儿的行为。家庭教育是幼儿美术教育的必要补充，只有幼儿美术活动得到家长的积极协作，与教师相互配合，形成教育合力，才能提高幼儿美术教育质量。

（3）解决办法　针对案例中的问题，除了亲子美术教育活动外，可以尝试举办多种家园互动的美术教育活动，比如，举办家庭小画展，在家中某个区域展示幼儿的涂鸦作品，提高幼儿的自信心；举办家长讨论会，更新家长的教育理念，家长之间可以相互交流学习。

## 案例分析

### 2～3岁亲子美术教育活动：蚕宝宝

【活动目标】

（1）幼儿学习用撕、揉、塞等方法制作蚕宝宝，锻炼小肌肉群，提高动手操作能力。

（2）培养幼儿仔细观察和乐于动手的兴趣，体验手工活动带来的快乐。

（3）让幼儿体验亲子活动中与家长、教师合作游戏的快乐感受。

【活动准备】

投放材料：白色袜子若干只、废旧报纸若干张、彩色圆形纸片若干、双面胶等

空间布置：幼儿园托班活动室，准备蚕宝宝PPT、图片，以及布艺蚕宝宝玩具。

【活动重点】培养幼儿仔细观察和乐于动手的兴趣，体验接触多种材料带来的快乐。

【活动难点】学习撕、揉、塞等动作，发展小肌肉群，提高动手操作能力。

【活动过程】

活动导入：教师通过提问引发幼儿思考问题（如图6-6～图6-8所示）。

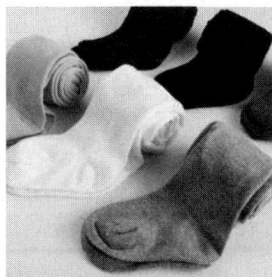

图6-6　教学挂图　　　　图6-7　教学准备材料　　　　图6-8　幼儿操作撕纸

（师）宝贝们都认识什么小动物呀？快来找找这张图里藏着什么小动物。

（生）幼儿指认熟悉的动物名字。

（师）请小朋友们学一学这些小动物走路的样子。

（家长）家长可以自身的行动感染宝宝，带宝宝一起表演，学学小动物怎样走路，小鸭子摇摇摆摆，小狗蹦蹦跳跳。

（师）出示布艺玩具蚕宝宝，让幼儿观察蚕宝宝的基本特征。宝贝们你们认识这个好朋友吗？

（师）讲解蚕宝宝的特点。蚕宝宝会吐丝，我们穿的衣服很多就是蚕宝宝的丝做的。

（生）通过看一看、摸一摸了解蚕宝宝的特点。

（师）蚕宝宝是怎样走路的呢？

（生）幼儿可以模仿蚕宝宝爬一爬。

（师）教师将制作的蚕宝宝教具交给宝宝和家长。猜猜蚕宝宝是由什么做的？

（家长）幼儿和家长一起观察，发现制作的秘密，原来是袜子做出来的身体。

（师）蚕宝宝的身体圆滚滚的，它是用什么做的呀？

（家长）家长打开蚕宝宝的身体，引导宝宝们发现蚕宝宝里面有什么。

（生）原来蚕宝宝的身体里藏着好多丝呀！

（师）宝贝们你们发现蚕宝宝的小秘密了吗？原来蚕宝宝的肚子里的丝是用小纸条填充的，你们想不想也制作一只这样的蚕宝宝呢？

（师）：教师运用趣味口诀，一边说一边示范撕纸条。我们一起来撕纸条吧，看看哪组家庭撕得又细又多。

口诀：小手变手枪，食指拇指动动，变把手枪，撕，撕。

（生）家长配合幼儿撕纸条，家长与幼儿互动时多交流。由于许多幼儿手部肌肉不够灵活，撕的纸条比较宽，家长可以及时引导幼儿将纸条撕成长条形。教师注意观察幼儿的撕纸活动过程。

（师）将袜子发给每组家庭，请家长将袜子缝合并留出洞口。

（家长）制作蚕宝宝的身体。

（师）现在让我们把撕好的纸条放进蚕宝宝的肚子里吧，让它变得圆滚滚的！

（生）幼儿在家长的协助下将撕下的纸条塞进袜子里。

（家长）家长帮助幼儿给袜子缝合打结。帮助幼儿在彩色的圆片纸背后粘贴双面胶。

（生）幼儿将圆片纸贴在袜子上，做出毛毛虫的眼睛和嘴巴。

提示：

（1）幼儿撕纸的过程需要家长提醒和鼓励。

（2）家长在活动中帮助幼儿完成部分制作的任务，但是不能包办代替。

成果展示：

展示亲子活动中完成的作品，幼儿们抱着自己做的蚕宝宝们相互欣赏，可以让幼儿们给自己的蚕宝宝取名字，带着自己的蚕宝宝去认识一下其他蚕宝宝，体验交往的乐趣，感受成功的喜悦，增添幼儿再次动手创造的欲望和信心。

【教师评价】

教师在活动中通过仔细观察活动中幼儿的表现，及时调整幼儿的行为。同时与家长沟通，给予家长有针对性的帮助。对幼儿的撕纸、填塞动作及时给予肯定。对手部不太灵活的幼儿及时给予指导，鼓励幼儿大胆尝试，体验手工制作的快乐。

【活动延伸】教师与家长沟通，将亲子活动的内容在家庭美术教育中重复体验，激发幼儿继续深入探索的兴趣。也可以尝试不同纸张，通过撕纸、团纸，锻炼手眼协调性，激发幼儿尝试的欲望。

分析：

由于2～3岁幼儿的小手肌肉发展还不够完善，动手能力有限，手工活动还属于无意识时期。在亲子活动中通过教师、家长、幼儿三方面互动，帮助幼儿在活动中增强撕、塞动作的灵活性，同时引导幼儿将无意动作逐渐向有意识动作过渡，通过亲子美术教育活动体验到了成功的喜悦，为未来的身心发展奠定了基础。

## ✿ 拓展训练

材料：不同颜色色卡若干张，剪刀、胶带若干，故事背景墙，角色服装若干。

训练要求：以色卡为主题设计一场亲子活动，启蒙幼儿对颜色的认知。结合游戏，增强家长与幼儿互动。

## 第三节

# 3~4岁亲子美术活动

### ✈ 案例导入

下面是某幼儿园小班亲子美术活动的活动方案。

【主题领域】艺术

【活动主题】"爱我你就画画我"亲子美术活动

【参加人员】小班组5个班幼儿及家长。

【活动目标】

（1）通过开展亲子美术创意活动，让幼儿与家长一起体验美术创意活动的快乐，加强家长与孩子之间的情感交流。并在活动中增强幼儿团结协作、遵守规则的意识。

（2）通过活动提升幼儿对美好事物的感知，体验艺术活动的美好过程，充分享受艺术活动成果给自己及亲人带来了喜悦。

【活动准备】

（1）每个家庭准备120厘米见方的单层瓦楞纸（幼儿园准备）、记号笔、24色油画棒、壁纸刀、大剪子、擦手毛巾或温巾（家长自带）。

（2）彩色喷绘大幕布，内容为"爱我你就画画我"，幼儿亲子律动操《手拉着手一起走》作为背景轻音乐，每班选5名家委会成员，帮助维持秩序或进行服务。

（3）活动前各班召开家长动员大会，告知活动须知：

① 活动中不允许带食品，保持场地的卫生。由于场地有限，所以每个孩子只允许一名家长陪同参加，另一方可以在一旁进行拍照，活动结束后欢迎摄影高手将照片发给老师！

② 亲子活动的参与对象为孩子的爸爸或妈妈，尽量不要请爷爷奶奶或亲戚代劳，无论工作有多忙，请在一年中唯一的活动抽出时间陪陪孩子！

③ 注意安全，家长在协助孩子作画时，要注意正确使用壁纸刀、大剪子等工具，避免划伤。活动结束后，各班教师将幼儿带回。

④ 可以准备特色的亲子装在当天亮相，摄影师会为你们留下那经典的一刻，永生难忘！

要求：

请思考活动方案哪里有设计不全面的地方，加以修改补充，并依据方案设计一个完整的活动过程。在设计与更改时请考虑"幼儿园开展3~4岁亲子美术教育活动的原则"和"3~4岁幼儿美术教育活动的发展特点"等内容。

### ✦ 知识讲解与案例分析

## 一、探索3~4岁幼儿美术教育活动的特点

### （一）3~4岁幼儿主要特征

幼儿3岁以后，在日常生活和活动上发生了很大的变化，这时幼儿普遍进入了幼儿

园，开始适应集体生活，这对于多数幼儿来讲是个重大的变化，3岁是他们生活上的一个转折年龄。

### 1.幼儿行为明显受情绪支配

3～4岁幼儿离开父母的怀抱，进入幼儿园的小班，过起了集体生活，对幼儿来讲，需要有一个适应过程。这个时候他们在情绪方面，容易冲动，常常会为了一件小事大哭大闹。较之3岁之前的幼儿，他们已经开始产生调节情绪的意识，但在实际行动上还不能真正控制，行为受情绪支配。在幼儿期，情绪对幼儿的作用比较大，尤其对3～4岁的幼儿作用更大。

### 2.模仿性强

3岁幼儿的独立性差，模仿性很强。模仿是这一时期幼儿的主要学习方式，他们通过模仿获取别人的经验，形成自己的行为习惯。比如，看见别人玩什么，自己就玩什么；看见别人有什么，自己就要什么。游戏时喜欢模仿自己在生活中喜欢的角色，比如看见妈妈在做饭，在游戏时会模仿妈妈的角色，玩"做饭"游戏，并在游戏中得到心理上的满足。

### 3.思维带有直觉行动性

依靠动作和视觉思维，是3岁前孩子的典型特点，3岁幼儿仍保留着这个特点。3岁幼儿的行动已经比较自如，认知范围也逐渐扩大，形成了一些与生活经验相联系的实物概念，但此时的概念只是特指自己认识的某项事物。幼儿在实践中逐渐了解事物的属性，如大小、长短、多少等。比如让他们说出手中小汽车的个数，他们只会用手指点着小汽车才能数，而不能心里默数。

### 4.幼儿认识活动基本上依赖于行动

3岁幼儿的认识活动基本上是在行动过程中进行的，无意性的，很容易受外部事物和自己情绪的影响。注意力很不稳定，幼儿的观察目的性较差，缺乏顺序性和细致性，不会有意识地识记某些事物，只有形象鲜明的事物才能引起幼儿的注意。3岁幼儿的思维大多源于行动，一般先做后想，边做边想，不会思考后再做，思维缺乏可逆性和相对性。

### 5.动作协调性增强，具有强烈的好奇心

3岁的幼儿喜欢跑、跳等大动作，动作协调性提升，小手肌肉发展相对迟缓，但双手协调技能有了较大的发展，已经可以折纸，会用蜡笔画画，会使用剪刀有控制地剪出形状。幼儿对周围的世界充满好奇，喜欢提出各种各样的问题。幼儿能够按指令行动，在成人的指导下学习，比如会自己穿衣服、系扣子等等，这表明幼儿开始适应了集体生活。

## （二）3～4岁幼儿美术教育活动的发展特点

3岁左右的幼儿由涂鸦期逐渐进入象征期阶段，他们产生了美术表现的愿望。

### 1.3～4岁幼儿绘画活动的特点

3～4岁幼儿手部肌肉发育还不完全，注意力不能够很好地集中，手眼的协调动作不足，不能够准确地使用工具表达自己的意愿。正如罗恩菲尔德所认为的，此时的幼儿正处在无控制向重复可控制过渡的阶段，绘画开始成为幼儿对概念和情感的记录。

初期幼儿无意识地乱画，呈现的是杂乱无章的线条和看不出视觉形象的不规则圆圈。

进入命名涂鸦期，幼儿会把自己画出的线条、图形进行命名，能初步认识到绘画的形象与外界之间的关系，便进入了绘画活动的新阶段——象征期。象征期幼儿的绘画有着独特的内容，这时幼儿开始尝试利用已有的画线经验和简单的图像表达自己的想法，绘画内容往往是幼儿所熟悉的事物，但图像与真实的物体相差甚远，只是物体的近似简形，一形多义是这一时期的主要特点。这个时期，幼儿绘画的表现大多是在封闭的线圈上添画线条，幼儿喜欢描述自己感兴趣的事物，典型形式是头足人像。幼儿有着不同于成人的想法，画面出现的圆形符号可以代表一切事物，并且一般是先动笔再构思，或者绘画过程中任意涂抹，相互穿插。由于幼儿自控能力很弱，常被头脑中突如其来的意象所左右，所以绘画的主题很不稳定，绘画的内容容易出现转移。比如，3岁的琪琪反复画圆形，无论是黑猫警长还是花朵都是圆圈，一边画一边把一些不相关的东西画在一起，很多想到的东西同时出现在他的画中，整个过程非常随意，不断有新角色加入，也不断有内容被涂抹。结束时琪琪讲述自己画的是一个和黑猫警长不相关的全新的恐龙故事。由于幼儿思维还处于直觉行动阶段，他们常常边玩边说边画，比手画脚、自言自语是幼儿绘画时两个突出的表现。他们通过动作把事物具体化、形象化，通过言语来解释、补充画的图像及情节出现的过程。幼儿在动作、言语中发展思维，在画的过程中展开想象。由此可以看出幼儿的绘画与思维是共同发展的。

在构图方面，3～4岁的幼儿画面随机性很大，一般来说没有空间上的安排，画面上没有上下的分别，作画时总是把纸转来转去，画面零碎，没有主次之分，画面中的物体各占一定的空间位置，彼此没有关联，属零散构图。超现实主义大师米罗的《星座》组画与象征期幼儿绘画的零散构图方式有异曲同工之妙。幼儿画面上的图形也会有意或无意地相互遮挡、重叠，这些遮挡与事物的远近无关。比如，3岁的琳琳画桌子，圆形的桌面，桌子腿朝向四边。幼儿画的图形往往不是眼前看到的事物，而是自己印象当中的形象。如图6-9所示。

图6-9　3岁幼儿绘画作品

3～4岁的幼儿通常不会考虑色彩问题，常常用一支画笔从开始画到结束。画面以单色为主，偶尔会换另一种颜色。这个阶段幼儿并不注重色彩的运用，选择颜色随机且受情绪影响，没有固定的喜好。

**2. 幼儿手工活动的特点**

3～4岁的幼儿由于手部肌肉发育不够成熟，但认知能力比3岁前有了很大的提高，往往不再把手工当作单纯无目的体验游戏。这时的幼儿已经有了手工制作的愿望，开始尝试从无意识地随意拍打、捏团、过渡到可以将橡皮泥团圆、搓长、压扁或压坑，并用圆球等形状代表自己熟悉的某一物体，如人、房子、动物等，逐步有意识地进行造型表现。

图6-10　幼儿手工折纸

这一时期，幼儿也非常喜欢纸工活动，他们开始并不能正确地使用剪刀，经过多次练习之后，幼儿剪纸能力有所提高，比如，可以沿着广告海报上物体的图形边线剪下物体的外形。幼儿开始尝试简单的折纸，比如模仿成人折小鱼，并期盼折纸效果（如图6-10所示）。

他们也喜欢用其他的材料进行简单的操作。在教师或家长指导下利用一些辅助材料塑造形象，例如，在团圆的泥块上粘珠子作为动物眼睛、嘴巴，用扭扭棒制作腿。当然，这一阶段幼儿塑造的物体简单稚拙。

孩子是天生的艺术家，这个时期的幼儿美术活动揭示了幼儿的精神世界，是幼儿自我表达的重要方式。

## 📚 案例分析

活动名称："夏威夷草裙"活动

编者：张苏颖

游戏功能：锻炼幼儿手指的灵活度

游戏材料：彩色褶皱纸、胶水、欢快的音乐

游戏过程：

（1）家长与幼儿一起把彩色褶皱纸撕成宽度一致的长条，家长要鼓励幼儿独立撕纸。

（2）家长与幼儿一起将撕好的长条贴在一条宽边纸上，制作成一条草裙。

（3）幼儿与家长一起穿上自己制作的草裙，跟随音乐舞动。

提示：也可以用广告纸、报纸等替代褶皱纸。

分析：

撕纸是适合幼儿并深受幼儿喜爱的一种活动。将撕纸作品展示出来，既可以是一个家庭进行，也可以多个家庭共同参与。各个年龄段的幼儿都可以撕纸，只要注意调节撕纸的难度即可。

# 二、3~4岁亲子美术教育活动设计

## （一）幼儿园开展3~4岁幼儿美术教育的特点

### 1.尊重幼儿身心发展的规律和学习特点，以游戏为基本活动

《幼儿园教育指导纲要》明确指出要让幼儿"喜欢参加艺术活动，并能大胆地表现自

己的情感和体验。能用自己喜欢的方式进行艺术表现活动。"3～4岁的幼儿由于心理、生理正处于发育阶段，他们处在涂鸦期到象征期的过渡阶段，他们心目中的绘画、手工活动是一种自主的游戏。《总则》中也提到要尊重幼儿身心发展的规律和学习特点，以游戏为基本活动。因此教师在实施教育活动时要先创设一个良好的游戏环境，设计游戏环节，在愉快、宽松的环境下开展美术活动。

### 2. 丰富的材料是3～4岁幼儿开展美术教育活动的基础

3～4岁的幼儿由于心理、生理正处于发育阶段，幼儿在学习过程中的主动与被动，往往取决于主观能动性的发挥，而幼儿的主观能动性的发挥通常与教师为幼儿提供的材料相关。如果教师为幼儿准备的材料能吸引幼儿的注意力，有自主地操作材料的欲望，自然会参与到教育活动中去。由于幼儿小肌肉发展还不完善，动手操作的能力较差，更需要教师为幼儿提供丰富有趣的材料，吸引幼儿对美术活动产生兴趣。比如，教师可为幼儿提供各种蔬果的实物印章和色彩，让幼儿进行拓印，幼儿可轻松获得成功，而且还能使画面产生很好的效果。再如水墨拓画，教师为幼儿提供了装有水的托盘、墨汁，幼儿只需轻轻一点，墨滴在水中，再由幼儿任意搅动，用宣纸拓出墨色。丰富有趣的活动材料让幼儿觉得绘画原来就是在"玩"，参与美术活动是件快乐的事情（如图6-11所示）。

图6-11　幼儿水墨拓印

### 3. 选择幼儿熟悉的主题，进行简单的技能训练

3～4岁的幼儿刚开始集体生活，受其认知发展水平的限制，生活经验较少。幼儿在美术活动中的各种技能，比如怎样运笔、如何涂色、如何使用剪刀等，需要教师教授，幼儿反复练习，形成感知经验。在工作中很多教师感到在"发挥幼儿主体性"与"教师指导"之间难以权衡。有的教师为了追求幼儿的自主性，放弃了美术技能的训练。有的教师在指导幼儿美术活动时为了让幼儿的作品更加完美，总在不经意间，从自己的审美出发，为孩子的作品添一点、改一点。技能练习和幼儿的自由发挥并不矛盾，教师在进行美术活动时，应选择幼儿熟悉的题材，应寓教于乐。比如，幼儿喜欢下雨踩泥坑，可以画一画下雨的点点和水坑的螺旋线；画气球是对圆的练习；还可以他们熟悉的人、玩具或食物为题材，如"彩色的棒棒糖"练习涂色等等。单调的大面积涂色练习和临摹都不适合3～4岁幼儿美术教育活动。

## （二）幼儿园开展3~4岁亲子美术教育活动的原则

亲子教育活动是学前教育活动的一种重要形式，亲子美术教育在亲子教育活动中具有非常重要的地位。多数3～4岁的幼儿刚开始幼儿园的生活，通过亲子美术教育，幼儿在与家长、教师、美术材料的互动中掌握美术技能，获得身体、智力、情感、个性、社会性的全面和谐发展。

### 1. 熟悉性原则

根据3～4岁幼儿年龄特点和发展水平，亲子活动的内容要符合幼儿发展的需要。活动内容可以是源于幼儿的生活见闻，比如，夏天来了，亲子活动的内容可以是制作扇子；冬天来了，可以制作围巾；春天可以绘制风筝；秋天可以制作树叶贴画。也可以结合节日选择活动内容，如圣诞节做圣诞帽；春节剪纸雪花等。

### 2. 游戏性原则

游戏是亲子美术教育活动的主要形式，对于3～4岁幼儿来说，美术活动本身就是一种游戏的过程。教师要尊重幼儿的年龄特点，设计亲子活动时不要过于追求技能培养，以免幼儿失去对活动的兴趣。

### 3. 适度性原则

在亲子活动中，要考虑3～4岁幼儿的发展情况，适度选择，难度适当，不要拔苗助长，让家长有机会参与活动。活动时间也要适度，比如，亲子活动总时长60分钟，其中幼儿和家长共同制作时间约45分钟，小龄的幼儿专注力弱，活动时间不要过长，避免疲劳。

### 4. 指导性原则

在亲子美术教育活动过程中，教师要和家长有计划地沟通，指导家长科学育儿，正确看待幼儿的发展情况，家长在活动中对幼儿进行有效的介入和指导，在家中也可以持续进行美术熏陶。

### 5. 互动性原则

在亲子美术教育活动中，幼儿与家长、家长与教师、幼儿与教师之间要相互交流，家长和教师多肯定、多鼓励幼儿说出自己的想法，引导幼儿用已有的经验进行想象。

## （三）幼儿园开展3～4岁亲子美术教育活动的意义

### 1. 亲子美术教育活动有利于增进家长和孩子之间的情感交流

3岁左右的幼儿基本处于涂鸦期，他们喜欢随意画画、撕纸、玩泥。3岁半左右的幼儿开始逐渐进入象征期。他们尝试利用涂鸦时掌握的简单形状进行表现，但表现的动机和信心都十分脆弱。通过在亲子美术活动中与幼儿共同参与游戏活动增进父母与幼儿之间的情感交流，使幼儿在活动中感到快乐和满足，鼓励幼儿有参与活动的意愿，建立自信心。

### 2. 通过亲子美术教育活动引导家长走进幼儿的美术世界

通过亲子美术教育活动向家长宣传幼儿美术教育的目标及指导思想，帮助家长走出误区，家长中普遍存在幼儿美术教育无用论，帮助家长了解3～4岁幼儿美术活动的特点，学习和掌握一些幼儿美术活动的引导方法和创造技能，逐渐走进幼儿的美术世界。父母应充分做好"搬运工""玩伴""引导者"和"欣赏者"的角色，为幼儿在进行美术活动时创设多元环境和丰富材料，以欣赏的态度倾听幼儿对作品的解读，从而建立正确的艺术教育观和幼儿发展观。

### 3. 亲子美术教育活动有利于幼儿身心的健康成长，实现家园共育

家长和幼儿园的教育理念达成共识，通过亲子间的游戏和互动，有效地融合亲子间的关系，通过体验活动学习如何解读幼儿艺术作品，从而建立正确的艺术教育观和幼儿发展观。美术教育延展到家庭教育当中，比如，家长在家庭中为幼儿创设一个良好的创作环境，考虑幼儿的年龄特点和实际空间需要，选择性地在书房里设置"画区""手工区""欣赏区"等，举办家庭美展，提高幼儿的审美能力，实现家园共育。

## （四）幼儿园 3~4 岁亲子美术教育活动的目标

### 1. 通过亲子美术教育活动，构建良好的亲子关系

3~4 岁幼儿亲子美术教育活动是幼儿园艺术教育领域中重要的组成部分，在亲子美术教育活动中遵循幼儿身心发展特点，设计适合由涂鸦期到象征期过渡时期幼儿的游戏活动，为父母和孩子提供共同参与的美术内容，使父母获得恰当的美术教育行为和教育观念，提高家长的美术教育水平。最终实现幼儿学习、家长培训的指导思想，形成教师、家长与幼儿进行互动游戏的教学模式。

### 2. 尊重幼儿，恰当引导，培养幼儿的学习兴趣

随着幼儿认知与动手能力的进一步发展，幼儿能够更加自如地画出不同大小的圆及横、纵、长、短不一的线条，并且还出现了多种不规则的组合图形。3~4 岁幼儿的思维特点是先做再想，他们笔下的象征性图示符号是其内心多姿多彩的世界的精彩呈现。在亲子活动中家长和老师要通过活动予以恰当的引导，启发幼儿有控制地表现各种线条，运用各种图形和线条表现生活中幼儿熟悉的事物。家长和教师多和幼儿交流，多倾听象征期幼儿的想法，理解幼儿绘画的内容所表达的情感，为幼儿提供多种多样的玩具、材料等，帮助幼儿探索知识、发现知识，按照幼儿自身的发展速度循序渐进，发展幼儿的发散思维，让幼儿体验成功的喜悦之情。

### 3. 通过亲子美术活动，建立良好的家园关系

3~4 岁幼儿情绪作用大，对家长和老师有强烈的依恋，同时善于模仿学习。通过共同参与亲子美术活动，让幼儿在与家长、教师互动中获得良好体验和知识技能经验。实现幼儿、家长、教师"三位一体"，共同感知美、发现美，最终实现家园共育，促进幼儿身心健康发展。

## （五）幼儿园开展 3~4 岁亲子美术教育活动的具体内容

### 1. 构建良好的美术教育活动环境，培养审美情感的体验

构建良好的艺术氛围，能够使亲子美术教育活动在轻松、愉快的环境下进行，能让小龄的幼儿有足够的信心按照自己的想法进行操作，激发幼儿的创作灵感，培养幼儿对美好事物的喜爱之情。

### 2. 在亲子游戏活动中进行简单的技能训练

3~4 岁的幼儿喜欢模仿，更喜欢在游戏中学习。教师在亲子活动中应选择幼儿熟悉或感兴趣的题材。比如，这个年龄的幼儿喜欢小动物，我们可以设计"给小鸡吃虫子"加

强短线的练习；喜欢"魔法泡泡"，我们可以设计在泡泡游戏中认识圆形，让幼儿在轻松愉快的活动中学习美术的基本技法。

### 3. 为幼儿提供丰富有趣的手工材料，培养幼儿的美术活动兴趣

3～4岁幼儿由于小肌肉发展还不完善，动手操作的能力较弱，因此教师只有为幼儿提供丰富有趣的材料，才能使幼儿既能对美术活动产生兴趣，又能让幼儿轻松获得成功，而且还能使画面产生很好的效果。如在吹画活动中，教师为幼儿提供了装有水粉颜料的摇摇瓶，幼儿只需轻轻一挤，纸上便会滴上一滴不浓不淡的颜料，再由幼儿任意吹开，一棵生动的小树枝丫就出现了。又如在实物印画"梅花"活动中，教师为幼儿提供了蔬菜、水果等印画的材料，幼儿用这些材料自己蘸上颜料印在画纸，一幅幅生动的梅花就完成了。活动结束时有的幼儿表现得意犹未尽，有的幼儿还在为自己的杰作而欢呼雀跃。丰富有趣的活动材料让小班幼儿觉得绘画原来就是在"玩"，参与美术活动是件快乐的事情。

### 4. 提供适合的色彩工具，享受色彩敏感期的快乐涂鸦

3～4岁是幼儿色彩的敏感期，幼儿喜欢认识色彩，这一时期幼儿绘画还是只涂单一颜色或是少数颜色，说明目前幼儿对这几种颜色特别敏感，慢慢地幼儿使用的颜色会从单一色彩增加至多种色彩。在亲子美术活动中，可以设计相关的内容供家长和幼儿互动。比如教师引导幼儿先从单色开始构建图形，画人物的头、身体和四肢，最后搭配颜色，在这个过程中家长不要打击幼儿的配色，或试图扶着幼儿的手涂色。敏感期的幼儿往往对敏感的对象表现得相当痴迷，慢慢地家长会发现幼儿用色有自己的独特之处。

### 5. 引导幼儿欣赏体验艺术之美

在亲子活动中，教师要给幼儿和家长提供大量欣赏艺术作品的机会，扩大其欣赏面，扩大他们的眼界。比如，欣赏西班牙的阿尔塔米拉洞穴壁画和法国的拉斯科洞穴壁画，发现世界名著的史前洞穴壁画中原始人所描绘的野牛、野马、野猪等动物之美（如图6-12所示）。当然，这种欣赏除了美术作品的欣赏，也可以是自然景物、周围环境的欣赏，帮助他们进一步加深对作品的情感体验，不断丰富幼儿的感性经验。

图6-12　法国的拉斯科洞穴壁画

## 📚 案例分析

材料：

在一场时长 60 分钟的亲子活动中，教师将主要的时间都交给了家长与孩子，制作时长达到了 55 分钟，家长认为制作作品时长很充分，可孩子们已经开始分心，甚至出现了哭闹情况。

分析：

在亲子活动中，要考虑 3～4 岁幼儿的发展情况。一方面，要充分调动家长与幼儿参与的积极性；另一方面，考虑到幼儿的生理局限，也要设置科学的活动时长，避免让幼儿有疲累感，从而失去对活动的兴趣，甚至产生抵触情绪。

# 三、3～4岁亲子美术教育活动指导

现实生活中，3～4 岁幼儿刚从家庭走向新的环境，其绘画发展水平正处在涂鸦期过渡到象征期的阶段，幼儿的生理发育不够完善，认知水平不够全面，充满好奇心但是注意力不能持久，经不起挫折。怎样培养 3～4 岁幼儿的美术兴趣，并开展亲子美术教育活动呢？

## （一）3～4 岁亲子美术教育活动的现状分析

在工作中，幼儿园小班亲子美术教育活动中经常会遇到一些问题，主要表现为：

### 1. 受传统教学方式影响

《幼儿园教育指导纲要》指出：提供给幼儿自由表现的机会，鼓励幼儿用不同艺术形式大胆地表达自己的情感、理解和想象，尊重每个幼儿的想法和创造，肯定和接纳他们独特的审美感受和表现方式，分享他们创造的快乐。教师在亲子活动中受传统教学方式影响，对幼儿年龄特点把握不准确，活动内容跨越孩子的发展历程。比如，活动中出现大量的临摹或者大面积涂色活动，使幼儿出现注意力分散、厌倦活动的现象。

### 2. 家长的美术教育观念滞后

家长在亲子美术教育中有着不可替代的作用。在活动中发现家长对这一时期幼儿的绘画特点不清晰，在活动时越俎代庖，代替完成涂色等活动任务，或者抱怨幼儿"画得不像""涂色不整齐"，不能够给幼儿恰当的指导。在活动时家长参与的主动性不足，对幼儿没有形成积极评价，影响幼儿的绘画兴趣和自信心。

### 3. 幼儿专注力不足，情绪波动大

3～4 岁的幼儿刚开始幼儿园生活，由于绘画发展水平处于涂鸦期，此时幼儿处理构图、色彩、形象等问题时，小手的肌肉力量不足、灵活性差，不能够完成精细动作，幼儿在活动中表现出情绪化。在亲子活动时教师和家长需要正确地引导幼儿，正面评价，培养幼儿对美术的兴趣，以幼儿的真实情感为依据，关爱幼儿，尽力激发幼儿丰富的想象力、纯真的创造力和质朴的审美素质。

### 4. 活动中选用的材料不易操作，作品完成的效果不好

在 3～4 岁亲子活动中，绘画材料的新颖、多变、易操作，是激发幼儿活动兴趣的方法之一。教师为亲子美术活动准备的材料要丰富，适合这个年龄段幼儿抓握、操作简便、

表现效果好的材料，更容易让幼儿体验成功的快乐。

## （二）幼儿园开展3～4岁亲子美术教育活动指导策略

家庭是幼儿最重要的生活场所，父母对幼儿的影响是潜移默化、无处不在的。可见，幼儿园教育应特别重视家园互动和家庭教育资源的挖掘，亲子美术教育活动是家园互动重要的方式。在幼儿刚迈入幼儿园集体生活的阶段，积极开展亲子美术教育活动，不仅可以和谐净化亲情，还可以充分发挥父母在幼儿美术教育中的引导功能。

### 1.开好家长会，调动家长参与亲子美术活动的积极性

在实际工作中，许多家长认为孩子上幼儿园之后，教育活动是幼儿园教师的事情，家长的教育观念和教育行为有认识偏差，直接影响着幼儿的身心发展。在开展亲子活动前，幼儿园教师需要向家长宣传幼儿园开展亲子活动的动向，调动家长的积极性，列举家长重视幼儿教育的事例，让家长放下所有的繁杂事务，陪伴幼儿体验亲子时光，一起享受美术活动的乐趣。

### 2.设计的美术教育主题贴近幼儿生活，鼓励幼儿与父母共同参与

3～4岁的幼儿受自身的认知发展水平的限制，生活经验较少，动手能力较弱，幼儿往往对日常生活中熟悉的事物感兴趣。因此，在亲子活动中教师要充分研究幼儿的现状，只有懂得幼儿、了解幼儿，才能知道设计怎样的教育方法。在小班的活动中选择幼儿熟悉的、具有趣味性的亲子活动题材，比如"过新年，做花灯"活动，让幼儿和家长共同制作花灯，体验共同参与，增进亲情。

### 3.亲子美术活动中提供丰富多样的操作材料，使幼儿体验成功的感受

3～4岁的幼儿专注力有限，小手肌肉发育还不完善，在活动中提供丰富的材料，能够使幼儿产生对美术的兴趣，轻松地获得成功的感受，丰富的材料使活动的过程变得更有趣。在亲子活动中，教师可以鼓励家长和幼儿共同收集材料，比如收集图书、图片，以及其他废旧生活用品，并引导家长和幼儿加工制作，幼儿在父母的帮助和启发下，不仅学会了怎样收集材料，也学习了怎样解决问题。幼儿在亲子美术教育活动中丰富了经验，发展了能力。

### 4.设计多样的游戏形式，促进幼儿创造力的发展

3～4岁幼儿特点是喜欢运动，善于模仿，行为受情绪支配。在亲子活动中，将教学内容设计成一定的游戏情景，让幼儿在轻松的游戏过程中，不知不觉地进行创作。比如亲子绘画活动"包粽子"，整个活动以"包粽子"这一游戏情节贯穿，幼儿在亲子游戏中感受端午节的习俗。再比如印画游戏"花衣服"，活动中幼儿使用多种多样的蔬菜，如芹菜、藕、青椒等蘸上颜料印在花布上，幼儿兴趣浓厚。

### 5.教师更新美术教育观念，提升指导艺术

在开展亲子美术教育过程中，教师要不断学习，更新美术教育观念，了解3～4岁小班幼儿的身心发展规律，包括绘画、手工等美术活动的发展阶段，选择合适的活动主题和内容，尊重幼儿的本位立场，引导幼儿乐于表现自己，激发创造力。同时，要积极与家长沟通，实现家园共育的目标。教师要尽可能发现每个幼儿作品的亮点，以保护幼儿的自尊为前提，正确对待幼儿的作品，在活动中为幼儿和家长创设宽松、自由、和谐的亲子环境。

## （三）幼儿园开展3～4岁亲子美术教育活动的典型问题及解决方法

以下是在实际工作中，幼儿园3～4岁（小班）亲子美术教育活动中经常出现的问题及其解决方法。

### 1. 幼儿缺少兴趣，家长包办代替

（1）典型案例　在亲子美术活动"开火车"中，教师拟定教学目标是让幼儿在活动中提高手部肌肉的协调性和动手涂色的能力，要求幼儿和家长共同绘制火车的长线，并用油画棒涂上颜色，增强幼儿互动协作的能力。

（2）诊断分析　3～4岁幼儿处在颜色敏感期，对颜色应用能力有限，涂色的专注时间有限，所以案例中教师拟定的教学目标需要调整，其中长时间涂色并不适合这个阶段幼儿的特点。如果按照该目标进行活动，可能会出现家长在活动中代替幼儿完成涂色的情况，幼儿兴趣会受到影响，无法实现亲子活动的目标。

（3）解决办法　教师应仔细观察幼儿实际能力，设计与幼儿现阶段的认知能力相适应的活动内容，引起幼儿的参与兴趣和家长亲密互动。

### 2. 家长参与度不足

（1）典型案例　在3～4岁亲子美术活动"母鸡下蛋"中，教师拟定教学目标是培养幼儿巩固对圆形的认识，画出多个封闭的椭圆形，提高动手涂色的能力。

（2）诊断分析　幼儿正处在命名期，从无意识画圆形到有目的性地画圆形，活动中教师设计的母鸡下蛋的环节，要求幼儿能够画出鸡蛋的形状，对幼儿来说基本可以自己独立完成任务，家长在这个过程中如果参与过多，比如纠正幼儿画得不够准确，对幼儿并无益处。在活动中家长处于旁观的角色，参与度不高。教师在确定具体内容时要面向全体幼儿和家长，从幼儿和家长共同参与的设计初衷出发。

（3）解决办法　教师应仔细观察幼儿实际的能力，将能力练习目标与幼儿现有能力紧密结合，既要遵循幼儿的发展基本规律，又要给予幼儿差异化的探索空间。案例中画鸡蛋的环节可以调整为幼儿画鸡蛋，完成后剪下来粘贴到鸡妈妈的窝里，家长可以绘制鸡窝，辅助幼儿剪贴鸡蛋，达到家长和幼儿共同参与、相互配合的目的。

### 3. 游戏情境设计难度过大，超出幼儿心智发展的水平

（1）典型案例　3～4岁亲子美术活动"剪纸窗花"中，教师拟定教学目标是培养幼儿使用剪刀的技能和对纸工活动的兴趣。

（2）诊断分析　该活动围绕着折纸展开，由于幼儿小手肌肉并不能独立完成折叠，只能由家长替代完成，在剪窗花的过程中，幼儿小手的协调性不足，剪刀使用不够灵活，很难完成剪纸活动。

（3）解决办法　教师观察幼儿实际心智发展程度，活动内容要求遵循幼儿发展基本规律，设计的内容符合现阶段幼儿的兴趣能力。在这个案例中情境设计重点要在幼儿剪纸体验的基础上，为幼儿提供材料支持，使其获得感官审美体验。案例情境设计调整为剪纸花瓣，将彩纸剪成纸条，再剪成小片花瓣，家长协助将花瓣拼贴到准备好的窗形透明纸上，完成剪纸窗花体验。

### 4. 亲子美术活动区域的环境布置中幼儿和家长的参与度低

（1）典型案例　在3～4岁亲子美术教育"球宝宝的新衣"主题活动中，教师拟定教

学目标是培养幼儿动手能力，幼儿自由选择一种绘画方法在圆形纸上进行装饰，激发幼儿对美术活动的兴趣和对球类的喜爱。教师通过分析以上内容，制定活动计划，布置活动场地，在活动区布置玩球的图片渲染气氛，操作台摆放各色的圆形卡纸以及油画棒、颜料、棉签等工具。

（2）诊断分析　在"球宝宝的新衣"主题美术活动中，教师拟定主要活动目标是培养幼儿动手能力，学习圆形装饰等认知体验，培养幼儿对球类活动的兴趣，通过活动增强艺术源于生活的审美体验。在活动区布置时按照幼儿园美术区域的环境布置，增加了装饰挂图和投放各种材料。在布置活动环境时家长和幼儿都没有参与环境布置的部分。

（3）解决办法　教师应该在活动区环境布置充分考虑亲子活动的特点，可以让家长将幼儿的玩球的图片布置到展示墙上来，增强幼儿的参与度，强调家长的共同参与，达成目标。

### 5. 亲子活动中使用的工具材料不能兼顾幼儿兴趣和活动效果

（1）典型案例　在3～4岁亲子美术活动"美丽的烟花"中，拟定教学目标是让幼儿在游戏中了解颜色，培养幼儿手脑协调性，培养创造性思维方式。

（2）诊断分析　该亲子美术主题活动需要准备多种材料，包括多种颜色桶、画笔、大幅画纸、活动衣服、海绵、喷壶、针筒、纸球等。活动时幼儿制作烟花玩得非常热闹，对海绵蘸色、喷壶喷洒颜色、针筒喷色等兴趣很浓，但是活动最终完成的烟花作品效果并不理想。

（3）解决办法　活动工具分组，每组家庭可以选择不同的工具表现烟花，注意颜色的搭配，颜色的搭配效果要体现烟花的缤纷，这样在涂鸦过程中方便幼儿和家长使用颜色工具，呈现出较好的色彩效果。

### 6. 不善于倾听幼儿心声，错误评价幼儿的作品

（1）典型案例　在3～4岁幼儿亲子美术活动"小蝌蚪"中，培养幼儿的动手能力。

活动目标：用各种手法和材料表现蝌蚪的形象，幼儿和家长在活动中感受亲子感情。活动中提供油泥、棉签、彩纸、胶棒、画笔等多种工具材料供幼儿选择。

（2）诊断分析　活动中需要家长和幼儿相互配合，共同商讨完成蝌蚪的制作。出现的情况是：幼儿甲用油泥制作了球形和弯弯的尾巴，幼儿乙可能是剪出圆圆的头并画出尾巴，幼儿丙可能画面漆黑一片或杂乱看不出形象。教师和家长在活动中对幼儿甲和乙给予肯定，对形象不鲜明的幼儿丙进行了"批评纠正"。

（3）解决办法　了解幼儿年龄生理特点，树立正确的评价观，指导幼儿时能够尊重幼儿的个体发展规律，给幼儿提供足够的空间和材料，用欣赏的眼光衡量幼儿的作品，倾听幼儿的心声，发现闪光之处。幼儿丙描述自己画的是很多的蝌蚪在一起玩捉迷藏，教师在活动中要善于倾听，在评价时教师和家长应给予幼儿肯定、正面的评价，这对幼儿的成长至关重要。

### 7. 关注亲子美术教育活动的延展性

（1）典型案例　一次幼儿亲子美术活动结束后，教师安排一部分内容，要求幼儿在家庭完成树叶创意贴画，由于幼儿年龄较小，粘贴不整齐，胶水洒到桌子上。

（2）诊断分析　对于家长来说，只有和幼儿一起动手，才能了解幼儿的成长。由于幼儿的生理因素，精细动作方面发展不够完善，所以会出现很多小麻烦，比如，手工树叶贴

得七扭八歪，胶水洒满桌子，家长甚至责备幼儿，制止幼儿的行为。家庭教育是幼儿园美术教育的必要补充，只有幼儿美术活动得到家长的积极协作，与教师相互支持，形成教育合力，才能提高幼儿美术教育质量。

（3）解决办法　针对案例中的问题，可以尝试举办多种家园互动的美术教育活动，开展家长课堂，让家长了解这一阶段幼儿的美术教育方法，强调家长和幼儿都能乐在其中，形成"家园联动"。

## 📚 案例分析

### 幼儿园3~4岁亲子美术教育活动方案：煮面条

为了让孩子假期有所获、有所得、有所乐，特设计以下活动，希望在增加亲子感情的同时，锻炼了孩子的手部肌肉，也让他们体会到关心他人也是一件快乐的事。

活动目标：

（1）鼓励孩子大胆撕纸，促进手部肌肉的发展。

（2）能用不同的线条（波浪线、折线、螺旋线等）表现香味飘动的路径。

（3）学会关心他人，体会亲子活动的乐趣。

活动准备：

（1）课件。

（2）彩纸、剪刀、油画棒、胶棒。

活动过程：

（1）谈话活动，引出话题。

教师：小朋友，你们喜欢吃面条吗？爸爸妈妈一定给你们做了许多美味的面条，对吧？其他小朋友也想吃到美味的面条，我们一起来帮帮他们好吗？

（2）回忆面条的形状和颜色。

教师：你们吃过的面条都有什么形状的呀？都有什么颜色呢？

小结：面条有细的，有宽的，有扁的也有圆的，有白色的，也有彩色的。

（3）出示材料，幼儿观察。

教师：小朋友们，今天老师带来了一些材料，看，都是什么？对，剪刀、彩纸、画笔，还有胶棒，现在我们就用这些材料来给生病的小朋友煮面条吧！

（4）播放煮面条视频，幼儿观看。

①爸爸妈妈在纸上画出一口锅，也可以用彩纸剪出一口锅贴在白纸上。

②幼儿自由选择彩纸进行撕纸，提醒幼儿拇指和食指对着捏，撕出较细的纸条。

③在锅里涂上胶棒，把面条粘贴在里面，用手按一下，可以自由粘贴，提醒幼儿不要把面条贴在锅外面。

④用油画棒画出飘动的香味，可以用波浪线、折线、螺旋线。

（5）幼儿制作面条，播放《煮面条》儿歌，幼儿边听边做。

（6）送礼物。

延伸活动：

幼儿和家长一起玩"扮家家"的游戏，体会亲子活动的乐趣。

分析：

案例中活动环节设计紧凑，鼓励孩子大胆撕纸，促进手部肌肉的发展，能用不同的线条（波浪线、折线、螺旋线等）表现香味飘动的路径，符合小班幼儿的认知能力。活动设计贴合幼儿的生活实际，让孩子们在亲子活动中有所获、有所得、有所乐，也让孩子学会关心他人，体会亲子活动的乐趣。通过亲子美术教育活动增进了亲人的感情。

## ✿ 拓展训练

材料：

现正值秋季，幼儿园中现有错落有致的各类植物景观，可供幼儿与家长欣赏。

训练要求：

请结合材料中的环境资源情况，设计一次针对3~4岁幼儿的亲子活动，主题为"秋"。

# 第四节
# 4~5岁亲子美术活动

## ✈ 案例导入

材料：

某幼儿园举行了中班幼儿亲子美术活动，主题是"我最喜欢的玩具"，主要活动材料是超轻黏土。在亲子互动刚开始的时候还十分顺利，但到了共同制作玩具的泥塑环节，却出现了许多问题。

问题一：家长与幼儿发生争执，幼儿出现啼哭情况。原因是家长认为幼儿速度又慢做的泥塑又不像，便拿过黏土自己独自完成。

问题二：幼儿与家长配合良好，制作速度快，完成泥塑后活动还剩较长时间，家长与幼儿无所事事。

问题三：幼儿积极性很高，但家长兴致寥寥，更多时间在玩手机，而幼儿在独自创作。

要求：

请依据材料中活动出现的问题，思考幼儿园开展4~5岁亲子美术教育活动的指导策略。

## ✖ 知识讲解与案例分析

## 一、探索4~5岁幼儿美术教育活动的特点

### （一）4~5岁幼儿主要特征

幼儿4岁以后，在日常生活和活动方面发生了很大的变化。幼儿进入幼儿园中班阶

段，他们已经适应了集体生活，他们精力充沛，喜欢社交，表现出有些傲慢、自信和独立的反抗意识。4～5岁的幼儿求知欲旺盛，记忆力、思考能力及探索能力发展迅速。

### 1. 活泼好动

4～5岁的幼儿活泼好动，经过一年的集体生活，对生活环境已经比较熟悉，也习惯了幼儿园的生活制度。他们不停地变换姿势和活动方式，总是不停地看、听、摸、动，见到新鲜的东西，总是要伸手去拿或摸，能够放到嘴里的，总是要放到嘴里咬咬、尝尝，或者把东西放在耳朵边听，或者凑过鼻子去闻，不停地积极运用各种感觉器官。他们动作比小班时灵活得多，头脑里主意也多，中班是幼儿心理品质发展最快的时期。

### 2. 爱玩、会玩

中班属于典型的游戏年龄阶段，是角色游戏的高峰期，4～5岁的幼儿能自己计划游戏内容和情节，自己安排角色，制定游戏规则。游戏内容可能是生活中的事情，也可能是他们看过的动画片里的情节。在游戏中满足了他们的好奇心和求知欲，认识了物体的性能，也体验了同伴之间的关系。

### 3. 具体形象思维

依靠动作和视觉思维，是3岁前孩子的典型特点，而4～5岁幼儿主要依靠表象——头脑中的具体形象思维。他们解决简单问题时，可以不再依赖实际的常识性动作，但却必须借助实物形象。比如，"阿姨"的形象是年轻的女性，"奶奶"的形象是白头发的老人。幼儿容易注意具体的形象，也常依赖自身生活经验。幼儿在讲述时，以情景性语言为主，头脑中出现了一幕幕生动的情景。

### 4. 开始接受指令

在日常工作中，教师给小班幼儿布置的任务，一般需要结合幼儿的兴趣，因为他们还不能理智地按要求完成任务。而4岁以后的幼儿对于自己所担负的任务已经出现最初的责任感。由于幼儿思维的发展和理解力增强，能够理解任务的意义。由于心理活动有意性的发展，幼儿行为的目的性、方向性和控制性都有所提高。例如，中班幼儿开始理解值日是自己的任务，并对任务完成的质量开始有了一定的要求。

## （二）4～5岁幼儿美术活动的发展特点

4～5岁的幼儿，美术能力由象征期逐渐进入前图式期，这个时期幼儿往往能画出一些让成人叹为观止的作品。

### 1. 4～5岁幼儿绘画活动的特点

4～5岁已经开始进入前图式期阶段。这段时期幼儿的绘画中无论是人物、动物，还是玩具，都是以一定的图式表现的。有时候只画出物体的某一部分或做一些记号表现整体。由于形象概括，我们经常误以为幼儿停留在象征期。象征期幼儿思维处于直觉行动阶段，他们常常边玩边说边画，通过言语来解释、补充画的图像及情节出现的过程，理解画面需要倾听幼儿的解读。而进入前图式期，基本不需要解释，就能够读懂幼儿画面的内容了。这个时期，幼儿绘画的主题日趋稳定，表现的东西逐步丰富而清晰。当幼儿掌握水平与垂直关系绘画时，绘画的能力会有一个大的飞跃，无意义的线条、图形减少了。按照水平与垂直关系创作出大量形形色色的图形，绘画的新颖性达到了意想不到的效果，幼儿绘画的兴趣十足，这是幼儿学习绘画的最佳阶段。

在构图方面，幼儿的空间认识有了提高，在画面中已经有天空和地面的分别。画面中的形象从零散的构图逐渐开始并列式分布，这一时期的画面是非常生动的，带有明显的主观意识。幼儿的绘画并不受空间的束缚，表现的形象往往非常生动，充满童趣。因而，这个阶段的幼儿有自己独特的绘画表现方法。

（1）异方向同存式画法　幼儿采用立体观察、平面表现的方式，在一个平面上表现物体的各个方面。

（2）透明式画法　在遮挡的地方，幼儿常常把他们想到的、看到的、认识到的都画出来。

（3）倾倒式画法　所画的图形都严格遵循水平与垂直关系，当他们画上坡或拉圈游戏时，地面的方向发生变化，人和物的方向也随之变化。

在绘画中能够体现一定的情境性，有意识地用色彩扩大图形比例。部分幼儿能均匀涂色，而且有了一定的色彩协调观念。在欣赏作品时，开始关注一些作品的形式。同时，对作品的造型、设色、构图以及情感有所理解和表现。幼儿喜欢把作品和具体的形象结合起来讨论，对美的感受需要通过动作、语言、表情等体现出来（图6-13）。

图6-13　幼儿绘画

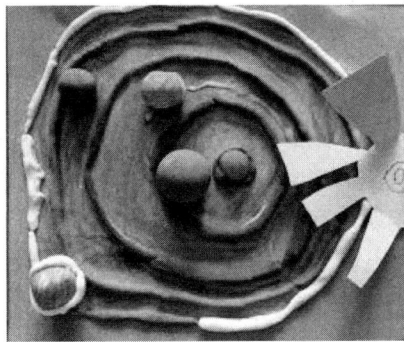

图6-14　幼儿手工

### 2. 幼儿手工活动的特点

4～5岁的幼儿喜欢把生活中熟悉的东西通过手工表现出来，手部的动作比小班幼儿灵活。在手工活动中，幼儿开始有意识的尝试，常常在制作开始时宣称要做什么，然后才开始制作。在泥塑活动中，幼儿从拍打黏土到用双手将黏土团圆、搓长的阶段。起初出现棒状形态，然后出现用棒状组成简单的形体，并把它们并列排列在平面上，像一件浮雕作品，到了后期，出现粗细、长短的变化，再到出现厚泥片。幼儿会用粗细、长短不一的棒状和厚泥片制作物体，但由于手的动作发展不够熟练，只能制作出物体的基本部分，还不能表现物体的细节。为使形象更加逼真，幼儿会喜欢使用一些辅助物。在纸工活动中，幼儿可进行剪纸、折叠、拼贴平面的物象或制作立体物象，剪纸时往往会直线剪得比较顺手。他们喜欢尝试使用一些辅助材料，并对作品进行进一步加工、装饰。常用多种点状材料拼贴物象，表现简单情节。基本形状期是这一时期幼儿从无目的活动走向样式化时期的过渡阶段（图6-14）。

## 📖 案例分析

材料：

【游戏名称】颜色变变变

【编者】素琴

【游戏功能】

（1）了解三原色混合后产生的色变；

（2）在游戏中增强亲子感情。

【游戏准备】红、黄、蓝三种颜色的颜料、弹珠、透明塑料瓶、勺子。

【游戏过程】

（1）父母：我们今天来玩颜色变变变的游戏。将无色塑料瓶装好水，让幼儿取出红、黄、蓝三种颜料。

（2）父母：我们给弹珠穿上漂亮的衣服吧。让幼儿用勺子舀一颗蘸有颜料的弹珠放入瓶中。

（3）让孩子们摇晃瓶子，观察水瓶中水的颜色。

（4）父母：不知道两种不同颜色的弹珠一起放进水里会发生什么事情呢？让幼儿取另一种颜色的弹珠放入水中摇晃，观察水的颜色变化。

（5）父母：三种颜色混合在一起又会发生什么情况呢？

分析：

通过材料中的亲子游戏，一方面可以让孩子感受到颜色变化所带来的乐趣，并初步了解颜色混合产生的变化，为日后学习色彩进行良好的铺垫。另一方面又可以增进幼儿与家长的亲子关系，增强家长对幼儿科学探索的耐心，帮助家长学会如何带领幼儿进行探索。

# 二、4～5岁亲子美术教育活动设计

## （一）幼儿园开展4～5岁幼儿美术教育的特点

### 1.布置适宜的美术创作环境，促进幼儿美术活动的兴趣

观察是幼儿认识世界、获得知识的重要途径。4～5岁幼儿从无意注意向有意注意发展，观察目的性较为明显，在主观认识与客观对象之间建立联系，喜欢观看并模仿他人的绘画作品。能够运用图形组合的方法表现客观对象，并且喜欢表现细节。通过环境创设，使幼儿在潜移默化中体验到成功的乐趣。

### 2.选择新颖的内容，激发幼儿的学习兴趣

4～5岁幼儿学习的动机感性多于理性。他们通常是凭着兴趣主动探索和学习。我们应从幼儿已有的实际经验出发，选择幼儿熟悉的内容，在深度和广度上适当拓展，即"已知＋未知"，使幼儿有足够的兴趣，在已有经验的支持下，探索新问题的解决方法，建构新的知识经验。例如，绘画活动"我是服装设计师"，经过幼儿观察自己与其他小朋友的服装，同时幼儿对水彩笔的性能和运用方式掌握得比较熟练，在此基础上要求幼儿进行"我是服装设计师"绘画活动，幼儿就能主动发挥想象，大胆创造出许多生动的作品，在此过程中，幼儿需要获得的新经验是"如何用已知技法装饰服装花纹，使服装更富美感"（图6-15）。

图6-15　幼儿画作

要将美术教育活动渗透到幼儿的日常生活中，从幼儿身边的人、事、物中选择美术教育内容，这样会使幼儿感到更加亲切，更能激发兴趣。

**3. 尊重幼儿身心发展的规律和学习特点，以游戏为基本活动形式**

恰当地将游戏的形式运用其中，让幼儿参与到教学活动的每一个步骤，使他们真切地感受到活动中带来的直观和快乐的体验。比如，可以在美术教学活动中开展适当的竞争游戏，通过观察引导，既给幼儿自由想象的空间，又设定一定的目标和要求。

## （二）幼儿园开展 4～5 岁亲子美术教育活动的原则

亲子美术活动在亲子教育中占有非常重要的位置，亲子教育是幼儿与家长、教师之间对话的、交互的、生活化的、感性的教育方式。在亲子活动中，使幼儿得到良好的发展，增进沟通，共同体验美术活动的乐趣。

### 1. 生活化原则

根据 4～5 岁幼儿的年龄特点和发展水平，亲子活动中的内容要符合幼儿发展的需要。中班的幼儿好动，对周围的事物充满了好奇心，对问题喜欢刨根问底。在亲子教育中，积极寻找幼儿生活中熟悉和感知的事物。比如环保主题亲子美术活动"纸盒变变变"，活动中家长和幼儿共同收集废旧的纸盒，将纸盒进行设计，废旧利用，使其变身成各种不同的形象（图 6-16）。

### 2. 游戏性原则

游戏是亲子美术教育活动的主要形式，对于 4～5 岁幼儿来说，生活中的各种活动都是"游戏"。教师要尊重幼儿的年龄特点，设计的亲子活动应像做游戏一样，使幼儿在活动中觉得好玩，对感知形象形成简单的联想与想象。如亲子活动中，幼儿先用黏土做自己想做的东西，然后将捏出的东西进行再次想象并绘画，幼儿在游戏中很自然地进行亲子美术教育。

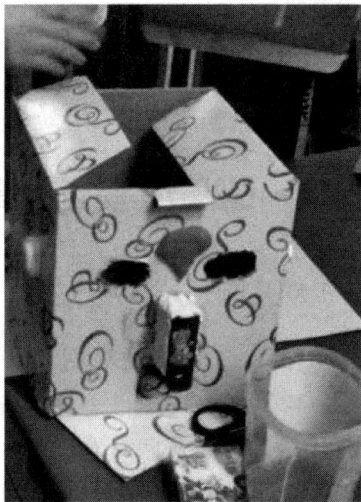

图6-16　"纸盒变变变"活动

### 3. 创意性原则

在亲子活动中，美术教育活动是培养幼儿想象能力和创造力的最佳途径之一。要考虑 4～5 岁幼儿的发展情况，在亲子活动中为幼儿提供亲切自由的环境，教师和家长不断给予幼儿鼓励，使幼儿的想象和创造能够借助亲子活动表达出来。这种伴随着亲情的教育活动，比起频繁枯燥的说教，对幼儿良好品格的形成及健康人格的培养具有积极影响。

### 4. 指导性原则

在亲子美术教育活动过程中，教师要和家长有计划地沟通，指导家长科学育儿，正确看待幼儿的发展情况。家长在活动中对幼儿进行有效的介入和指导，选择简便易于操作的材料，符合中班幼儿的年龄特点，亲子作品更容易获得成功。另外，在生活中也可以持续对幼儿进行美术熏陶。

### 5. 互动性原则

在亲子美术教育活动中，家长要鼓励幼儿，支持幼儿主动探索，和幼儿协作、共同努力，在互动的过程中发挥亲子的力量，锻炼幼儿的能力，增进亲子感情。

## （三）幼儿园开展4~5岁亲子美术教育活动的意义

### 1. 亲子美术教育活动有利于增进亲子情感交流，培养健全的人格

4~5岁的幼儿已经开始进入前图式期，幼儿美术的能力有了一个大的飞跃。幼儿绘画的主题日趋稳定，表现的东西逐步丰富而清晰。无意义的线条、图形减少。通过教师和家长的引导鼓励，幼儿可以大胆表现、自由创作，借助线条、图形、色彩等美术要素，直接表达自身的情感，在亲子活动中培养健全人格。

### 2. 通过亲子美术教育活动引导家长走进幼儿的美术世界

通过亲子美术教育活动，帮助家长了解4~5岁阶段幼儿美术活动的特点，关注幼儿美术能力的培养，学习和掌握幼儿美术活动的引导方法和创造技能，逐渐走进幼儿的美术世界。父母可以多鼓励孩子大胆地按照自己的意愿进行尝试、表达自己的意图，培养他们对手工活动的兴趣。同时，还要教给孩子基本的制作方法，帮助他们实现自己的意图。

### 3. 亲子美术教育活动有利于幼儿大脑潜能的全面开发

4~5岁是幼儿美术创作的高峰期，幼儿能够有意识地通过绘画表现周围世界，尝试用线条来描绘事物的特征，有较好的控制力，可以表现空间遮挡关系。研究表明，美术教育是以形象思维为主的活动，由右脑支配，美术教育有助于右脑潜能的开发，对空间知觉和知觉思维能力培养有着特别意义。美术创作为幼儿的想象和创造提供了自由空间。在亲子活动中，和谐的亲子关系与融洽的活动氛围，使幼儿的想象力和创造力得以展现。

## （四）幼儿园4~5岁亲子美术教育活动的目标

### 1. 通过亲子美术教育活动，构建良好的亲子关系

4~5岁幼儿亲子美术教育活动是幼儿园艺术教育领域的重要组成部分。在活动中应遵循前图式期幼儿身心发展特点，重视幼儿生理优势，设计适合的游戏活动，比如，引导幼儿进行图形拼贴和图形创意。通过为家长和孩子提供共同参与美术教育游戏的机会，使家长获得恰当的美术教育行为和观念，提高家长的美术教育水平，实现幼儿学习、家长培训的指导思想，形成教师、家长与幼儿互动游戏的教学模式。

### 2. 尊重幼儿，恰当引导，培养幼儿的学习兴趣和想象力

随着幼儿认知与动手能力的进一步发展，幼儿能够比较准确把握形状的基本结构，理解形状符号的象征意义。在亲子活动中，家长和老师要通过活动予以恰当引导，启发幼儿用独特的绘画语言表达想法与感觉。在老师的引导下，幼儿能围绕主题安排画面，表现出物体的上下、左右位置。幼儿能够撕出简单的物体轮廓，剪出简单图形，用泥塑造出物体的基本特征。通过泥工、纸工及自制玩具等活动，发展幼儿的形象思维，培养幼儿的学习

兴趣，让幼儿在进行美术创作的过程中感受到美，体验成功的喜悦之情。

### 3. 通过亲子美术教育活动，建立良好的家园关系

4～5岁幼儿有着较为丰富的想象力，但是逻辑思维较弱，比如，在处理任务时往往抓住人物的外部特征，凭借想象大胆处理，具有趣味性。通过共同参与亲子美术活动，幼儿在与家长、教师的互动中获得良好体验和知识技能经验。教师和家长应该达成共识，保护幼儿的创作天性和想象翅膀，实现幼儿、家长、教师"三位一体"共同感知美、发现美，最终实现家园共育，促进幼儿身心健康发展。

## （五）幼儿园开展4～5岁亲子美术教育活动的具体内容

### 1. 构建良好的美术环境，培养审美情感的体验

中班幼儿比小班幼儿稍显成熟，但是与成人的生理心理特征有很大区别。构建良好的艺术氛围，能够使亲子美术教育活动在轻松、愉快的心理环境下进行，使中班的幼儿充分发挥想象，天马行空地创作。中班幼儿的感知能力增强，布置环境时可以逐步增加一些启发性较强的内容，激发幼儿的创作灵感，引发幼儿对美好事物的喜爱之情。

### 2. 在亲子游戏活动中进行简单的技能训练

4～5岁的幼儿活泼好动，愿意用感官去探索，了解身边的人、事、物，有着强烈的好奇心，同样喜欢在游戏中学习。教师在亲子活动中应选择幼儿熟悉的生活化的题材，比如，组织亲子活动"在农场里""动物园"，利用树叶、纸盒、木条、稻草等材料进行综合材料的改造，使幼儿在轻松愉快的活动中学习美术的基本技法。

### 3. 为幼儿提供生活化的手工材料，培养幼儿的美术活动兴趣

4～5岁幼儿小肌肉发展还不够完善，动手操作的能力较弱，同时对周围事物充满好奇。教师可为幼儿提供丰富有趣且简单易操作的材料，符合中班幼儿特点，这样既能激发幼儿对美术活动的兴趣，又能较好地制作出亲子作品。例如，用一次性纸盘做装饰画、撕贴画，或做花、动物头像等；用纸盒制作各种各样的作品，如机器人、房子等等；饮料瓶也可以装饰成花瓶等。通过亲子制作材料，可以锻炼幼儿的想象力，增进亲子感情。

### 4. 提供丰富的色彩工具，满足幼儿色彩兴趣需求

4～5岁幼儿绘画从单一颜色或少数颜色，慢慢增加多种色彩。幼儿的观察能力增强，能够选择与物体明显相似的颜色，表现出对色彩极大的兴趣。在亲子美术教育活动中可以设计相关的内容供家长和幼儿互动。比如，"色彩变变变"中发现不同颜色混合后发生的变化，体验色彩绘画活动的快乐，培养对色彩绘画的兴趣与想象能力。

### 5. 引导幼儿欣赏体验艺术之美

在亲子活动中，教师要给幼儿和家长提供大量的欣赏艺术作品机会，通过欣赏了解作品的形状、色彩、结构等美术要素，了解艺术作品的表现手法、艺术风格，感受作品中形象的象征性、寓意性，引导幼儿在欣赏时能讲述自己独特的观点。

## 📚 案例分析

材料：

在一场主题为"天空"的亲子绘画活动中，一名幼儿将自己心中的太阳涂成了黑色，云朵涂成了银色。家长问该幼儿为什么这么涂颜色，幼儿解释道："晚上的时候太阳就不见了，变成了黑色，隐身在天空之中，云朵变成了星星，一闪一闪的很漂亮。"听完孩子的解释，家长说："太阳不是黑色的，不见了是因为落下去了，晚上的星星也不是云朵变的，你画得不对，我帮你改过来。"

分析：

在亲子活动中，美术教育活动是培养幼儿想象能力和创造力的最佳途径之一。因此家长应充分尊重幼儿天马行空的想象力，而不是按照成人的认知去否定幼儿的想法，并急于为其"纠错"。这样的做法一方面违背了创意性原则；另一方面也违背了指导性原则，与美术活动的初衷背道而驰。

# 三、4~5岁亲子美术教育活动指导

现实生活中，4~5岁幼儿大多已经适应了幼儿园的生活，其绘画发展水平正处在"前图式期"，这一时期的孩子，对生活的环境，以及接触的人、物等都有了更多的认识，孩子动手的能力也比较强了，他们越来越希望独立地参与社会性活动。怎样培养4~5岁幼儿的美术兴趣，开展这一阶段亲子美术教育活动呢？

## （一）4~5岁亲子美术教育活动的现状分析

幼儿亲子美术教育活动是幼儿艺术活动的一部分，是幼儿园教学工作的重要组成部分。现在我们就幼儿园中班亲子美术教育活动中的现状进行分析，探讨在实际的亲子美术活动中的教学模式、幼儿的体验效果等问题。

### 1. 教师在亲子活动中教育目标定位不够具体，活动要求不够明确

在工作中，教师对4~5岁幼儿的心理特点和生理能力了解不足，导致教学内容重点难点把握有失平衡，在活动中会出现幼儿迟迟不敢动手，家长包办代替，教师进行教学活动也感到辛苦，无法正确地指导幼儿。

### 2. 家长对幼儿美术教育的认识程度不够深刻

家长在亲子美术教育中有着不可替代的作用。活动中发现家长对这一时期幼儿的绘画特点认识不清晰，出现重智育、轻美育的思想，尤其部分家长很少参与幼儿的家庭美术教育，在亲子活动时家长参与的主动性不足，对幼儿没有形成积极主动评价，影响幼儿的绘画兴趣和自信心。

### 3. 亲子活动中美术环境布置不能满足4~5幼儿发展需要

4~5岁幼儿的想象力丰富，愉悦的亲子活动能够激发幼儿的创作兴趣和愿望。在亲子活动中要为幼儿提供一个展示自我的环境，比如，在墙面上开设"我是小画家"的绘画专栏，把幼儿活动中的作品张贴上去，并积极赞赏，这样可以有效地激发幼儿的绘画兴趣，建立幼儿的自信心。

#### 4. 材料使用繁多，投放使用效果良莠不齐

运用多种作画材料和工具辅助亲子美术活动的开展。在亲子美术活动中教师往往会提供丰富的材料，刺激幼儿的操作欲望，促使幼儿投入到活动中来。但部分教师为了活动新颖，选择材料操作难度较大，不适合这个年龄段操作，导致使用的效果并不理想，不容易让幼儿体验到成功的快乐。

#### 5. 在亲子美术教育活动中教师和家长将自己的认识感受强加于幼儿

幼儿美术作品的魅力在于充满丰富的形象和独特的表现手法。4～5岁幼儿是靠自身的理解和感受来进行创作的。在活动中教师和家长要帮助幼儿获得各种经验，而不是将自己的经验强加给幼儿。

### （二）幼儿园开展4～5岁亲子美术教育活动指导策略

4～5岁这个年龄段幼儿的美术教育中应该注重积累生活经验，提高绘画技能，使绘画成为幼儿表达自己生活感受的一种方式。幼儿的想象并不是凭空而来的，是以他们的知识、观察和生活经验为基础的。

#### 1. 调动家长积极参与活动，丰富幼儿的审美感知和表现经验

在开展亲子活动时，幼儿园教师需要向家长宣传亲子活动的动向，调动家长的积极性，列举古今中外家长重视幼儿教育的事例，让家长在日常生活中有意识地引导幼儿发现周围美好的事物，引导幼儿欣赏生活用品、节日装饰、环境布置和自然风光，使幼儿获得更多的审美感受。

#### 2. 创设一定的情景主题，将活动内容与游戏的需要相结合

在亲子活动中，教师要善于将美术活动的目标、内容渗透到幼儿的游戏活动中，与幼儿的游戏实际需要发生联系。引导幼儿调动内在的动力去尝试操作，感知各种工具材料的用途和方法，感知材料的可变性。比如，在亲子活动中使用多种材料制作汽车，可以使用废旧纸盒、塑料瓶等不同材料，鼓励幼儿和家长合作，探索不同材料的连接方法。锻炼幼儿解决问题的能力，发展幼儿的想象思维、创造思维，在和谐的亲子气氛中，幼儿自己尝试、探索，获得美术活动经验。

#### 3. 提供丰富多样的操作材料

4～5岁的幼儿小手肌肉发育还不完善，在活动中提供丰富的材料，包括纸工、泥工等综合材料，同时也要提供各种辅助材料，锻炼幼儿的思维，有利于幼儿操作，能够使幼儿轻松获得成功的感受，丰富的材料使活动的过程变得更有趣。在亲子活动中，教师可以鼓励家长和幼儿共同收集生活用品，引导家长和幼儿加工制作。比如，泥塑的主要材料是超轻黏土，辅料可以提供牙签、泡沫板、各种果壳、树枝、毛线、细铜丝、小石头、各种豆类、谷物等等。幼儿在亲子美术教育活动中丰富了经验，发展了能力。

#### 4. 在和谐的亲子氛围中，培养幼儿类比、联想、发散思维的能力

4～5岁幼儿特点是活泼好动，喜欢模仿。在亲子活动中要培养幼儿的观察能力，使幼儿逐步由无意观察到有意观察，再到自觉观察。引导幼儿有目的地观察生活中感兴趣的事物。比如，教师引导幼儿边观察边用词语概括物体主要特征，以色彩、构图、情趣等因

素引导幼儿，启发幼儿思路，为幼儿表现事物奠定基础。

### 5.用正确的方式来评价幼儿作品

由于幼儿的认知、情感、视觉、动作技能等与成人不同，幼儿的作品表现也与成人有着本质区别。中班的幼儿经常采用一种符合主观愿望的方法，把不同角度、不同时空、毫无关联的东西画到一起，每件稚趣的作品都饱含他们的思想和情感。对幼儿的作品应以表扬为主，不要干扰或试图改变幼儿的涂鸦，不以"像"与"不像"的成人标准去衡量幼儿作品。在亲子活动中，教师和家长都要尊重幼儿的成长需求，为幼儿提供更多的机会表现自我。

## （三）幼儿园开展4~5岁亲子美术教育活动典型问题及解决方法

下面我们一起看一看，在实际工作中，幼儿园4~5岁（中班）亲子美术教育活动中经常出现的问题及其解决方法。

### 1. 教师在亲子活动中教育目标定位不够具体，活动要求不够明确

（1）典型案例　在亲子美术活动"美丽的花园"中，教师拟定的教学目标是让幼儿在活动中提高手部肌肉的协调性，用折、剪、画、贴等形式表现花园，要求幼儿和家长共同制作完成，培养幼儿热爱大自然的情感。

（2）诊断分析　创设情境小蜜蜂采蜜，让幼儿回忆花园里有什么花。"小草不高兴了，小朋友们请帮助小草和花交朋友吧！"教师要求幼儿用材料绘制花朵。通过分析发现案例中教师制定的目标不够明确。幼儿用折、剪、画、贴等形式表现花朵，中班幼儿的经验并不丰富。如果选择团纸蘸色的方法，这是小班阶段的操作，达不到在已有经验上拓展的目标；如果使用复杂折纸或剪贴，幼儿无法达到要求，会出现家长包办的情况，幼儿兴趣会受到影响，也无法实现亲子活动的目标。

（3）解决办法　教师应仔细观察幼儿实际的能力，使活动的目标与中班幼儿的实际认知能力相符，促进幼儿的参与兴趣和家长亲密互动。

### 2. 家长对幼儿美术教育的认识程度不够深刻，家长参与度不足

（1）典型案例　在4~5岁亲子美术教育活动"我爱我家"中，教师拟定教学目标为让幼儿尝试使用线条、图形组合的方法表现物品的基本特征，了解家里的人、事、物，感受家庭的温馨。

（2）诊断分析　此阶段幼儿正处在前图式期，已经能画出比较"像"的作品了。但所画的内容和真实的图像对比是不准确的，常常只是以某一部分或一些记号性的形象来表现要画的内容的全部，而这一部分往往是幼儿最关心的、最注意的、最有特点的部分。在活动中家长处于旁观的角色，参与度不高，教师在确定具体内容时要面向全体幼儿和家长，从幼儿和家长共同参与的初衷出发。

（3）解决办法　教师应深刻了解中班幼儿实际的能力，将能力练习目标与幼儿现有能力紧密结合，既要遵循幼儿的基本发展规律，又要给予幼儿差异化的发展探索空间。引导家长在这个过程中积极参与，给幼儿创造机会，不要纠正幼儿画得不够准确，呵责幼儿，会扼杀幼儿的天真童趣，每位幼儿都是独立的个体，同时需要家长的帮助和引导，通过亲子活动达到家长和幼儿共同参与，相互配合的目的。

### 3. 亲子美术教育活动中，环境布置不能满足4～5岁幼儿发展需要

（1）典型案例　在4～5岁亲子美术教育"虎虎生威"主题活动中，教师拟定教学目标培养幼儿动手能力，用泥塑的方法塑造小老虎的形象。教师在活动前安排活动计划，布置活动场地。在活动区布置图片渲染春节气氛，操作台摆放泥塑工具。

（2）诊断分析　在该亲子活动中，教师拟定主要活动目标是培养幼儿动手能力，用泥塑的方法塑造小老虎的形象，通过活动增强艺术源于生活审美体验。在活动区布置时按照幼儿园美术区域的环境布置，增加了装饰挂图和投放各种材料，但在活动中教师没有利用环境引导幼儿参与互动。

（3）解决办法　教师应该创设可参与性和可操作性的物质环境，在活动中教师可以引导幼儿与家长、同伴相互讨论，互动交流，相互启发，通过环境的布置产生较好的效果，增强幼儿的参与度，强调家长的共同参与。

### 4. 材料使用繁多，投放工具材料部分不适合中班幼儿使用

（1）典型案例　在4～5岁亲子美术活动"瓶子的新衣"中，拟定教学目标是让幼儿在游戏中了解生活中的瓶子经过装饰可以美化环境。培养幼儿手脑协调性，培养创造性思维方式。该亲子美术主题的活动需要准备多种材料，包括收集各种玻璃瓶，还有辅助材料如毛线、麻绳、干花、玉米皮、干辣椒、树叶、彩色绳子、即时贴等。

（2）诊断分析　在活动中的材料包括各种形状的玻璃瓶及各种装饰辅料，部分辅料不适合中班幼儿操作，比如，辣椒、玉米皮等并不适合中班幼儿手工操作。

（3）解决办法　在亲子活动中，每组家庭幼儿自己收集材料，教师引导幼儿和家长合作，可以选择不同的材料进行有特色的瓶子装饰。这样选择的材料都是幼儿身边触手可及的事物，通过熟悉的事物，可以让幼儿观察、欣赏、讨论，通过已有经验重新体验。

### 5. 教师和家长在活动过程中，不能给予幼儿恰当的引导

（1）典型案例　在4～5岁幼儿亲子美术活动"运动员"中，培养幼儿的动手能力。

活动目标用泥工材料表现运动人物形象，幼儿和家长在活动中感受亲子感情，活动中提供黏土、扭扭棒、泡沫板、牙签等多种工具材料供幼儿选择。活动过程中老师发现明明和其他小朋友不同，他作品中的人物都是同样的站姿。

（2）诊断分析　明明作品中的人物姿势单一。活动中需要家长和幼儿相互配合，共同商讨并完成运动人物制作。家长要注意引导，比如，提问："人物只有站着的吗？可以让他做运动吗？""可以做什么运动呢？"当看到幼儿的设计造型不协调时，可以进一步引导："你看这个头可以再抬高一下吗？"

（3）解决办法　了解幼儿年龄生理特点，树立正确的评价观，指导幼儿时能够尊重幼儿的个体发展规律，用欣赏的眼光衡量幼儿的作品，不断提出疑问，引发幼儿思考，帮助幼儿获得各种经验，提高幼儿的艺术修养。

### 6. 亲子美术教育活动中评价不当

（1）典型案例　幼儿亲子美术活动结束时，教师评价幼儿的作品必不可少，教师对幼儿作品的评价态度、标准，直接影响幼儿的参与兴趣和积极性。

（2）诊断分析　美术是幼儿的一种独特的表达方式，教师在评价时要用中肯的语言对

幼儿的作品进行评价，评价时以保护和鼓励为主。

（3）解决办法　针对案例中的评价问题，首先在教学过程中有意识地去发现幼儿多方面的潜能，比如，对学习习惯、审美情趣、兴趣爱好、合作精神、实践能力等方面的评价。除了教师评价外，也可以组织多种形式的评价方式，比如幼儿自评、互评等形式。评价应以幼儿发展为根本目的，在亲子活动中起到画龙点睛的作用。

## 📚 案例分析

### 幼儿园4~5岁亲子美术教育活动方案：七彩雪花

雪花在我们的认知里是洁白的，但在幼儿的世界里是多姿多彩的。七彩的雪花就像幼儿的生活一样色彩斑斓，给幼儿提供了想象的空间。

【活动目标】

（1）鼓励孩子剪纸雪花，促进手部肌肉的控制能力。

（2）巩固对色彩的认知，提高涂色的技巧。

（3）了解冬天的特征，体会亲子活动的乐趣。

【活动准备】

（1）课件

（2）彩纸、铅笔、胶棒、小熊头饰。

【活动过程】

（1）了解冬天的特征。

（师）出示雪花。小朋友们，你们知道老师手里拿的是什么吗？

（生）雪花。

（师）什么季节会有雪花？

（生）冬季。

（师）播放《雪绒花》歌曲。

（生）边唱边表演。

（2）戴头饰的教师扮演小熊表演：冬天到了，小熊又要冬眠了，这一天他做了个奇怪的梦，梦见了五颜六色的雪花飘落下来，他开心极了；从梦里醒来，发现窗外白茫茫的一片，伤心得哭起来。

（师）请小朋友们想想办法帮小熊实现心愿吧。

（3）出示材料，幼儿观察。

（师）小朋友们，今天老师带来了一些材料，看，都是什么？纸、画笔，现在，我们就用这些材料来给小熊制作七彩的雪花！

（4）教师制作雪花，幼儿观看。

① 出示剪好的雪花，讲解剪纸的方法。

② 演示进行剪纸，提醒幼儿注意安全。

（5）幼儿制作雪花，家长协助幼儿完成。

（师）请幼儿和家长将雪花粘在玻璃上，邀请"小熊"来到窗边欣赏雪花（图6-17）。

图6-17 剪纸雪花

【活动延伸】

幼儿和家长一起玩角色扮演的游戏，体会亲子活动的乐趣。

分析：

案例中活动环节设计新颖，符合中班幼儿好奇心强、喜欢刨根问底的心理特点。鼓励幼儿有目的地剪纸，促进手部肌肉的发展，能用不同的颜色，符合中班幼儿的认知能力。活动设计贴合幼儿的生活实际，让孩子们在亲子活动中有所获、有所得、有所乐。幼儿自主选择颜色，以帮助小熊为主线。幼儿在活动中学会关心他人，体会亲子活动的乐趣。通过亲子美术教育活动激发幼儿创作的欲望，增进了亲子感情。

## ✿ 拓展训练

材料：中班幼儿作品《我的胸花》（图6-18）。

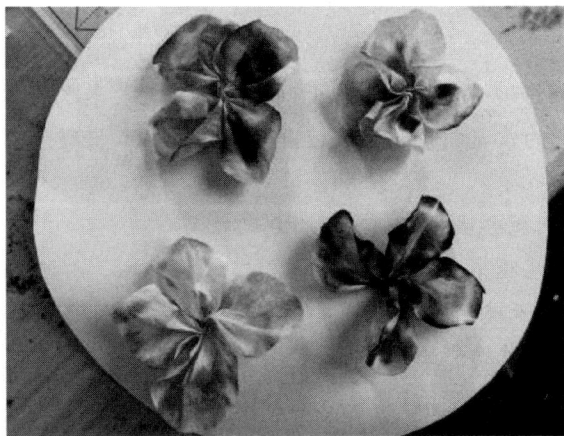

图6-18 《我的胸花》

训练要求：请以《我的胸花》为主题，设计一场4~5岁的美术亲子活动，要求家长与幼儿共同制作、共同展示。

## 第五节
# 5～6岁亲子美术活动

### ✈ 案例导入

材料：

某幼儿园欲进行一场大班美术亲子活动，考虑到大班幼儿的发展水平特点，教师决定在材料准备上做一次创新，突破往常在纸上绘画、用泥土泥塑、用剪刀剪彩色卡纸等形式，采用废物利用的方式进行亲子活动。

要求：

请依据材料内容以及大班幼儿生长发展特点思考：如果你是此次活动的主办教师，你会为幼儿与家长准备哪些材料？使活动可以增强亲子间互动的同时，又能促进幼儿认知与创新的发展，还能最大程度上提高材料的利用率与材料间的关联性。

### ❈ 知识讲解与案例分析

## 一、探索5～6岁幼儿美术教育活动的特点

### （一）5～6岁幼儿主要特征

5岁以后，幼儿的心理各方面有明显的变化，进入了幼儿园大班阶段，一方面他们精力充沛，自我控制能力增强，有一定的约束能力，能够与小伙伴相互合作。另一方面他们的思维以形象思维为主，出现了抽象思维萌芽，记忆力、思考能力及探索能力发展迅速，已经为升入小学奠定了基础。

**1. 活动的自主性、主动性提高**

随着年龄的增长和心理的发展，这个年龄段的幼儿活动的自主性、主动性有了明显的提高，在生活方面更加独立，能够选择自己喜欢的衣服，自理能力有了明显提高，同时自我评价能力逐渐发展，从依从性评价向独立性评价过渡。

**2. 好学、好问，有极强的求知欲**

学前后期的幼儿对周围的世界有着积极的求知欲和探索态度，他们思维积极活跃，愿意学习新东西。他们爱问"是什么"，还想知道"怎么来的"，幼儿开始对自然现象、机械运动原理等感兴趣，渴望得到科学的答案。常常会问"鸟为什么会飞？鱼儿为什么会在水里游？闹钟为什么会响铃？"

**3. 具体形象思维为主，抽象思维开始萌芽**

随着幼儿神经系统的成熟，大班幼儿的思维水平相对小班、中班幼儿有了明显提高，以形象思维为主，抽象逻辑思维的出现了萌芽。他们可以感知事物的特点，进行初步的归纳和推理。比如，在记忆事物时，会自动把事物进行分类记忆，记忆不熟悉的形状时会做

各种形状联想。

### 4. 自我控制能力强，活动更加有目的、有计划

大班幼儿的规则意识逐渐形成，他们喜欢有规则的游戏，开始学习控制自己的行为，遵守集体的共同规则。同时，大班幼儿自我服务能力增强，坚持性普遍提高，同小班、中班相比他们的行为少了一些盲目性，多了一些目的性和计划性。

### 5. 情绪稳定，合作意识增强

5～6岁的幼儿情感虽然会受外界影响发生变化，但是大多数的幼儿开始能够有意识地控制自己的情感表现。在相互交往中，有了合作意识，遇到共同的兴趣和目标时，幼儿之间能很好地分工、合作等，也为小学的班级式学习做准备。

## （二）5~6岁幼儿美术活动的发展特点

5岁左右的幼儿，美术能力由前图式期逐渐进入到图式期，这个时期幼儿在创作中充满自信，使用线条和形状表达自己的情感。

### 1.5～6岁幼儿绘画活动的特点

5～6岁幼儿开始进入图式期阶段。这段时期幼儿的绘画构思比小班、中班时更加稳定，他们可以在动手之前思考要画的主题，画完后能够清晰地讲解自己的想法和理由。这一时期幼儿仍然喜欢使用简单的形状和线条，比如，圆形、方形、三角形和线条组成各种复杂的形象，后期幼儿可以画出物体的轮廓，并且能够将形象的各个部分连成一个整体。幼儿可以通过对身边事物的观察和感受，用绘画表达自己的内心感受和想法，对于一些物体固有的常态形状，常常改变其固有形状，创造自己喜欢的样子。画面中的形象越来越具体，用细节描绘事物的基本特征，表现出拟人化、夸张式、透明式、装饰性的特点。在构图方面，幼儿表现为多样空间，如散点式构图、多层并列式构图、俯视与展式式构图等。幼儿的绘画开始有一定的比例关系，比如，爸爸、妈妈的身高高于孩子的身高。在颜色方面，幼儿可以使用固有颜色表达自己的心愿，幼儿使用的色彩往往是明亮鲜艳的，涂色水平和质量有了很大提高（图6-19）。

图6-19　幼儿作品（张瑞珊）

### 2. 幼儿手工活动的特点

5～6岁的幼儿知识经验更丰富，大脑功能也不断趋向成熟，手的精细动作进一步发

展、剪、折、贴的技能逐步提高，因此他们更喜欢用更多的辅助材料表现较复杂、难度大的作品，追求对物体的主要部分乃至细节和情节的表现（图6-20）。

图6-20　折纸龙舟

## 案例分析

材料：

【活动名称】纸扇子

【编者】颖

【游戏功能】锻炼幼儿手指的灵活度

【游戏材料】彩色纸、小胶带

【游戏过程】

（1）家长先将一把制作好的彩色纸扇子让幼儿欣赏。

（2）家长引导幼儿学习制作纸扇子，然后幼儿独立制作。

（3）家长与幼儿一起用纸扇子给自己或对方扇风。

（4）家长可以鼓励幼儿用自己的纸扇子给周围的人扇风。

【提示】纸扇子的制作方法：将彩色纸正反折数次，然后从中间对折，将两边粘起来，形成一把半圆形的纸扇子。

分析：

折纸是一种能够锻炼幼儿手指灵活度的美工活动，还有利于发展幼儿的想象力、创造力。折纸活动的难度易调节，适合多个年龄段的幼儿，既能够独立完成，又适合很多人一起玩，因此作为亲子活动出现。

## 二、5~6岁亲子美术教育活动设计

### （一）幼儿园开展5~6岁幼儿美术教育的特点

#### 1. 以培养审美创造力为核心，鼓励幼儿创造性地表达自己的想法

大班的幼儿已经具备了一定的绘画水平，绘画语言可以通过线条、形状、色彩等方面详细地表现出来。绘画时，注意力集中时间较长，作品的整体气氛可以表达幼儿的心理状

态和认知，这些绘画技巧的成熟，使幼儿的想象力、创造力更好地通过绘画表现出来。在幼儿美术教育过程中教师必须注意幼儿创造力的挖掘，用科学的方法激励幼儿的创作与表现的愿望。

### 2. 重视幼儿的操作能力，强调多种感官的协调活动，注重情感体验

5～6 岁的幼儿已经能够正确地使用多种工具材料进行绘画及手工活动，并且能够客观地评价自己和他人的作品，幼儿的合作意识进一步增强。在这一时期的美术教育中，幼儿在操作中体验美术活动的乐趣，通过各种感官的协调活动，获得审美感知和审美创作。在美术活动中，幼儿通过自己的实际操作，运用美术技法和材料将自己的情感和认知表现出来，在此操作过程中幼儿的多种感官能获得审美体验。

### 3. 重视色彩培养

色彩是这一阶段幼儿绘画的主要语言和重要表现手段。在绘画活动中，通过调色、填色等形式使幼儿建立对于色彩的认知，培养幼儿对色彩的敏感和情感的认知，锻炼幼儿用色彩来表达情绪和感受的能力。另外，这一阶段，幼儿对色彩感情的感知会受到文化的影响，不同民族的历史、风俗等会产生不同的色彩情感。比如，红色让人感到喜庆，像过年的感觉，使幼儿感到快乐。

## （二）幼儿园开展 5～6 岁亲子美术教育活动的原则

亲子美术教育活动，把孩子和家长的生活、情感、技能以及幼儿原有的美术以外的其他领域的学习都很好地关联到一起，整合多领域的经验，使幼儿得到良好的发展，满足了他们感受美、发现美、了解美、探索美的欲望，增进幼儿和家长的沟通，共同体验美术活动的乐趣。

### 1. 适宜性原则

根据 5～6 岁幼儿年龄特点和发展水平，亲子活动中的内容要符合幼儿发展的需要。大班幼儿对周围的世界有着积极的求知探索态度，并且能从内在的隐蔽原因来理解各种现象的产生，能生动地描述图片内容。小手更加灵活，使幼儿的操作能力加强。在亲子教育中，既要贴近幼儿的生活，选择幼儿感兴趣的事物和问题，又要开拓幼儿的经验和视野。

### 2. 游戏性原则

兴趣是学习的动力，对于 5～6 岁幼儿来说，最喜欢玩游戏。教师要尊重幼儿的年龄特点，通过生动形象的语言，以游戏的形式开展亲子活动，把美术教育融于游戏之中。

### 3. 创造性原则

在亲子活动中，应充分发挥幼儿的创造力，培养幼儿的艺术创造意识与能力。要考虑 5～6 岁幼儿的发展情况，在亲子活动中为幼儿提供宽松的心理环境，教师和家长应不断地给予幼儿鼓励，激发幼儿的想象和创造能力。正确认识创造能力与技能的关系，关注幼儿的情感体验与态度倾向。

### 4. 指导性原则

在亲子美术教育活动过程中，教师要和家长有计划地沟通，指导家长科学育儿，正确

看待幼儿的发展情况，家长在活动中对幼儿进行有效的介入和指导。在亲子活动中选择易于操作的材料，亲子作品更容易获得成功。亲子活动不可能解决孩子发展的所有问题，也不可能代替家长教育的全部。组织者不仅要在有限的时间里，对家长进行必要的示范讲解，同时也要考虑活动的指导性要向家庭中延伸。

### 5. 互动性原则

在亲子美术教育活动中，家长要鼓励幼儿、支持幼儿主动探索，和家长协商，共同努力，在互动的过程中发挥亲子的能量，锻炼幼儿的能力，增强亲子感情。教师要了解幼儿发展及可接受的程度，寻找那些最接近幼儿、最使幼儿感兴趣的事物，由繁到简地提出合适的问题，使幼儿的智力和技能得到应有的发展。

## （三）幼儿园开展5~6岁亲子美术教育活动的意义

### 1. 亲子美术教育活动有利于增进家长和孩子之间的情感交流

5~6岁的幼儿已经开始进入图式期，他们开始有目的、有意识地运用所掌握的图形和线条表现自己的经验和愿望，这一阶段幼儿的绘画水平有很大的发展，在绘画中有着强烈的主观倾向性和丰富的想象力。通过教师和家长的引导鼓励，幼儿可以大胆表现、自由创作，直接地表达自身的情感，记录自己的生活，在亲子活动中培养健全的人格。亲子美术教育活动，把幼儿和家长的生活感情、技能以及其他领域的经验整合到一起，为幼儿和家长创造了许多共同交流的机会，在活动中一起感受美、发现美，表现美。

### 2. 通过亲子美术教育活动加强宣传，提高家长的美术教育认知观念

通过亲子美术教育活动，帮助家长了解5~6岁阶段幼儿美术活动的特点，纠正家长在美术教育观念上的误区，关注幼儿美术能力的培养，建立正确的美育观念，学习和掌握一些幼儿美术活动的引导方法和创造技能，逐渐走进幼儿的美术世界，使幼儿园的美术教育教学理念与幼儿家庭取得一致。教师、家长、孩子成为统一的教育共同体，在亲子活动中相互促进，不仅是孩子受教育，教师和家长也会受到孩子的启发，大班的幼儿想法往往更具有创新色彩。

### 3. 亲子美术教育活动促进幼儿的想象力和创造力的发展

5~6岁幼儿已经有一定的美术表现欲望，在观察力、记忆力、想象力、创造力等正处于良好的发展期。幼儿已经不满足于原有的绘画水平，希望尝试探索更丰富的表现形式。幼儿在亲子活动中，和谐的亲子关系、融洽的游戏活动氛围，使幼儿能够主动参与，摸索绘画的技巧，使幼儿的想象和创造能够在活动中得以展现。

## （四）幼儿园5~6岁亲子美术教育活动的目标

### 1. 通过亲子美术教育活动，增进和谐的亲子关系

5~6岁美术幼儿亲子教育活动是幼儿园艺术教育领域中重要的组成部分。在亲子美术教育活动中遵循图式期幼儿身心发展特点，以游戏活动为主要方式，比如，在亲子活动中引导幼儿观察生活和大自然中美的事物，为家长和孩子提供共同美术活动经验，以写生活动"树"为例，在活动中，引导家长和幼儿去公园观察树，先启发幼儿说出树木的形状特点，再比较高矮、颜色差别。亲子活动使父母获得相关教育观念，提高了家长的美术教

育水平，实现了教师、家长与幼儿三者的有效互动。

### 2. 尊重幼儿，恰当引导，培养幼儿观察力、想象力以及自我评价能力

大班的幼儿积累了比较丰富的知识经验和绘画、手工技巧，随着幼儿认知与动手能力的进一步发展，在亲子活动中幼儿能够联想以往的知识经验，老师和家长要予以恰当的引导，启发幼儿用自己独特的绘画语言表达自己的想法与感觉。幼儿能够在老师的引导下围绕主题在直接观察感受后进行创作活动，能够根据自己的创作的需要选择工具和材料。在亲子美术活动中，丰富的材料、新颖的活动形式能培养幼儿的学习兴趣，让幼儿在进行美术创作的过程中感受到美，观察力、想象力、欣赏能力以及自我评价能力得到锻炼和提高。

### 3. 通过亲子美术活动，建立良好的家园关系

大班阶段幼儿有着较为丰富的形象思维，逻辑思维开始萌芽。比如，在教学中我们发现幼儿看到圆形，可以想象成太阳、鸡蛋、饼干等很多东西，思维非常活跃。在画面处理上，人物有了性别、年龄之分，人物大小的空间前后有差别等。通过共同参与亲子美术活动，幼儿在与家长、教师的互动中获得良好体验和知识技能经验。教师和家长应该达成共识，为幼儿提供更多感知生活和自然科学的机会，保护幼儿的创作天性，实现幼儿、家长、教师"三位一体"，共同感知美、发现美，最终实现家园共育，促进幼儿身心健康发展。

## （五）幼儿园开展5~6岁亲子美术教育活动的具体内容

### 1. 构建良好的美术氛围，增强幼儿的自信心，发展个性

大班幼儿比小中班幼儿更加成熟，构建良好的艺术氛围，能够使亲子美术活动在轻松、愉快的心理环境下进行，能让大班的幼儿充分发挥自己的想象，更加自信地进行创作。大班幼儿感知能力增强，在活动时，家长和教师可以正面鼓励幼儿，肯定他们的作品，激发幼儿的创作自信心，使幼儿能够根据自己的喜好选择表达的方式和内容，促进幼儿个性的发展，为步入小学阶段奠定基础。

### 2. 在亲子游戏活动中提高美术技能和表现能力

5~6岁幼儿想象的有意识性已经相当明显了，他们会让想象更符合客观逻辑性，他们已经能够正确地使用多种工具材料进行绘画、手工造型。幼儿依然喜欢在游戏中学习，教师在亲子活动中应鼓励幼儿大胆创作，充分表达他们的想象和情感，并综合使用各种造型手段，如画画、做做、玩玩，使幼儿在轻松愉快的活动中学习美术的基本技法。

### 3. 亲子美术活动以幼儿现实生活为背景，注重生活与美术教育的结合

5~6岁幼儿由于小肌肉发展还不够完善，动手操作的能力较弱，同时对周围事物充满好奇。因此教师要挖掘和幼儿生活相关的美术活动，比如运用生活中的废旧物品进行美术创作，如创意花瓶、袜子娃娃等。也可以结合语言活动，让幼儿在理解诗歌、故事的基础上进行美术创作活动。

### 4. 提供丰富的色彩工具，满足幼儿色彩需求

5~6岁这一时期幼儿绘画开始表现出比较明确的主题意识，开始表现现实对象，表

现出对色彩极大的兴趣，但往往不顾色彩与物体的关系，更多地根据自己的情绪来用色。在亲子美术教育活动中，可以提供多种多样的操作材料来激发幼儿的兴趣。除了日常使用的画笔、颜料之外，也可以收集一些袋子、盒子、废旧图片、瓜果壳等材料。

### 5. 引导幼儿欣赏体验艺术之美

大班幼儿评价能力逐步发展，个性特征有了较明显的表现，其中最突出的是幼儿自我意识的发展。这一时期幼儿自我意识的发展主要体现在自我评价的能力上。在亲子活动中，教师要给幼儿和家长提供大量绘画、工艺、雕塑、建筑等美术作品，通过欣赏让他们了解作品的造型美、色彩美及其情感构图的对称、均衡、节奏与和谐美，促进幼儿欣赏能力的发展，使幼儿能够欣赏并学习从形式和内容的角度评价自己同伴的美术作品。

### 📚 案例分析

材料：

在一场美术欣赏的亲子活动中，教师带来了西班牙画家胡安·米罗的作品《哈里昆的狂欢》，让幼儿与家长一起欣赏，欣赏后进行自己的相关绘画创作。但在欣赏到一半时，一名家长认为看画无用，不如直接让孩子画，向老师提出终止欣赏环节的建议。

分析：

通过亲子美术教育活动，可以帮助家长了解该年龄阶段幼儿美术活动的特点，树立正确的美育观念，掌握美育相关技巧，促进亲子关系。材料中家长的行为显然是不能正确认知美育的作用。教师在进行活动或进行家园合作时，应向家长介绍正确的美育观念，提高家长的审美素养，引导家长积极配合园内活动，使幼儿园的美术教育教学理念与幼儿家庭美术教育保持一致，共同促进幼儿全面发展。

## 三、5~6岁亲子美术教育活动指导

现实生活中，5~6岁是幼儿园的最后一年，这是孩子从幼儿园到小学的转折期，也是孩子从游戏阶段向学习阶段的转折时期。5~6岁幼儿的情感虽然仍会因外界事物的影响而发生变化，但他们情感的稳定性开始增强；他们动作灵活，爱学、好问，有极强的求知欲望。对周围世界有着积极的求知探索态度，他们不但爱问"是什么？"还想知道"怎么来的？""什么做的？"幼儿常常会提出这样的问题，初步理解周围世界中比较隐蔽的因果关系。5~6岁的幼儿开始能从内在的隐蔽的原因来理解各种现象的产生，能根据周围事物的属性进行概括和分类。怎样培养5~6岁幼儿的美术兴趣，开展5~6岁亲子美术教育活动呢？

### （一）5~6岁亲子美术教育活动的现状分析

"家庭是幼儿的第一所学校，父母是孩子的第一任老师，孩子的发展取决于父母的发展。"在幼儿的成长过程中，幼儿园是教育的主阵地，家庭教育同样至关重要。幼儿亲子美术教育活动有效地将家庭教育与学校教育紧密结合，成为教师与家长之间沟通的桥梁。现对幼儿园大班亲子美术教育活动的现状进行分析，以更好地实现家园共育，促进幼儿健康成长与全面发展。

### 1. 教师的专业水平高低不一

由于教师专业文化水平存在差距，在引导亲子美术教育活动时会出现问题。比如，教师在亲子活动中教育目标定位偏重对知识的传授，忽视对幼儿审美能力的培养。在亲子活动中，许多教师过于强调技能的传授，忽视了幼儿的感受。对5～6岁幼儿的心理特点和生理能力了解不足，导致教学内容重点难点把握有失平衡，在活动中强调幼儿绘画方式的对不对、形象是否准确，而对幼儿的审美感受不予重视，无法正确地指导幼儿。

### 2. 家长的参与度和积极性不高

多数家长因为工作原因不能参加亲子活动，也有少数家长因为不想花精力在对幼儿美术教育方面，导致家长的参与度低。另外，家长在幼儿生活中，常常起"主导"作用，在亲子美术教育中家长的表现常常主导整个活动，让幼儿亲手参与制作的机会很少。家长对这一时期幼儿的美术特点不清晰，没有意识到幼儿的思想和意识的成长，其创造力和想象力比成人更加丰富。家长对幼儿成长教育有着重要的影响。

### 3. 亲子活动中美术环境布置简单，不能满足5～6岁幼儿发展需要

大班的幼儿兴趣广泛，注意力相对于中班时明显提高，但是时间非常有限。在亲子活动中，教师可以尝试将环境进行不同程度的变换，如幼儿完成作品后，让其自己动手或和父母一起张贴在教室展览区，并进行作品点评，这样可以有效地激发幼儿的绘画兴趣，建立幼儿的自信心。大班幼儿的想象力丰富，愉悦的亲子活动能够激发幼儿的创作兴趣和愿望，并且锻炼幼儿持之以恒的优良品质。

### 4. 追求材料的丰富性，忽视材料的有效互动

针对大班年龄段幼儿，教师在开展亲子活动时，一味地追求活动中材料的丰富性、多样性、可操作性，忽视了所投放材料的有效互动。比如，工作中部分教师为了活动新颖，选择的材料操作难度较大，不适合这个年龄段操作，这样在亲子活动中表现效果并不理想，不容易让幼儿体验成功的快乐。

### 5. 在亲子美术教育活动中幼儿的活动主导权被剥夺

在亲子美术教育活动中，游戏的主导者应该是幼儿，但实际活动中家长和教师常常发挥着主导作用。幼儿的美术作品的魅力在于他们天马行空的想象和独特的表现手法，然而亲子活动中家长常常介入幼儿的思想，使亲子活动成为家长才艺的大比拼。在活动中教师和家长要注重幼儿获得了什么经验，而不是将自己的经验强加给幼儿，让孩子听从自己的指挥和安排。

## （二）幼儿园开展5～6岁亲子美术教育活动指导策略

5～6岁幼儿已经开始理解抽象的概念，也是比较适合创意美术教学的阶段。绘画成为幼儿表达自己生活感受的一种方式，具有其独特性，幼儿的视觉和思维方面达到了一个新的高度，幼儿的绘画展现出绚丽多彩的创造性。

### 1. 调动家长参与亲子美术活动的积极性，实现家园共育

教育是一个连接多方资源和主体的大系统，需要家长、老师的目标一致。在开展亲子活动时，幼儿园教师需要向家长宣传活动的动向，使家长对亲子活动有更深刻的认识，树

立全面发展的意识。通过家长会、主题班会、讲座、专家讲坛等多种形式，让家长有参与亲子活动的动机，从而调动家长的积极性，顺利达成家园合作的目标。

### 2. 教师提高自身的专业水平，发挥引导作用

教师要不断地学习，与时俱进，与时代共同发展，不断提高自己的教育水平，更新教育理念。在亲子活动中，教师要善于将美术活动的目标、内容渗透到幼儿的游戏活动中，与幼儿的游戏实际需要发生联系，引导幼儿调动内在动力去尝试操作，感知各种工具材料的用途和使用方法，感知材料的可变性。给幼儿一个表现自我的平台，也让家长了解幼儿点点滴滴的进步。

### 3. 亲子美术教育活动中挖掘不同软硬件资源，提供适宜的操作材料

每个幼儿园都会有自己的办园特色，亲子活动要尽可能利用幼儿园多方面的资源，使幼儿获得亲身体验。比如，可以开展春游户外写生，在自然的环境中开阔幼儿的视野，感受大自然的美好。5～6岁的幼儿小手更加灵活，在活动中提供适宜的材料，包括纸工、泥工及综合制作的必备材料，同时也要提供各种辅助材料，锻炼幼儿的思维，有利于幼儿操作，能够使幼儿轻松地获得成功的感受，丰富的材料使亲子活动的过程变得更有趣。

### 4. 在和谐的亲子氛围中，加强幼儿的主体地位，培养审美能力

在亲子活动中对幼儿的游戏行为教师要给予尊重，要培养幼儿的主动学习能力。同时也要在亲子活动中及时纠正出现的问题，尤其是要和家长沟通，分析大班幼儿的心理、生理特点，让家长知道在活动中如何恰当地参与活动，鼓励、肯定幼儿的作品，在亲子美术活动中获得自信。

### 5. 用多种方式来评价幼儿作品

由于大班幼儿的绘画具有明确的构思，能够表现一定的情节，画出较为复杂的形体，甚至生动地描绘细节。他们对艺术创作活动感兴趣，也喜欢各种工具材料进行创作。在亲子活动中，教师和家长都要尊重幼儿的成长需求，运用激励性的评价，促进幼儿创作。评价作品要体现因人而异的原则，善于发现幼儿作品的闪光点，将自评与互评相结合，为幼儿提供更多的机会表现自我。

## （三）幼儿园开展5～6岁亲子美术教育活动的典型问题及解决方法

下面我们一起看一看，在实际工作中，幼儿园5～6岁（大班）亲子美术教育活动中经常出现的问题及其解决方法。

### 1. 由于教师在专业上文化水平的差距，活动效率不高

（1）典型案例　在亲子美术活动"大唐服饰"中，教师拟定教学目标为幼儿在活动中和家长一起设计制作民族服饰，并且进行共同T台表演，活动计划90分钟，实际活动中用时将近130分钟。

（2）诊断分析　案例中原计划活动时间分配是10分钟教师故事导入，40分钟服饰制作，40分钟服装表演。实际活动中第二环节多用时25分钟，第三环节多用时15分钟。主要原因是服饰制作环节家长和幼儿需要在家提前制作半成品，现场完成组装，但是有部分家长没有完成。现场教师不能做相应的调整，导致时间延长，效率较低。

（3）解决办法　教师应仔细观察幼儿的实际能力，将活动的目标和要求做到契合大班幼儿的实际认知能力，引起幼儿的参与兴趣和家长亲密互动。在活动前和家长有效沟通，做好充分的准备工作，不仅要通知家长，更要有后期的完成情况的沟通。

## 2. 家长的参与度和积极性不高

多数家长因为工作原因不能参加亲子活动，且对幼儿美术教育的认识程度不够深刻。

（1）典型案例　在5～6岁亲子美术活动"草头娃娃"中，教师拟定教学目标为让幼儿尝试使用灌、扎、画等方法制作自己喜欢的草头娃娃，体验亲子活动的合作乐趣，感受成功的喜悦。但在活动中发现班级38名幼儿参加活动的家长只有十几个。

（2）诊断分析　经过调查，大多数家长因为工作原因不能参加活动，少数家长因为觉得用丝袜、草种、锯木屑等材料制作草头娃娃过程麻烦，不想参与。

（3）解决办法　教师在亲子活动前需要和家长积极沟通，让家长了解此次亲子活动的意义，发展幼儿的动手能力，通过亲手制作，并持续浇水观察小草种子发芽的过程。引导家长在这个过程中积极参与给幼儿创造展示自己的机会，同时需要家长的帮助和引导，通过亲子活动达到家长和幼儿共同参与、相互配合的目的。

## 3. 亲子美术活动中，活动场地利用不充分

（1）典型案例　在5～6岁亲子美术教育"元宵节"主题活动中，活动目标了解我国传统习俗，通过观花灯，吃元宵感受节日气氛。分析以上内容，在活动前安排活动计划并布置活动场地。在活动区布置的图片渲染元宵节气氛，操作台摆放制作花灯的工具。

（2）诊断分析　在"元宵节"主题美术活动中，参加的幼儿和家长人数较多。在活动区布置时按照幼儿园美术区域的环境布置，活动区布置了60把小椅子和10张桌子，展示墙上增加了装饰挂图和各种材料，在活动中一度因为活动空间狭小，出现秩序混乱。

（3）解决办法　教师安排亲子活动时要充分考虑人数，选择适合的空间。在活动中教师可以引导幼儿与家长，选择合适的活动路线，比如，做花灯、观花灯、做元宵、操作台划分区域、规划合适的活动路线，通过环境的布置产生较好的秩序效果，增强幼儿的参与度，强调家长的共同参与，使活动实施更加顺畅。

## 4. 材料使用繁多，投放工具材料部分不适合大班幼儿使用

（1）典型案例　在5～6岁亲子美术活动"大花脸"中，拟定教学目标是让幼儿在游戏中了解京剧脸谱文化，培养幼儿手脑协调性，练习色彩调色的技法。该亲子美术主题的活动需要准备多种材料，包括收集京剧脸谱的图片、剪刀、卡纸、水彩、油画棒等。

（2）诊断分析　在活动中的材料投放要适合这一阶段幼儿的使用能力。在色彩使用的最初阶段，幼儿喜欢油画棒、水彩笔等，比较方便，但颜色单一。到大班以后幼儿的经验更加丰富，比起油画棒和水彩笔，幼儿更喜欢水彩、水粉一类用水调配颜色。

（3）解决办法　在亲子活动中，使用水粉或水彩工具调配颜色，选择内容和题材时要注意贴合幼儿的能力特点，比如颜色鲜艳，色块面积宜大不宜小，画面宜满不宜空，鼓励幼儿在活动中用颜色将画面填满，使用色彩鲜艳的材料，满足幼儿的视觉要求。画画时无拘无束，能够展现幼儿的年龄特点。

### 5. 部分教师和家长用成人标准评价幼儿的作品

（1）典型案例　在5～6岁幼儿美术亲活动"会变的嘴巴"中，通过观察讲解嘴巴的基本特征，培养幼儿观察能力，启发幼儿通过置换，在原型上进行创造想象，发展想象和表现力。教师示范嘴巴的画法，幼儿在画的过程中，有部分模仿教师的画法，也有部分幼儿画中把嘴巴画成不同样子。教师在评价中只对模仿能力强的幼儿给予肯定。

（2）诊断分析　在评价幼儿的作品时，教师评价的标准有偏颇，不能用"像不像"来评价幼儿的作品。临摹能力强的幼儿固然应该鼓励，对于自由想象，思维活跃的幼儿更要给予肯定。

（3）解决办法　了解幼儿年龄生理特点，树立正确的评价观，指导幼儿时能够尊重幼儿的个体发展规律，用欣赏的眼光衡量幼儿的作品。在案例"嘴巴变变变"的评价中，需要不断提出疑问，引发幼儿思考，比如，"你们觉得它像什么？画翻转一下方向能够变成什么？"帮助幼儿获得各种经验，提高幼儿的艺术修养。

### 6. 亲子活动中幼儿参与的机会少

（1）典型案例　亲子美术活动"布绒玩具制作"中，用废旧的衣物制作布绒玩具。在缝制布绒玩具过程中，几乎都是家长在缝制，幼儿旁观。

（2）诊断分析　亲子活动的目的应该是让幼儿得到多方面的成长与进步，在亲子活动中增加幼儿的参与程度。在本案例中，布绒玩具的缝制基本依靠家长来完成，幼儿的参与度降低，幼儿的求知欲不能得到满足，也扼杀了幼儿的想象力和创造力。

（3）解决办法　针对案例中的幼儿参与度低的问题，教师在亲子活动设计中要认真考虑，涉及的材料、工具能够满足幼儿和家长的共同参与，能够让幼儿充分参与活动，在亲子活动中实现家长和幼儿双赢的目标。

## 📚 案例分析

### 5～6岁亲子美术教育活动方案：美丽的小花伞

夏天雨水多，雨伞是人们的必需品，孩子们在生活中撑开雨伞在雨中踩水坑，在烈日炎炎的时候用小伞遮阳。孩子们对生活用品充满了兴趣。

【活动目标】

（1）通过欣赏设计花伞图案，使幼儿感受夏天的绚丽多彩。

（2）尝试用多种材料和手段设计制作花伞，并表达自己的创意。满足幼儿主动发现、主动探索的心理需求，吸引他们主动参与到看看、听听、想想、做做的过程中，才能更有效地发展他们的观察力、记忆力、想象力和思维能力，使幼儿创造潜能的发展具有了必要性。

（3）运用多种美术材料对生活物品进行设计，全面培养学生的综合能力，使其能与家长一起合作，体验自由表达和创意的快乐。

【活动准备】

投放材料：空白花伞、马克笔、水粉颜料、毛笔、彩纸、贴纸、剪刀、双面胶、水彩笔等。

活动重点：如何运用多种材料和手段来设计制作花伞，如何制作出与别人不同创意的花活动难点：展示自己的创意作品，能客观评价自己和他人的作品。

【活动过程】

（1）活动导入：欣赏各式花伞，老师引导小朋友进行图案内容、色彩的赏析。

（师）请小朋友说一说自己最喜欢什么样的伞，为什么？

（生）幼儿讲述自己的喜好。

（师）请小朋友当设计师，比一比谁设计的花伞最美丽。

（2）教师示范：出示空白的伞面，请小朋友说说自己的设计想法，教师结合幼儿的想法用彩笔设计扇面，首先从伞的顶端开始，可以设计成圆形、花朵形状，中间可以设计成喜欢的小动物图案，边缘设计成波浪线或重复的图形。

（3）幼儿操作，教师指导：幼儿开始设计，要求大胆想象，图案自由发挥，教师巡回指导。在指导过程中有些幼儿在雨伞上面涂颜色的时候，不那么大胆，教师应及时地给予鼓励和指导，使幼儿很快学会涂颜色的方法。户外空间宽阔，幼儿可以将伞撑开放置，幼儿从不同角度进行绘制。注意幼儿操作时的间距，保证安全距离。

成果展示：

幼儿撑着自己绘制的花伞进行走秀表演，充分展示自己的创作作品。

分析：

通过活动，幼儿熟悉伞的基本形状并进行适当的纹样装饰。自己动手用彩色笔或丙烯颜料对伞面涂色。在活动中尊重幼儿的需要和个性发展，通过展演的方式，使幼儿的知识经验得到提升，活动积极性得到提高，增强了审美体验。

## 幼儿园（3～6岁）亲子美术教育活动方案：风筝节活动

【活动目标】

（1）通过户外写生让孩子们感受自然，描绘春天，释放灵感，放飞梦想。

（2）增强学生的信心与集体荣誉感，增强团结合作的精神。

（3）增强幼儿与家长之间的协作与配合。

【活动准备】

（1）幼儿园物资：活动用地毯一块、活动宣传展板喷绘一块、领队班牌三个（大、中、小）、户外音响、药箱（消毒棉、碘伏、创可贴等）、摄影机一台。

（2）明确各带队及协助教师职责：

① 主队教师职责：

a. 教师负责维持幼儿的纪律、整队。

b. 活动开幕式结束后及时讲解作画工具的使用，指导幼儿绘画。

② 助理教师职责：

a. 引导家长到指定区域，安排位置。

b. 引导幼儿到指定区域。

c. 协助主讲教师指导幼儿作画。

d. 处理绘画中发生的突发情况。

③ 安全教师：

a. 负责全体幼儿的集合及安全。

b. 做好家长协调沟通。

c. 做好活动后勤保障。

d. 处理活动中突发情况。

④ 协调教师：负责活动中出现的临时情况，联络主持、教师、家长。

a. 绘画材料准备。

b. 幼儿园准备空白风筝，数量按照大于幼儿的人数计算。

c. 家长准备画具，以及马克笔、水粉笔、水粉色、调色盘、水桶笔洗、纸巾、小凳子、饮用水等。

（3）教师准备绘制好的风筝样品。

【活动过程】

教师7:40准时到广场活动地点，布置场地。音响师调整声音，铺好地毯，适度装饰气球等活动装饰。

8:20—8:50教师有序接待家长和幼儿。安排队伍位置，助理教师发放风筝。

9:00调度教师协调各队情况，通知主持活动开始。

主持人：各位家长，亲爱的小朋友，大家上午好！

小主持人两名：大家好！我是××。

主持人：非常高兴，在春天里和大家相聚，让我们一起描绘春天，放飞梦想，某幼儿园风筝节开幕！

致辞：由幼儿园园长致辞。

教师：讲解风筝的设计方法。

注意事项：

（1）本次户外美术活动也是一次亲子活动，请家长照顾好各自的孩子。

（2）活动结束前不要随意走动，不要随意离开。

（3）保护环境，不要乱扔垃圾。

（4）如遇问题及时联系带队教师。

亲子律动：由教师带领幼儿和家长一起舞动，营造温馨的氛围。

绘画活动：宣布绘画风筝环节开始，各带队教师、助教教师共同辅导幼儿完成作品。活动结束前20分钟，提醒家长和幼儿。

成果展示：合影，颁发小礼物，家长配合幼儿放风筝。教师提示，由于场地有限，家长和孩子放风筝时要注意安全。一只只风筝带着小朋友的梦想，在家长的牵引下展翅飞翔，户外活动圆满结束。

课程评价：

本次户外美术课，也是一次大型的亲子活动课，利用春天气候温和，适宜幼儿户外活动的特点，精心组织协调幼儿园各个部门，打破了大中小班的界限，是一次年龄跨度较大的集体美术活动，可以很好地将不同年龄阶段的幼儿组织在一起，相互学习，互相帮助，增进彼此间的协作能力。

分析：

大自然是一本包罗万象的百科全书，我们只有走出幼儿园狭小的天地，把孩子们解放出来，带他们到社会中、自然中，孩子们眼中的世界就会变大，心胸宽广，性情快乐，生活充满活力，思想认知不断深化，身心素质得到了提高。正如陈鹤琴老先生所说："幼儿的世界，是幼儿自己去探索、去发现的，他自己所求来的知识才是真知识，他自己所发现的世界才是真正的世界。"

## 虞永平：幼儿博物馆与幼儿园课程（节选）

### 幼儿园中的幼儿博物馆

要在幼儿园建立真正意义上的幼儿博物馆也许是件很艰难的事情，但幼儿园也不是无所作为的。幼儿园首先要充分认识到博物意识对幼儿发展的积极意义，而不只是关注博物馆建设本身。所谓博物意识，就是广泛关注、深入观察、静心欣赏、积极探究的意识。在博物意识的引领下，幼儿可以提高对客观事物的辨识力、敏感性，从而理解客观事物的发展变化的特点及其规律。如果不为幼儿提供广泛多样的事物，幼儿就难以形成真正的博物意识和相应的能力。因此，建设幼儿博物馆，对幼儿园来说，意味着要有目的、有计划地精心呈现一些具有重要博物价值的事物、现象，供幼儿观察、操作和欣赏。在此结合我们的研究和实践，介绍几种幼儿园较为容易建成的幼儿博物馆。

（1）农具博物馆　农具博物馆一般可在农村幼儿园建设。农具博物馆可呈现各种各样的农具，如锄头、钉耙、镰刀、铁锹、犁、簸箕、箩筐、风车、磅秤、扁担等。但如果仅仅呈现这些农具，那只是展览，还不具有真正的博物意义。因此，如果幼儿园及周边还有小片土地，还有一些农作物的半成品或原材料，如稻草、麦秸、玉米秆、藤条、麻皮等，幼儿就有了操作和练习的机会，那些农具也就不会只是摆设了。幼儿可通过使用农具和操作材料获得经验，这要比只是观察和辨认农具本身更有价值。

（2）自然博物馆　自然博物馆既可以在城市幼儿园建设，也可以在农村幼儿园建设，幼儿园可以根据自己的条件设计和布置。幼儿园的环境不但要绿化，还要具有生动的课程特性。幼儿园种植的每一种植物都应具有课程意义，不同种类、不同时节的植物可构成幼儿园的自然博物馆。当然，幼儿园除了充分利用空间种植各类植物外，有条件的还可以将各种各样的沙、石头以及水流等布置在幼儿园环境之中，因为它们也是自然环境的重要组成部分。幼儿园还可以充分利用周边的其他环境资源充实或延伸幼儿园的自然环境，使幼儿园的课程资源更为丰富。此外，我们还应充分认识到，种植了植物，不一定就能促进幼儿的发展，关键还在于要让幼儿参与种植、管理、收获以及充分地观察。

（3）民间文化博物馆　如今，社区中已经有一些民间文化博物馆，而且这些博物馆分类很细，有些与幼儿的兴趣相关，是幼儿园可以关注和加以利用的。幼儿园在充分利用社区现有的民间文化博物馆的同时，还可以从幼儿的兴趣和当地特有的民间文化资源出发建设相关的博物馆。

（4）"我的……"博物馆　这是一个开放性的幼儿博物馆。这种博物馆与其他博物馆的显著区别在于它不能完全归入哪种特定的门类，它的内容无法事先确定，它实质上是一种综合性的博物馆。这种博物馆更强调幼儿的参与。幼儿可以根据自愿原则选择自己喜欢的某一个事物或某一种现象，进行深度观察、追踪、记录，把自己的发现放入博物馆中。例如，有的幼儿喜欢研究昆虫，那么，他可以制作各种昆虫标本，也可以拍摄各种昆虫的照片，还可以画各种昆虫的图片；有的幼儿喜欢汽车，那么，他可以用各种材料制作形状不同、功能不同的小汽车。幼儿的这些兴趣应该是持续的，即幼儿会开展一系列观察、比较和拍摄、制作甚至测量等工作。这种持续的兴趣对于幼儿良好学习习惯的形成以及发现和探究能力的培养具有重要意义。当然，幼儿园应该为幼儿展示和保持自己的兴趣提供必要的条件，如提供储藏柜、展示箱、玻璃瓶等。值得注意的是，在这类博物馆的建设中，家长的作用不可低估，家长常常是幼儿兴趣得以持续的重要支柱。此外，在幼儿对特定事物或现象经过一段时间的关注后，我们要允许或鼓励幼儿关注其他事物或现象，当然也可鼓励幼儿继续关注和探究同一个事物或现象。

（5）让博物馆成为重要的课程资源　幼儿博物馆对幼儿发展的价值是不言而喻的。首先，我们应该树立幼儿博物意识，要引导幼儿广泛感知客观世界，感知人类文化，提供各种行之有效的方式和途径，让幼儿感受和操作。其次，要有以幼儿为本的意识，让幼儿园的一切空间、一切资源尽可能为幼儿的发展服务，尽可能体现课程价值。最后，幼儿园课程资源的利用必须坚持室内和室外、园内和园外相结合的原则。真正使幼儿园课程成为幼儿积极主动学习的过程，成为幼儿不断获得新的体验的过程，成为幼儿不断萌生新的学习愿望的过程。

## 拓展训练

材料：通过整本书的学习，我们对整个幼儿园艺术教育活动设计与指导中的美术相关领域有了一定的认知与了解，也阅读、学习了许多的案例材料，进行了相关的思考。

训练要求一：结合实际工作，谈谈你对学前幼儿亲子美术教育的理解与认识。

训练要求二：选择某户外场地，参考文中案例，制定一份幼儿园大班亲子美术教育活动方案，包括活动目标、活动准备、指导过程等。

## 学习总结

本章以《纲要》中"家庭是幼儿园重要的合作伙伴，本着尊重、平等、合作的原则，争取家长的理解、支持和积极参与。"为依据，以幼儿美术教育应充分利用家庭的教育资源为出发点，提供了幼儿园美术教育活动中的亲子美术教育活动的特点、目标和内容等基础知识，分别介绍了2~3岁、3~4岁、4~5岁和5~6岁以及包含多个年龄段的集体美术活动，讲解了针对不同年龄设计的方法和指导要点等实用知识。重点是了解幼儿各年龄段不同的特点、相应的教育目标和内容，能够根据不同年龄的幼儿特点选择适合的教学方法，掌握幼儿园亲子教育活动的组织与指导方法，分析亲子美术教学活动中容易出现的典型问题及解决方法，为学生提供了未来工作岗位上的工作方法。

# 参考文献

［1］　林琳，朱家雄 . 学前儿童美术教育［M］. 上海：华东师范大学出版社，2006.

［2］　张念芸 . 幼儿美术活动指导与设计［M］. 北京：北京师范大学出版社，2010.

［3］　郑娇娇 . 学前儿童创意美术活动设计［M］. 北京：清华大学出版社，2019.

［4］　肖鑫鑫 . 学前儿童艺术教育与活动指导［M］. 成都：西南财经大学出版社，2018.

［5］　虞永平，张辉娟，钱雨，蔡红梅 . 幼儿园课程评价［M］. 南京：江苏教育出版社，2006.

［6］　魏米丽 . 多媒体在幼儿园美术欣赏活动中的作用［J］. 课程教育研究·学法教法研究，2016.

［7］　刘炎 . 儿童游戏通论［M］. 北京：北京师范大学出版社，2004.

［8］　周颖红，郭仁宏 . 常用纸制品有毒有害物质测试结果分析［J］. 造纸科学与技术，2005（5）.

［9］　吴耀华 . 幼儿园美术活动创造性提供材料的研究［J］. 学前教育研究，2018（9）.

［10］　王成刚 . 幼儿园主题教学研究［D］. 华南师范大学，2010.

［11］　卢术夷，林民芳 . 幼儿园亲子活动设计与指导的实践探索［J］. 学前课程研究，2009（7）.

［12］　夏媛媛，朱艳芳 . 关于我国幼儿园亲子活动的文献综述［J］. 教育现代化，2015（9）.

［13］　陆红梅 . 挖掘有效教育资源，开展形式多样的幼儿园亲子活动［J］. 学周刊 A 版，2015（9）.

［14］　第斯多惠 . 德国教师培养指南［M］. 袁一安，译 . 北京：人民教育出版社，2001.

［15］　张福芝 . 幼儿创造性美术教育［M］. 北京：地质出版社，2002.